松江丛书
姜维公 主编

经史求识录

康学伟 著

长春出版社
全国百佳图书出版单位

图书在版编目(CIP)数据

经史求识录 / 康学伟著. -- 长春：长春出版社，2023.1
(松江丛书 / 姜维公主编)
ISBN 978-7-5445-6876-0

Ⅰ.①经… Ⅱ.①康… Ⅲ.①思想史-中国-文集 Ⅳ.①B2-53

中国版本图书馆CIP数据核字(2022)第204821号

经史求识录

著　　者　康学伟
责任编辑　孙振波
封面设计　宁荣刚

出版发行　长春出版社
总 编 室　0431-88563443
市场营销　0431-88561180
网络营销　0431-88587345
地　　址　吉林省长春市长春大街309号
邮　　编　130041
网　　址　www.cccbs.net

制　　版　佳印图文
印　　刷　三河市华东印刷有限公司

开　　本　710毫米×1000毫米　1/16
字　　数　275千字
印　　张　16.25
版　　次　2023年1月第1版
印　　次　2023年1月第1次印刷
定　　价　78.00元

版权所有　盗版必究
如有图书质量问题，请联系印厂调换　联系电话:13933936006

目 录

经学编

论《周易》的"天人合一"思想 …………………………………… 003
论《周易》的人生智慧——普遍和谐思想 …………………… 010
论《孝经》孝道思想的理论构建源于《周易》 ……………… 019
论金景芳先生的易学思想及其学术地位 ……………………… 032
《周易阐微》评介 ………………………………………………… 045
《周易》"统率群经说"的历史考察 …………………………… 049
论《周易》在中国儒家经典中的本体地位 …………………… 068
论郑玄《毛诗笺》的文学成就 ………………………………… 083
经学大师郑玄评传 ……………………………………………… 093
金景芳先生与二十世纪孔子研究
　　——纪念金景芳先生120周年诞辰 …………………… 110

史学编

论孝观念形成于父系氏族公社时代 …………………………… 133
简论老庄的孝道观 ……………………………………………… 147
论孔子对西周传统孝道的继承和发展 ………………………… 154

论三代传统孝道向封建伦理的转化 …………………………… 163
论"孝"与墨家思想 …………………………………………… 169
儒家孝道的历史命运
　　——两汉至晚清中国传统孝道的演变 ………………… 175
中华民族养老传统的历史内涵及现实意义 …………………… 197
中华礼乐文化的历史渊源和礼乐制度的建立 ………………… 211
孔子"德治"思想断论 ………………………………………… 230
论"墨学复兴"对中国近代社会的影响 ……………………… 241

经学编

论《周易》的"天人合一"思想

"天人合一",是中国传统儒学中表现人与自然关系的一个核心命题。它强调人与自然,即人类这个主体与自然界客体之间的协调统一。在现代工业文明和科技文明所产生的负面效应越来越明显的今天,重新检讨"天人合一"思想的精神与特点,对于构建人与自然之间的和谐关系,具有重要的借鉴意义。

一

"天人合一"这四个字成为一个语词出现得很晚,到北宋的张载才明确提出来。但"天人合一"的观点却很早就有了,最早明确地出现于《周易》中。《易经》虽然没有明确表述天人关系,但已经蕴涵着自然界与人类社会融为一体的观念。卦辞、爻辞尽管有许多地方记述的是人事,但也有许多地方记述的是自然现象,不但将人事与自然现象合在一起来说明吉凶,而且算卦时也往往拿卦辞、爻辞中所谈的自然现象来回答求问的人事问题,把自然现象和人事视为同类。孔子作《易传》,将《易经》中固有的"天人合一"的内蕴准确地阐述和发挥了出来,其中包含着一系列朴素而又精辟的思想。

首先,人是自然界的一部分,这是《周易》追求天人合一的逻辑起点。

天、地、人是《周易》中最重要的三个概念,《周易》的哲学思想无不通过天、地、人三个概念构成的命题表达出来。根据《易传》的解释,八卦的性质、六画卦的构成和六十四卦的排列结构都体现着天、地、人三者的关系。比如八卦中乾的性质是"健",健也就是天的性质;坤的性质是"顺",顺也是地的性质。尽管八卦取象可以灵活多样,但乾、坤两卦取象天地是主要的。八卦重为六十四卦,三画卦变为六画卦,也正是为了表达天、地、人的意义。六画卦的初、二、三、四、五、上六画中，五、上在上代表天，初、二在下代表地、三、四在中间则代表人。所以《系辞传》解释六画卦的意义说：

> 《易》之为书也，广大悉备：有天道焉，有人道焉，有地道焉。兼三才而两之，故六。六者非它也，三才之道也。

至于六十四卦的排列结构，更含有天、地、人三才的意义。乾坤两卦居首，代表创生化育万物的天与地，其余六十二卦代表万物，而人则包含在万物之中。这些无不说明，人与其他万物一样，都是天地的产物，是自然界的一部分。尽管人已逐渐从自然之中独立出来，成为与天地并列的"三才"之一，但人的原本属性决定着它能够保持本已存在的天人之间的和谐一致关系。

其次，充分肯定天与人的区别，肯定人的主体性，这是《周易》追求天人和谐的基本前提。

虽然人是天地的产物，是自然界的一部分，但天与人毕竟是有区别的。《周易》认为，区别就在于人是认识的主体，而天是认识的客体；作为认识主体的人是有意识的，而作为认识客体的天是无意识的。《周易》这本书的任务，不外乎就是作为主体与客体之间的中介，来帮助主体去认识客体，也就是帮助人们去了解天地之道即自然规律，同时也了解和认识人类本身。所以，《系辞传上》说："《易》与天地准，故能弥纶天地之道"，"夫《易》开物成务，冒天下之道"，"是以明于天之道而察于民之故"。都说明《周易》是"天之道"和"民之故"的反映，可以帮助认识主体来认识世界。但大千世界变动不居，神妙莫测，对于人类来说确实难以把握，要达到天人和谐，还必须通过《易经》来提高对世界的实质性了解。《系辞传下》说的"精义入神，以致用也"，"穷神知化，德之盛也"，讲的就是高层次的认识活动。那么"精义入神"和"穷神知化"是怎样的功夫呢？《系辞传上》说：

> 夫《易》，圣人之所以极深而研几也。唯深也，故能通天下之志；唯几也，故能成天下之务。

深，指万物变化幽深不测之神妙；几，指事物运动变化的细微苗头。极深研几，才能精义入神并达到穷神知化的程度，才能通天下之志，成天下之务。圣人用《易》来认识世界，圣人是有思有为有自觉意识的，圣人的思想也就是对天地自然的认识，又通过《易》表现出来并传达给人们。由此，只有重视人的主体性，充分发挥人的有意识的主观能动性，重视天更重视人，看重人在天地之间的重要地位，才有可能达到天人的和谐。

再次，自然界有客观性的普遍规律，人的活动也有客观性的规律，人要服从于普遍规律，这是《周易》"天人合一"观念的核心观点。

豫卦《象传》说：

> 天地以顺动，故日月不过而四时不忒。圣人以顺动，则刑罚清而民服。豫之时义大矣哉！

天地的运动是有规律的，从不违背规律而乱动，所以才有日升月落、旦暮晦朔、四时交替，井然有常，绝无偏差，这就叫天地以顺动。人类社会的活动也有一定的规律，顺应规律，就会刑罚中而万民服，海晏河清，政通人和；反之，违背规律而为，就会政暗民叛，国将不国。既然天地运动和人的活动都有一定的规律，那么二者之间是否存在相通或相同之处呢？《周易》认为答案是肯定的：

> 天地养万物，圣人养贤以及万民。颐之时大矣哉！（颐卦《象传》）
> 天地感而万物化生，圣人感人心而天下和平。观其所感，而天地万物之情可见矣。（咸卦《象传》）

很多相似的言论可以说明，天有怎样的规律，人也有怎样的规律；人的规律可在天的规律中找到依据，天的规律必在人的规律中得到反映。《周易》把天、地、人视为一个统一的整体，认为它们各自呈现出自身的具体规律，这就是天道、地道和人道，即三才之道。由此出发，认为衡量人们的行为正确与否，就要看它是否与天地之道相合。《系辞传上》说"天地变化，圣人效之"，其实不仅圣人，君子、贤人乃至百姓，都是按照天地之道行事，不同只在于君子自觉而百姓自然。人类效法天地可以表现在几乎所有方面，其中最主要的方面之一是人的品格。如乾卦《象传》说"天行健，君子以自强不息"，坤卦《象传》说"地势坤，君子以厚德载物"，君子效法天地之德行，就要既刚健有为，自强不息，又能容民蓄众，厚德载物。又如小畜卦《象传》说："风行天上，小畜。君子以懿文德。"此卦上卦为巽，巽为风；下卦为乾，乾为天，所以说"风行天上"。君子效法此种自然现象，当以道德教化行于朝野，以蓄积美德。如此看来，人的规律与天的规律有着同样的客观性，人也要服从于普遍规律。正是为了解决人的主观意识和行动如何才能符合客观规律的问题，圣人才作了《周易》这部书。但简单地效法和遵循天道还不够，还要指导人们如何在不违背客观规律的前提下充分发挥主观能动性，来争取最好的结果，即达到主体和客体的高度统一与和谐。关于发挥主观能动性问题，《周易》还提出了"载成辅相"的说法：

> 天地交，泰。后（君）以财（同"载"）成天地之道，辅相天地之宜，以左右民。（泰卦《象传》）

人遵循自然法则并非全是被动而为的，而应自强不息，有所作为，在认识自然规律的基础上来对自然加以辅助、节制和调整，使其与人类的要求更加合拍。深刻地认识自然和能动地协调自然相结合，才能达到"天人合一"的境地。

又次，人生的最高理想是天人和谐，即达到主体与客体的高度统一，这是《周易》"天人合一思想所追求的最终境界。

《文言传》说：

> 夫大人者，与天地合其德，与日月合其明，与四时合其序，与鬼神合其吉凶。先天而天弗违，后天而奉天时。天且弗违，而况于人乎？况于鬼神乎？

这段话是解释乾卦九五爻辞"飞龙在天，利见大人"中"大人"这个概念的，实际上阐述了人从主观上能够与天即自然界达到和谐一致的观点。所谓"先天",即为天之先导,在天未发生变化之前就加以引导;所谓"后天",即遵循自然的变化规律,顺应天时而动。"与天地合其德",正是人与自然界的互相适应与高度协调。实现天人合一即主体与客体的统一,是《周易》的人生追求,也是孔子一生为之奋斗的终极目标。《论语·为政》记孔子说:

> 吾十有五而志于学,三十而立,四十而不惑,五十而知天命,六十而耳顺,七十而从心所欲,不逾矩。

从这段夫子自道中我们可以知道:孔子到四十岁时完成了自身向外界的学习,大体解决了对客观世界的认识问题,成了"知者不惑"的智者。四十岁以后则进入了更高的层次,对客观世界由认识转入适应了;五十岁掌握了客观规律,即人的意志不能改变的客观必然性;六十岁对一切闻见和遭遇都能够从客观规律上理解和接受了;七十岁呢?就达到了随心所欲都不违背客观规律的境界了。看来,孔子是用前半生解决了做人的问题,达到了君子的标准;而后半生则实现了自身与客观世界的统一、主体与客体的统一、天与人的和谐,从而达到了圣人的境界。孔子的人生追求,从侧面证明了《周易》天人和谐之最高境界的品格。

总括《周易》有关天人关系的上述四方面主要内容可见,《周易》认为人之道与天之道是绝对一致的、和谐的,自然规律与人的规律一致,人作为认识主体,与天的关系之主要问题在于人如何做到与天相适应而不相违背。《周易》不提什么制天胜天改造天的说法,也不认为人事由天定而无须发挥人的主动性。"有天地,然后万物生焉"(《序卦传》),由于大自然养育了人类及万物,所以天有德、有善、有仁,而这个"仁"就集中表现在大自然永恒的创造力之中!你看:"生生之谓易"(《系辞传上》),"天地感而万物化生"(咸卦《彖传》),"天地之大德曰生"(《系辞传下》),生是宇宙的基本法则,普及天地万物,生生不息,周流不断。君子法天,将仁的精神推广于天下,泽及万物,达到天地万物人我一体的境界,天、地、人合德并进,圆融无间,这是多么和谐的境界,又是多么完善的人生!

二

《周易》中蕴涵的"天人合一"思想是自成体系的一个独立的哲学系统，它最早把天人关系作为一个哲学问题来对待，认为天地人三才构成客观世界的实在内容，人作为认识的主体所能涉及的一切问题都包含在天地人三才及其相互关系之中。所以，《周易》的"天人合一"思想与古代其他思想家的"天人合一"观念都有所不同。

第一，它不同于道家老庄的说法。老子从总体上说也持"天人合一"的观点，但是却不重视天与人的区别，看不到人的有思有为的这一面，所谓"人法地，地法天，天法道，道法自然"（《老子》第25章），就是要尽可能去掉人的主体性，将人完全回归到自然中去。庄子则更进一步，过分强调天而泯没人为，要求"无以人灭天，无以故灭命，无以得殉名"（《庄子·秋水》），"天地与我并生，万物与我为一"（《庄子·齐物论》）。按荀子的批评，就是"蔽于天而不知人"（《荀子·解蔽》），已经走到"天人合一"的反面去了。

第二，它不同于荀子"制天命而用之"（《荀子·天论》）的人定胜天式的"天人合一"。荀子强调人应该并且能够胜天，《周易》认为人与天本来就是统一和谐的，人的努力方向就是从实践和认识两方面来实现这种统一与和谐。

第三，它不同于后世董仲舒提出的天人同类、天人感应的"天人合一"观。董仲舒把人类社会与天地宇宙视为一个整体，论证天人是同类的，"以类合之，天人一也"（《春秋繁露·阴阳义》），并进一步把阴阳、五行以及同类相感之类思想都加以综合利用，来附会成一个神学目的论的哲学体系。而《周易》既强调人与自然的统一，又重视和强调人与自然的区别，把肯定天人之分作为追求天人和谐的前提。

第四，它和主张天道与人性合而为一的孟子"天人合一"观也有明显区别。《周易》承认天道与人性有客观的一致性，《说卦传》说，"和顺于道德而理于义，穷理尽性以至于命"，"将以顺性命之理，是以立天之道曰阴与阳，立地之道曰柔与刚，立人之道曰仁与义"。这里的"命"是天命即客观规律，"性"是万物之性，当然包含或者说主要是指人之性，这些话至少证明人性与天命是相通的。不过，人性问题说到底也只是天道在人身上的完成和完善，是人如何做到与天相适合的问题，而不是无意识的天与人相适合的问题。孟子说："尽其心者，知其性也。知其性，则知天矣"（《孟子·尽心上》），并据此论证天的道德属性包含于人性之中，天的法则根源于人间道德，天德寓于人心。20世纪80年代以前，孟子的天人观被视为"唯心主义"而遭到批判，原因也就在于此。孟子的天人观虽然也可看作是对孔子和《易传》的发展，但二者的区别还是清楚的。

总而言之，《周易》经传含有中国传统哲学中关于"天人合一"思想的最丰富最完善最合理的内容，对于我们研究"天人关系"思想的历史发展具有重要意义，其中蕴涵的价值是不可低估的。

作者附记：今年正月初四，国际著名儒学大师吕绍纲先生在长春病逝。吕先生是我的导师、一代大儒金景芳老人的学术助手和首席传人，20世纪80年代末我在金老门下读博士学位，得到吕先生的多方提携和教诲。我学的"三礼"是由他代金老传授的，我作的博士学位论文《先秦孝道研究》的每一章节都是经吕先生把关后方送金老审阅的，在史学、儒学、经学尤其是易学方面惠我实多。吕先生不仅在人品、学问上是我的老师，从学术的传承上也是我的老师。离开金门已经18年了，无论我在哪里，吕先生一直关怀备至，勉励有加，其言谆谆，其情切切。今痛失良师，其悲也夫！奔丧归来，重读吕师旧作，多有所感，乃用一周假期勉为此文，权充对先生的馨香之奠。吕师，尚飨！

（原载《社会科学战线》2008年第四期）

论《周易》的人生智慧
——普遍和谐思想

《周易》是中国哲学的渊薮,以孔子为代表的儒家为《周易》作《传》以后,它就成了主要反映儒家"天人观"的经典。《周易》经传有关天、地、人和谐思想的内容十分丰富,虽然学术界对此问题进行了一系列探讨,提出了不少有益的见解,但全面深入地探索其人生智慧即普遍和谐思想的成果则不多见。笔者愿提出一些拙见,以就教于方家。

中外一切哲学归根结底都要解决人对人自身和人对自然界以及人类社会的认识问题,这是任何哲学派别都绕不过去的根本问题,而《周易》恰在这三大方面讲得很充分。

一、关注人与自然的关系,追求人与自然的和谐

人类生存于不断变化的自然环境之中,探索人与自然的关系当然是古代哲学的重要问题。这一学问,古人称之为"天人之学",而《周易》的"天人之学",算是最早并自成体系的"天人合一"之学,对中国文化的影响甚为深远。

《周易》认为天、地、人三才构成客观世界的实在内容,人作为认识的主体所能涉及的一切问题都包含在天、地、人及其相互关系之中。《周易》指出宇宙是一个生命整体,其目的或任务就是"生",即所谓"生生之谓易"①,"天地之大德曰生"②,"天地感而万物化生"③。生是宇宙的基本法则,普及

---

① 《易·系辞传上》,《周易正义》,载《十三经注疏》本,中华书局,1980年,第78页。
② 《易·系辞传下》,《周易正义》,载《十三经注疏》本,中华书局,1980年,第86页。
③ 《易·咸卦·彖传》,《周易正义》,载《十三经注疏》本,中华书局,1980年,第46页。

论《周易》的人生智慧——普遍和谐思想

天地万物,生生不息。天地的生生之德表现在人之道上,则是通过仁义来泽及万物,使天、地、人合德并进,圆融无间。《周易》建构的宇宙生成模式传递出明确的天人合一理念。它讲人逐步"与天地合其德"的过程曰:"夫大人者,与天地合其德,与日月合其明,与四时合其序,与鬼神合其吉凶。先天而天弗违,后天而奉天时。天且弗违,而况于人乎?况于鬼神乎?"[①]"大人"指的是圣人。圣人"与天地合其德",就是认识天地自然规律并依天地规律办事的过程,所以能奉天时,不违自然。这就进入人与自然和谐的最高境界。人类社会活动的规律就是遵从自然规律。如《豫·彖传》说:"天地以顺动,故日月不过而四时不忒。圣人以顺动,则刑罚清而民服。"二者的活动不仅都有一定的规律,而且两种规律是相通的,人类活动应按天地日月运行的规律来进行。《颐·彖传》云:"天地养万物,圣人养贤以及万民",《咸·彖传》云:"天地感而万物化生,圣人感人心而天下和平。观其所感,而天地万物之情可见矣",《恒·彖传》云:"天地之道,恒久而不已也……日月德天而能久照,四时变化而能久成,圣人久于其道而天下化成。观其所恒,而天地万物之情可见矣"。凡此类论述,都在力求证明,天有怎样的活动规律,人也应有怎样的活动规律;人的一切活动均可在天的运动规律中找到依据。《周易》把天、地、人视为一个统一的整体,认为它们虽然各自呈现出不同的具体规律,这就是天、地、人三才之道;但三才之道又都统一在"阴阳"变化的总规律当中。所以,衡量人们行为的正确与否,就要看它是否与阴阳变化之道相合。做到了这一点,就是做到了人"与天地合其德"。这与老子提出的"人法地,地法天,天法道,道法自然"[②] 异曲同工。所不同在于《周易》把天地自然看成是一个整体,而老子把地、天、自然分成了三个层次而已。

《周易》的"天人合一"思想还有一个重要特点,就是充分肯定人与天的区别,肯定人的主体性,这是它论说天人和谐的基本前提。虽然人是天地的产物,是自然界的一部分,但人与天毕竟不同,人是认识的主体,天是认

[①] 《易·乾卦·文言传》,《周易正义》,载《十三经注疏》本,中华书局,1980年,第17页。

[②] 《老子注》,《诸子集成》本第三册,中华书局,1954年,第14页。

识的客体。《周易》谈天论地，其目的还是为了讲人，看重人在天地间的重要地位。特别强调人不能简单地效法和遵循天地之道，而应该在尊重自然规律的前提下充分发挥人的主观能动性。这就是所谓的"尽人事而听天命"，要人们积极地去争取与自然的和谐，争取主体与客体的高度统一，做到人与天的最大融通。

二、关注人与人的关系即人与社会的关系，追求人际关系的和谐

人并不是孤零零地生存于世的，人要生活就必须与他人与社会发生各种关系。而对于个人和他人以及个人和群体与社会的关系问题，《周易》中有相当系统的论证。主要包括：

（一）仁慈与正义

《说卦传》云："立天之道，曰阴与阳；立地之道，曰柔与刚；立人之道，曰仁与义。"这是《周易》论天人关系的三大纲领。其中仁与义是论人道的基本准则，它既是个人安身立命的基础，也是人类群体与社会能正常地生存与发展的必由法则。仁和义的含义，《系辞传》说得很清楚："天地之大德曰生，圣人之大宝曰位。何以守位曰仁，何以聚人曰财。理财正辞、禁民为非曰义。"

仁，《礼记·中庸》说："仁者人也，亲亲为大。"这包含了两个含义：一是基于血缘亲情的爱，是仁最首要的意义；二是仁又不限于亲亲，包括了由亲亲推广出来的对于同类的爱。仁应首重孝道，同时又以"博施于民而能济众"为仁之最高境界。这也就是孟子所说的"老吾老以及人之老，幼吾幼以及人之幼"。义，《礼记·中庸》说"义者宜也，尊贤为大"，也包含了两个含义：一是说义的首要含义是"尊贤"，又曰"尊尊"，即尊重贤能，尊重有地位者。这实际上是承认人的差别和社会分工，承认由此而形成的人与人的社会等级。二是讲在社会生活中要建立等级制度以规范人、治理人，并以此"禁民为非"。可见，仁是对待人的指导思想，义是以人的思想原则便宜行事。善待他人为仁，严以正己、正人为义。正因为如此，仁与义才被《周易》提到关系国家"守位""聚人""理财""禁民为非"的政治高度。

仁正是儒家意识形态的核心内容。孔子说"仁者爱人",用《易传》的话说人要具有"厚德载物"精神,像大地一样普施恩泽,养育万物,以慈爱之心处理人际关系,使人人相亲相爱。故《文言传》说:"君子体仁,足以长人。"朱熹解释说:"以仁为体,则无一物不在所爱之中,故足以长人。"所以,仁的思想强调的是以人为中心,一切措施,一切行为都以关心人、尊重人为前提。《周易》认为做到仁不是难事,天地是仁爱的,受天地二气以生的人是善的,所以仁慈是人的本性,人只要保持善的本性,就会进入"道义之门"。这与孟子所说的"恻隐之心""不忍人之心"皆源于天性是一致的。《易传》认为人的善心是人类社会一切道德的基础,丧失了善良之心,就是孟子所说的"非人"了。

义是儒家意识形态的基础内容,是公正无私,处事得宜。《文言传》说:"利物,足以和义。"利物,就是施惠于人;和义,就是公平合理,不贪不义之财。所以,义的内容符合我们所说的正义。亚当·斯密说,人类有两种基本的道德:正义和仁慈。《周易》所说的仁、义与亚当之说颇为相近。

（二）忠实与诚信

《周易》强调,人应有良好的社会公德。首先要忠实和诚信。《文言传》说:"君子进德修业。忠信,所以进德也;修辞立其诚,所以修业也。"君子当不断增进品德修养,完善事业。对国家忠心不二,对事业忠诚专一,对社会诚实无欺,对朋友言而有信,始终保持高尚情操,这样才可以建功立业。《系辞传》论君子与小人的分野,用阳来代表君子,阴代表小人,说"阳,一君而二民;阴,二君而一民",是说光明正大者会得到民众拥护,而阴险诡诈之人总是脚踏两只船,常怀二心,不会有好的结果。

（三）宽和与中庸

宽和是《周易》人生智慧的重要内涵,充满了大智大慧的深刻哲理。其中心内容就是重视人与人的和睦相处,待人诚恳,互相关心,与人为善,推己及人,求同存异,以达到人际关系的和谐。《文言传》说:"宽以居之,仁以行之。"主张以宽容待人,心底无私,能容人之所不能容,保持豁达大度。对待别人的过失和错误,也要坚持宽容,允其改正,绝不可乘人之危而落井下石。《乾·彖传》说"保合太和,乃利贞",孔子讲"礼之用,和为贵",皆主张借礼义作用来保持人与人、人与社会之间的和谐关系。

经史求识录

《周易》讲"和",并不是无原则地一团和气,不是折中主义。孔子曾提出"和而不同"的著名观点,说"君子和而不同,小人同而不和"。君子能汲取别人的有益思想,纠正其错误思想,力求公允正确,这叫"和而不同";而小人只关注小团体利益,不顾大局,这叫"同而不和"。"和"并不回避矛盾,而是对不同的意见不同的事物都能持以宽容的态度,做到"同归而殊途,一致而百虑"[①],发扬包容万物、兼收并蓄、淳厚中和的博大精神。

中庸是《周易》人生智慧的核心理论,也是处理人际关系的最高行为准则。《易经》讲"中行,无咎",开创了中行观的先河。《易传》以中、正之德为善,所以每每以中、正来解释吉凶的原因。如《讼·彖传》说:"利见大人,尚中正也。"《离·彖传》说:"柔丽乎中正,故亨。"《解·彖传》说:"其来复吉,乃得中也。"从筮法来看,中指别卦的二、五位。从义理上而言,中为行之中,正为位之正,即阳爻居阳位、阴爻居阴位。具体说,中庸就是行事圆融,不走极端。"中",说的是办事要有适当的"度"。超过了"度"就是"过",没有达到"度"就是"不及"。"过犹不及",都是失去了度。合乎度,就是"执中"。"庸",用也,乃是实现"中"的法则和途径。要实现中庸,最重要的是把握住"时",因为作为准则的"中",不是一成不变的,而是随着时间、地点和条件的变化而随时改变的。《周易》再三再四告诫人们注意"时义""时用""时行""随时""时发""时中""时变""明时""时成""失时"等等,就是要人们能把握时变、与时偕行。

(四)谦和与虚心

《系辞传》说:"君子上交不谄,下交不渎。"强调与在上位者交往,不谄媚逢迎;与在下位者交往,不盛气凌人。对人无论贵贱,要一体谦和。《谦·彖传》说"人道恶盈而好谦",谦虚和蔼者人皆敬之,逞强霸道者人皆恶之,所以六十四卦唯有谦卦六爻皆吉。

能谦和处世,才能虚怀若谷。《咸·彖传》说"君子以虚受人",即说虚心接受别人意见,取人之长补己之短。《谦·彖传》说"劳谦君子,万民服也",是说有功绩而又谦虚的人,民众才心悦诚服。谦虚的人,必定是"劳

[①] 《易·系辞传下》,《周易正义》,载《十三经注疏》本,中华书局,1980年,第87页。

而不伐,有功而不德"① 的人。《文言传》主张"居上不骄,在下不忧",这既是处世原则,又是人的基本道德修养。只有树立了不谄不渎的独立人格,又具有不骄不忧的道德修养,才能够经得住人生的各种考验,做到与他人和谐共处。

三、关注人与自我的关系,追求高尚的人格以达到主体与客体的和谐

任何人生哲学必须研究个体,肯定个体的存在。《周易》哲学也以个体为本位,也是从研究个体出发的,因而特别关注人与自我的关系,强调个体的修养,个体的境界,指导人们如何生活,试图解决人的自我完善问题。

(一)《周易》提供了认识自我的基本前提——乐天知命

"乐天知命"是《系辞传》中说的,其字面意义也就是乐其天然、知其使命,和孔子所提倡的"知命"思想是完全相同的。孔子所讲知天命,实际上讲的是认识自己,了解自己的使命,知道做什么,不做什么。"樊迟问稼"的故事就是一例。樊迟问稼后,孔子很感慨地向弟子们说:"小人哉,樊须也。上好礼则民莫敢不敬,上好义则民莫敢不服,上好信则民莫敢不用情。夫如是,则四方之民襁负其子而至矣,焉用稼!"② 孔子认为,他们师徒是道义之士,处于"礼崩乐坏"的春秋时代,上天赋予他们的使命绝不是种地,而是宣传仁义学说,以使当政者施行仁义,推行德政。樊迟不问道义而问稼,表明他缺少使命感和责任感,所以孔子骂他不成器。这段话过去一直被人们批判为蔑视劳动和劳动人民,其实是有失公允的。《周易》的"乐天知命"也是这种含义。只有知道了自己的使命,真正认识自己,才能很好地设计人生,立意高远,积极向上,自强不息,百折不回,去实现道义。

(二)《周易》设计的理想人格——君子圣人

《周易》作为儒家学派的经典,它所设计和追求的理想人格也当然是儒家

---

① 《易·系辞传上》,《周易正义》,载《十三经注疏》本,中华书局,1980年,第79页。

② 《论语正义》,载《诸子集成》本第一册,中华书局,1954年,第284页。

式的。它为我们设计的理想人格有两个层次，分别叫作"君子"和"圣人"。

"君子"，是第一个层次的理想人格。《周易》的"君子"一词，在经文中出现21次，在传文中出现104次，多是道德称谓，指品德高尚的人而言，并往往与品位低下的"小人"相对应。传文所谓"君子道长，小人道消"，"小人道长，君子道息"，皆把君子与小人看成是互为消长的二元对立关系。《周易》一书中对君子的要求很多，但最基本最明确的是《文言传》解释乾卦卦辞"元亨利贞"这段话："元者，善之长也；亨者，嘉之会也；利者，义之和也；贞者，事之干也。君子体仁足以长人，嘉会足以合礼，利物足以和义，贞固足以干事。君子行此四德者，故曰'元亨利贞'"。这里明确说仁、礼、义、信是君子的四德，把它作为君子人格的基本规定。这在《系辞传》《说卦传》和《文言传》中都可以找到证明。如《系辞传》明确要求君子要做到："知微知章，知柔知刚，万夫之望。"君子应能见微知著，了解彰明事物与微暗事物，知阴知阳，这也就是智了。《易传》与《孟子》结合后，儒家又提出了"仁、义、礼、智、信"的"五常"观念。看来，所谓君子人格，就是仁义礼智信五德兼具的人。

圣人，是第二层次亦即最高层次的理想人格。圣人在践履五德方面比君子更高一筹。按《乾·文言传》释九五爻辞的一段话是这样说的："夫大人者，与天地合其德，与日月合其明，与四时合其序，与鬼神合其吉凶。先天而天弗违，后天而奉天时。天且弗违，而况于人乎？况于鬼神乎？""大人"，指的是圣人，而圣人处《易·乾卦》之九五爻位，也就是天子了。圣人完全与天地自然达到统一，言行思虑与客观世界的规律契合无间，对"时"的问题把握极准，做事必合于天时，预测将要发生的事情到时候必然发生。对自然界尚能达到这个地步，人世间的事自不待言了。这不但是"天人合一"的最高境界，也是人与人、人与社会和谐的最高境界。可见，《周易》设计的圣人理想人格是相当高的，即后世儒者所谓"内圣外王"之境界。

君子对于仁、义、礼、智、信能做到"知行"合一就可以了，而圣人则不以此为限。圣人要知天知地，知往知来，知存知亡，宏观上要知宇宙之全，微观上要知事理之细。这样圣明睿智之人，需要的是大仁、大义、大智、大勇、大行、大信。据孟子理解，古今能够达到圣人标准的人物，只有孔子。孟子虽然说"人皆可以为尧舜"，"尧舜之道，孝悌而已矣"，不认为尧舜高不可攀，而把孔子却看得极高，作为自己一生追求的目标。《论语》载孔子自谓"七十而从心所欲不逾矩"的境界，应该就是一种实现了自身与客观世界的统一，即自己与他人与社会与自然统一的和谐境界吧！

（三）《周易》为实现理想人格提出了途径——精神修养

《周易》不但为人们立下了君子和圣人两个标杆，还提供了达到标杆的方法和途径。其修养道路，不外乎"为学"二字，主张通过学习来日新其德，不断进步，而且要长期学习、终身坚持。不仅修养自己的学问，更需修养自己的德行。其重要内容有两条：

1. 人格修养的基本原则是"反身修己"

《蹇·大象传》说"君子以反身修德"，家人卦上九"小象"说"威如之吉，反身之谓也"。反身修己是《周易》也是儒家学派人生论的重要思想，有关人格精神修养问题的一切方面无不围绕这句话展开。修养的问题实质就是修己的问题，绝不是修人，修人不修己的人就是卑劣的小人。孔子说"修己以安人"，"修己以安百姓"[①]，"古之学者为己，今之学者为人"[②] 都是强调君子修己不修人，修己是为了利人而不是为了利己。

关于反身修己的途径和办法，《周易》提出"崇德而广业"[③] 要落实到成就事业上。将修养落实到实践上，这就是儒家一贯倡导的知行合一观。《周易》重视认识，更重视行动。它强调的是人应当如何行动，指示人的是行动的方法，而不是认识的方法。它一再讲认识，主要也是让人们认识它所指示的那些行动方法和行为规范。《周易》在讲德的时候，也是德行二字并举，如"君子以常德行""君子以制数度，议德行""显道神德行""存乎德行""其德行何也"等。这就说明，修德必见诸行动，而行动中必体现所修之德，德与行是统一的。人之修德，实质上是如何把握自己的行为、事业，使之有利于百姓，有利于天下国家的准则问题。所以《周易》哲学追求的也是孟子大丈夫式的独立人格，以拯世济民为特征。这与西方哲学追求的我为我自己式的所谓独立人格是完全不同的两回事。

[①] 《论语正义》，载《诸子集成》本第一册，中华书局，1954年，第329页。
[②] 《论语正义》，载《诸子集成》本第一册，中华书局，1954年，第318页。
[③] 《易·系辞传上》，《周易正义》，载《十三经注疏》本，中华书局，1980年，第79页。

2. 人格修养的重要途径是"穷理尽性"

《说卦传》说:"穷理尽性以至于命。""穷理",是穷尽事物之理;"尽性",是竭尽人之善性;"至于命",是达到知命。但物之理与人之性又是相通的,人们穷了物之理,也就理解了物的性。理解了物的性,也就理解了宇宙变异的阴阳法则和人的本性。努力把人的仁义本性发挥出来,也就尽了人的性。所以,穷理和尽性是一个问题的两个方面,彼此相辅相成。《周易》正是运用这种"穷理尽性"的思维方式,才不断推天道以明人事,从而逐步提高了自己的认识能力和道德修养水平。

以上仅就《周易》的人生智慧讲了人与自然的和谐,人与社会的和谐,人与他人的和谐,人实现自我的和谐。可以认为这是《周易》留给后人的巨大精神财富。当前,面对人与自然冲突引发的各种生态危机,人与人冲突引发的各种人文危机,人与自我冲突引发的种种精神危机普遍存在的现状,从博大深邃的《周易》中汲取智慧,追求高尚的人格,达到人类与客观世界及人类自身的和谐,使人类在文明发展史上少走一些弯路,也许是一种高品位的选择。

(原载《吉林大学社会科学学报》2010 年第五期)

论《孝经》孝道思想的
理论构建源于《周易》

《孝经》是儒家的重要经典之一，其影响之广大和深远是其他经典所难以比拟的。一般认为，《孝经》是对先秦时期孝道文化的总结和升华，笔者的《先秦孝道研究》（台湾文津出版社，1992年9月出版）有专节论"《孝经》的孝道思想及其实质"，也持这种观点。以为它把儒家学派自孔子、曾子、孟子到荀子谈孝的言论上升到理论，又吸收了其他学派的某些观点，构成了比较系统完备的孝道学说。这样的说法当然没有什么错处，但给人的感觉总好像《孝经》是对各家孝道学说的简单抄合，而缺少一种理论的构建。如果仔细分析和研究《孝经》，你就会发现，它虽然"体"不大却可谓"思精"，有着精深的哲学基础、社会思想基础和政治理论基础，与传统的儒家哲学是高度一致的，其中心观点是成体系的、有根据的、能够自圆其说的。如果只是前人说法的杂烩，也就不可能在汉代及后世产生那么大的影响了。

那么，《孝经》孝道思想的理论基础是从哪里来的？我认为主要来自《周易》，是《周易》的哲学和伦理思想、政治理论构建了《孝经》孝道思想的理论基础。

一、《周易》的"天人合一"思想奠定了《孝经》"孝道通天"理论的哲学基础

我在《论〈周易〉的"天人合一"思想》（载《社会科学战线》，2008年第4期）一文中曾经论证，《周易》中蕴涵的"天人合一"思想是自成体系

经史求识录

的一个独立的哲学系统，它最早把天人关系作为一个哲学问题来对待，认为天、地、人三才构成客观世界的实在内容，人作为认识的主体所能涉及的一切问题都包含在天、地、人三才及其相互关系之中。在《周易》的视界中，宇宙是一个生命整体，其目的或任务就是"生"，"生生之谓易"（《系辞传上》），"天地之大德曰生"（《系辞传下》），"天地感而万物化生"（咸卦《彖传》），生是宇宙的基本法则，普及天地万物，生生不息，周流不断。人是自然界的一部分，天地的生生之德表现在人之道上，即通过仁义涉及万物，使天、地、人合德并进，圆融无间。这里，《周易》所建构的宇宙生成模式传递出明确的天人合一理念，并使天人合一成为人"与天地合其德"的过程：

> 夫大人者，与天地合其德，与日月合其明，与四时合其序，与鬼神合其吉凶。先天而天弗违，后天而奉天时。天且弗违，而况于人乎？况于鬼神乎？（乾卦《文言传》）

进而言之，"与天地合其德"，也就是人类效法天地的过程，所谓"天地变化，圣人效之"（《系辞传上》）。天地的运动是有规律的，人类社会的活动也有一定的规律，所以豫卦《彖传》说：

> 天地以顺动，故日月不过而四时不忒。圣人以顺动，则刑罚清而民服。

二者的活动不仅都有一定的规律，而且这种规律是相通或相同的：

> 天地养万物，圣人养贤以及万民。（颐卦《彖传》）
>
> 天地感而万物化生，圣人感人心而天下和平。观其所感，而天地万物之情可见矣。（咸卦《彖传》）
>
> 天地之道，恒久而不已也……日月德天而能久照，四时变化而能久成，圣人久于其道而天下化成。观其所恒，而天地万物之情可见矣。（恒卦《彖传》）

相似的言论还有好多，其意不外乎是说，天有怎样的规律，人也有怎样的规律；人的规律可在天的规律中找到依据，天的规律必在人的规律中得到反映。《周易》把、天、地、人视为一个统一的整体，认为它们各自呈现出自身的具体规律，这就是天道、地道和人道，即三才之道。由此出发，认为衡量人们行为的正确与否，就要看它是否与天地之道相合，即是否做到了"与天地合其德"。

怎样才能做到"与天地合其德"？关键是人要服从于普遍规律，即人法天地，人法自然。具体到社会生活和社会秩序上，就是要人类效法天道，将宇宙秩序转换为家庭秩序和社会秩序。

正是在《周易》"天人合一"的哲学框架下，《孝经》才力图把儒家的孝道论证为宇宙间的根本法则，是放诸四海而皆准的、超时空的、永恒而普遍适用的。孝不仅是自然界的根本法则，也是人类社会的通用法则，《孝经·三才章》即主要讲孝贯通天、地、人三才，认为"夫孝，天之经也，地之义也，民之行也"。《感应章》更认为"孝悌之至，通于神明，光于四海，无所不通"。这样，就把孝推崇到了无以复加的地位，不仅是人间道德的根本，而且是宇宙运行的普遍规则，孝道通天，作为人是无论如何也不能违反的。这种极力抬高孝道的说法，在其他儒家典籍中也有，如《大戴礼记·曾子大孝》说"民之本曰孝"，"夫孝者，天下之大经也"，与《周易》的思想都是一致的。特别应该一提的，是《大戴礼记·曾子大孝》中还有一段话："草木以时伐焉，禽兽以时杀焉。夫子曰：'伐一木，杀一兽，不以其时，非孝也。'"同样的话在《礼记·祭义》中也有，令很多研究孝道的人十分费解，何以杀伐禽兽草木不以其时会违反孝道呢？看似二者没有什么直接关系啊。如果你了解了《周易》天、地、人一体的和谐模式，就不会觉得奇怪了。三才之道以生为本，断树杀兽不以其时，就违背了大自然的"仁"，破坏了天、地、人的和谐，凡是违反宇宙根本法则的行为，都可以说是不孝。所以曾子还说："居处不庄，非孝也；事君不忠，非孝也；莅官不敬，非孝也：朋友不笃，非孝也：战阵无勇，非孝也。"（见于《礼记》《大戴礼记》及《吕氏春秋》）这也与无限扩大孝道内涵外延的《孝经》思想是一脉相承的，是《周易》为其提供了宇宙论的证明。

《周易》的"天人合一"思想还有一个重要特点，就是充分肯定人与天的区别，肯定人的主体性，这是追求天人和谐的基本前提。虽然人是天地的产物，是自然界的一部分，但人与天毕竟是有区别的。这个区别主要在于人是认识的主体，天是认识的客体。《周易》讲天讲地，其目的还是为了讲人，重视天更重视人，看重人在天地间的重要地位。正是在这一点上，《周易》还为《孝经》的孝道思想提供了人性论的证明。《孝经》不仅说明孝道合于天地之性，而且论证了孝道合于人性：

> 曾子曰："敢问圣人之德，无以加于孝乎？"子曰："天地之性，人为贵。人之行，莫大于孝……父子之道，天性也。"（《圣治章》）

孝道合于天道，天道必在孝道中得到反映；孝道出自人的天性，而人的天性正是天道在人身上的表现。《汉书·艺文志》解释《孝经》之含义说："夫孝，天之经，地之义，民之行也。举大者言，故曰《孝经》。"

《孝经》作者就这样细化了《周易》将宇宙秩序转化为家庭和社会秩序的主题，在二者的相互沟通中来彰显社会秩序与家庭秩序的天然合理性，使《孝经》的整个理论框架具有了坚实而深厚的哲学基础。

二、《周易》的上下尊卑观念提供了《孝经》等级制孝道的伦理思想依据

《周易》把天、地、人三个世界看成一个有机的整体，但同时却并不把这"三才"视为平等的。强调整体中的尊卑等级，是一部《周易》最突出的特点。它首先认为天尊地卑，阳尊阴卑，据此演绎万物之等级，并进而推导出人类社会的夫尊妇卑、父尊子卑、君尊臣卑等血缘与社会关系的尊卑。

《易经》中天尊地卑的思想集中表现在六十四卦的排列结构上。《周礼·春官·大卜》说："掌三易之法，一曰连山，二曰归藏，三曰周易。其经卦皆八，其别皆六十有四。"郑玄《易赞及易论》说："夏曰连山，殷曰归藏，周曰周易。"可知连山是夏代之易，归藏是殷代之易，周易是周代之易，而且它们都有六十四卦。至于卦序，据传《连山易》是以艮卦居首，艮卦居首有什么含义，我们说不清楚。《归藏易》反映出殷代的思想特点，倒是有文

献可以索解。《礼记·礼运》记孔子说："我欲观夏道，是故之杞，而不足征也，吾得《夏时》焉。我欲观殷道，是故之宋，而不足征也，吾得《坤乾》焉。《坤乾》之义，《夏时》之等，吾以是观之。"《坤乾》即《归藏》，可反映殷代的思想特点，它的六十四卦排列顺序是首坤次乾，以坤卦居首，反映了殷代社会之重母统即"殷道亲亲"的特点。到了《周易》，则将卦序颠倒过来，变为首乾次坤。坤为首变为乾为首，反映了社会意识形态的重大变化，即由"殷道亲亲"转为"周道尊尊"。《礼记·表记》说："母，亲而不尊；父，尊而不亲。"所谓"亲亲"，意谓以血缘关系中的自然因素为重，母亲比父亲亲情更重；所谓"尊尊"，意谓以血缘关系中的人为因素为重，父亲的一尊地位要大于母亲的亲情关系。这说明，周代社会已基本摆脱了母系氏族制度的残余观念的影响，男尊女卑、夫尊妻卑、父尊母卑已经成为无可逆转的历史结局了。

乾、坤两卦的卦爻辞更明显地反映了乾尊坤卑的关系。乾卦卦辞"乾，元亨利贞"，指明乾之健犹如天道运行，春夏秋冬交替变化，永无差忒，永无止息，永无尽头；坤卦卦辞"元亨利牝马之贞。君子有攸往，先迷后得主，利西南得朋，东北丧朋，安贞吉"，其含义完全是坤当以乾为尊、为主、为先，自己必须甘居卑下，不得私结朋党，全心全意地支持乾，为乾服务。乾卦六爻爻辞自初至上，全是以龙的潜、见、跃、飞、亢为象来表达乾健自身独立独行的运动变化；而坤卦六爻爻辞则讲坤如何顺乾而动，如何在顺乾的前提下求吉。

乾尊坤卑，天尊地卑的思想不仅体现在乾、坤两卦本身及二者的关系上，整个六十四卦无处不贯穿着这一思想。《周易》之阴阳、刚柔、大小、消息、贵贱、君子小人等等所有对立的范畴上都有"尊尊"思想的印记。

《易经》本身已有了十分明确的天尊地卑观念，《易传》对它的解释相应地也十分到位，生怕后人看不明白。《系辞传》开篇就说：

> 天尊地卑，乾坤定矣。卑高以陈，贵贱位矣。动静有常，刚柔断矣。方以类聚，物以群分，吉凶生矣。在天成象，在地成形，变化见矣……乾道成男，坤道成女。乾知大始，坤作成物。乾以易知，坤以简能……易简而天下之理得矣。天下之理得，而成位乎其中矣。

经史求识录

坤卦《文言传》解释坤的特点说：

> 坤道其顺乎，承天时而行。
> 阴虽有美，含之以从王事，弗敢成也。地道也，妻道也，臣道也。地道无成而代有终也。

指明坤与乾的关系就是夫妻关系，君臣关系，天地关系，坤之道就是妻之道，臣之道，地之道。《象传》则从生成万物的角度讲乾与坤的关系，在生成万物的过程中，坤对于乾永远处于顺从被动的地位。乾《象传》说"乃统天"，坤《象传》说"乃顺承天"，乾、坤各自的性质一目了然。《象传》对《家人》卦辞"家人，利女贞"的解释反映出的男尊女卑思想尤为明显：

> 家人，女正位乎内，男正位乎外。男女正，天地之大义也。家人有严君焉，父母之谓也。父父、子子、兄兄、弟弟、夫夫、妇妇，而家道正。正家而天下定矣。

在家庭中要确立等级森严的制度，父母是严君，子女是仆从。在家庭的等级中，男对女、父对母、夫对妇是天与地、尊与卑的关系，双方关系不相紊乱就是正。家庭中男女、父母、夫妇的关系摆正了，可以引申为全社会政治关系的正。摆正君臣上下的尊卑关系，从而天下国家也就安定了。其他如《小象传》《杂卦传》也都多有反映上下尊卑思想的句子或段落，但讲得最明白透彻的是《序卦传》：

> 有天地然后有万物，有万物然后有男女，有男女然后有夫妇，有夫妇然后有父子，有父子然后有君臣，有君臣然后有上下，有上下然后礼义有所错。

这里把自然与人事，自然秩序与社会秩序比附连结为一体，致使整个世界成为由天地、万物、男女、夫妇、父子、君臣组成的多个系列，而各个系列又都处于不同的等级之中。自然秩序反映天之道，即天地生养万物的法则。社会秩序反映民之故，主要要求按照等级制度各安其位，以尽夫妇、父子、兄弟、君臣、朋友的人伦之道。

综上可见，是《周易》最早提出了天尊地卑的思想，并且有了明确的地道、妻道、臣道的意识和初步具有了父、夫、君为尊的概念。到了《仪礼·丧服》则进一步发展："妇人有三从之义，无专用之道。故未嫁从父，既嫁从夫，夫死从子。故父者子之天也，夫者妻之天也。妇人不贰斩者，犹曰不贰天也。"这里便明确说了子以父为天，妻以夫为天。虽未言及臣以君为天，然而文中提到臣为君服斩衰，诸侯为天子服斩衰，实际上也等于肯定了臣以君为天。后世董仲舒从哲学的高度追寻君臣、父子、夫妇三种关系的源头，认为均来自阴阳之道。《春秋繁露·基业》说：

> 物莫无合，而合各有阴阳。阳兼于阴，阴兼于阳；妻兼于夫，夫兼于妻；父兼于子，子兼于父；君兼于臣，臣兼于君。君臣、父子、夫妇之义皆取诸阴阳之道。君为阳，臣为阴；父为阳，子为阴；夫为阳，妻为阴。阴道无所独行，其始也不得专起，其终也不得分功。

世上一切事物都有阴、阳两个方面，有阴必有阳、有阳必有阴。君臣、父子、夫妇三种关系是阴与阳的关系，但阴与阳不是平等的关系，阴对于阳处于附属的地位，阴阳关系实质上是一种主从关系。《说卦传》说"立天之道曰阴与阳，立地之道曰柔与刚，立人之道曰仁与义"，是就天地人三才的共性说的，阴阳、刚柔，仁义其实是一回事，都是说事物一分为二，对立统一。董仲舒的说法，明显与《周易》一脉相承，至少与《周易》的思想是一致的。到西汉末年《礼纬·含文嘉》中正式提出的"君为臣纲，父为子纲，夫为妻纲"的所谓"三纲"，其思想渊源颇深，绝非汉代的忽然出现。追根溯源，它的形成一定是从《周易》乾尊坤卑的思想发展来的。

一部《孝经》，其所反映的孝道思想的实质就是家庭与社会秩序的尊卑等级，这种等级观念的伦理思想依据就在于《周易》。无须由总体思想上去逐一论证，仅从《孝经》所特有的"亲亲"与"尊尊"的原则来考察，就足以说明《孝经》所提倡的孝道是有等差的，是等级制的孝道。

关于"亲亲"的原则，《圣治章》说：

> 故不爱其亲而爱他人者,谓之悖德;不敬其亲而敬他人者,谓之悖礼。

敬爱父母,首先应从自己的亲生父母做起,然后才能及于他人的父母;如果不先敬爱自己的父母,反而先去敬爱他人的父母,那就不能说是孝,而只能称为悖德、悖礼。《吕氏春秋·孝行览》也说:"故论人必先以所亲,而后及所疏;必先以所重,而后及所轻。今有人于此,行于亲重,而不简慢于轻疏,则是笃谨孝道。"行孝应由亲到疏,先亲后疏,这是不可改易的原则。

关于"尊尊"的原则,《孝经》中的所谓"五等之孝"有更明确的体现。本书对于天子、诸侯、卿大夫、士、庶人的行孝分别提出了不同的要求和相应的规范。天子的孝是"爱敬尽于事亲,而德教加于百姓,刑于四海";诸侯的孝是"保其社稷,而和其民人";卿大夫的孝是"守其宗庙";士的孝是"保其禄位,而守其祭祀";庶人的孝则是"谨身节用,以养父母"。地位越尊,其孝越高,等差十分明显。

三、《周易》的君主主义和民本主义意识提供了《孝经》"以孝治天下"理论的政治思想来源

君主主义意识是《周易》政治思想的中心内容,这不仅明确反映在上文论证过的君尊臣卑的君臣关系上,也广泛体现于六十四卦三百八十四爻中,而且经传一致,都把君主放在天下的中心地位。

如六十四卦每卦自初至上的六爻就反映贵贱的问题,即爻位决定贵贱。《系辞传》讲"天尊地卑,乾坤定矣。卑高以陈,贵贱位矣",在下位为贱,在上位为贵。当然,最贵的不是上而是五,因为《周易》贵中,上虽高却不居中,二虽居中而位不高。五是君位,在六爻中代表君,其余皆为民为臣。每一卦的吉凶悔吝主要看五,而每一爻之吉凶悔吝则主要看它与五的关系。《系辞传下》说:"二与四,同功而异位,其善不同。二多誉,四多惧,近也。柔之为道不利远者,其要无咎,其用柔中也。三与五,同功而异位,三多凶,五多功,贵贱之等也。"二与四都是偶数属阴,故曰"同功";二距五远四距五近,故曰"异位"。五是君位,二距五远,故多数有誉;四距五近,

与君接近必有戒惧，故多数有惧。三与五皆为奇数属阳，故曰"同功"；五为君三为臣，贵贱不同，故曰"异位"。正由于君臣贵贱不同，所以卦中三大多数凶，而五大多数有功。这里明显表现出以君为主的意识。

又如《象传》解释明夷卦辞"利艰贞"说："利艰贞，晦其明也。内难而能正其志，箕子以之。"借用殷纣王和箕子的典故来说明统治者用明用晦的道理。君主自治用明，治下用晦，纣王反其道而行，自治用晦，治下用明。箕子只好采取佯狂的方式，即外晦内明的方法来对待他。这里表现的君主主义思想是十分清楚的。

还有萃卦，本是讲人群萃聚问题的。卦辞说"王假有庙，利见大人"，《象传》释以"利见大人，聚以正也"，它讲的萃聚是要求下对上的聚拢，臣民对君主的萃聚，其核心是"大人"，以王为核心的萃聚才是正。可见此卦有很强的政治性，君主才是天下的中心。

《周易》的《大象传》主要是发挥其政治观的，一般是因天道而明人事，讲的都是为天子诸侯谋的政治智慧，也就是古人说的"易为君子谋，不为小人谋"。如师卦《大象》说"君子以容民畜众"，剥卦《大象》说"上以厚下安宅"，井卦《大象》说"君子以劳民劝相"，革卦《大象》说"君子以治历明时"等等，明显都是为君主讲政治方略的。

《周易》的政治意识是君主主义的，但同时它提倡的君主制又不是专制主义的，而是体现了鲜明的民本主义色彩的君主制。国家的主体虽然是君，但君在实行统治时要以民为本，考虑民心的动向。一部《周易》，反复讲了许多君主应该如何治民使民的问题，虽然是为君主出谋划策，但民一直被放在"本"的地位。君主只有做到顺乎天应乎民，小心慎惧地解决好民的问题，才能够存在长久。如《小象传》，其政治观与《大象传》一样，也是以民本思想为主。观卦九五《小象》"观我生，观民也"，是说在上者要通过观察民风来自我审视。屯卦初九《小象》"以贵下贱，大得民也"，是说在上者要礼遇在下者，方能大得民心。谦卦九三《小象》"劳谦君子，万民服也"，是说君主只有勤劳民事，谦虚待人，才能使广大百姓服从。颐卦六四《小象》"颠颐之吉，上施光也"，主张君主要施泽下民，以纾民困。总之，《周易》所反映的民本主义意识是相当丰富的，它与《论语》中反映出来的孔子的"道之以德，齐之以礼"的德治思想是一致的，后来孟子提出的仁政主张可视作《周易》民本主义思想的丰富和发展。

　　回头再看《孝经》，总观全书，其宣扬孝道的目的和宗旨，便是实行"孝治"。"以孝治天下"是《孝经》最显著的特点，一开头就开宗明义说："仲尼居，曾子侍。子曰：'先王有至德要道，以顺天下，民用和睦。上下无怨。'"《孝治章》又说："昔者明王之以孝治天下也，不敢遗小国之臣，而况于公侯伯子男乎？故得万国之欢心，以事其先王。"一部《孝经》还不足二千字，却多次讲到"治"和"顺"，行孝道就能"治天下"，"顺天下"，明显地是在"为大人谋"，替统治者提供治理天下的思想武器。而其所提倡的"以孝治天下"的具体内容和办法，又都没有超出《周易》的君主主义和民本主义思想。移孝作忠，把家庭伦理之孝推广到社会政治之中，使孝伦理走向政治化，是《孝经》一书的核心内容，是"以孝治天下"的关键所在。《开宗明义章》说：

　　夫孝，始于事亲，中于事君，终于立身。

　　认为事亲只是孝的开始，成年以后就该把孝亲延伸为对君主的效忠，移孝作忠，才是一个人安身立命的基础。《广扬名章》说："君子之事亲孝，故忠可移于君。事兄悌，故顺可移于长。居家理，故治可移于官。是以行成于内，而名立于后世矣。"由于忠君是从孝亲推移而来的，所以也是出于内心天性的，是内在自觉的而非外在强制的。这样，用一个简单的推移方法，便成功地完成了一个公式转换：爱敬父母→爱敬他人乃至天下之为人父者→爱敬天下之为人君者。《圣治章》说："夫圣人之德，又何以加于孝乎？故亲生之膝下，以养父母日严，圣人因严以教敬，因亲以教爱，圣人之教，不肃而成，其政不严而治。"儒家理想的圣人之治，是将天下变作个大家庭，君主以爱子女之心爱护百姓，百姓则以爱敬父母之情来爱敬长上，在上者即便对下民严厉一些，那也如同父母对子女要求严格一样，出发点还是爱心。以"亲亲"率"尊尊"，将孝道这种家庭伦理推及于社会，使之成为一种政治原则，这样的伦理型政治观念在孔子思想中就有，在《易传》中表现很明显，其实质正是君主主义与民本思想相结合的产物。

　　大力推广孝道，以孝化民，是《孝经》"以孝治天下"思想的实施纲领。

论《孝经》孝道思想的理论构建源于《周易》

它以孝为百行之本,教所由生,置于诸德之首。《孝经》第一章就说:"夫孝,德之本也,教之所由生也。"《广要道章》也说:"教民亲爱,莫善于孝;教民礼顺,莫善于悌。"明人吕维祺《孝经·或问》说:"一部《孝经》,只是德教二字。孝德之本,教所由生,是一部《孝经》的纲领。""教"字在字形上从孝、从文,正表示以孝为教之意。为什么要以孝为教?《广至德章》说得很清楚:"子曰:君子之教以孝也,非家至而日见之也。教以孝,所以敬天下之为人父者也;教以悌,所以敬天下之为人兄者也;教以臣,所以敬天下之为人君者也。"将孝扩而充之,可以使"民莫遗其亲"(《三才章》),然后申孝悌之义,又可推导出为臣之道,达到"敬天下之为人君者"的目的。其实,重视道德教育,以德化民,是《周易》中君主主义与民本主义思想的固有内容,也是儒家理想政治生活的一项重要内容。教化指的就是大人君子即统治阶级教化平民百姓,百姓虽然不可能受到知识文化教育,但却可以通过教化提高精神素质。这样的教化主要通过国家的德治礼教进行,不是靠行政命令和刑法,也不是搞学校教育。观卦《大象传》说:"风行地上,观。先王以省方,观民设教。"孔子说:"道之以政,齐之以刑,民免而无耻。道之以德,齐之以礼,有耻且格。"所说都是此意。

以刑辅德,即以刑罚为辅助手段来推行孝治,是《孝经》"以孝治天下"思想的重要内容之一。《五刑章》说:

> 子曰:五刑之属三千,而罪莫大于不孝。要君者无上,非圣者无法,非孝者无亲,此大乱之道也。

把不孝作为重罪予以严惩,在此前的刑法中也似曾实行,《吕氏春秋》引《商书》曰:"刑三百,罪莫重于不孝。"孝父、从兄,忠君反映了宗法家族社会的本质,既是道德伦理的要求,也是法律所要强制执行的规范。在《孝经》看来,人间的一切罪恶皆发源于在家的不孝,因此有必要用严厉的刑罚来惩处。应该指出的是,《孝经》虽主张对不孝行为用法律来严惩,但其实质仍是儒家的人治主义而并非法治主义。这是因为,第一,它以德治仁政和教化为主而以刑法为辅,"以孝治天下"的主要或正面手段还是德教,刑罚只是其必要的补充;第二,它在司法实践中只是社会成员要受到其约束乃至制裁，而执事人员的司法行为却没有任何法律规定来制约，只能凭借其个人的道德良心修养。我们看看汉代以后的刑法典，便可明了这一点。所以，《孝经》的法律思想与前世儒家并无不同。《周易》讲民本主义，讲德教礼治，也并不排除使用刑法。如《周易》专门讲法律问题的讼与噬嗑两卦：讼卦讲民事纠纷问题，追求息讼和无讼，提倡以德礼治国教民，形成和谐礼让的社会风气，从而达到无讼。噬嗑卦讲天下国家利用刑狱以剪除奸慝，说的是刑事或政治犯罪问题。这类犯罪不能息也不能无，只能明智对待。其卦辞"亨，利用狱"，表明《周易》主张刑狱不可废。《大象传》说"雷电噬嗑，先王以明罚敕法"，所谓"明罚"，是事先把犯科定罪的罚例规定下来，并明确告知民众；"敕法"是公布于民众的法令制度条文，要严行告诫，使民众有所畏惧，尽可能不犯法受刑。"明罚敕法"是强调把注意力或重点放在事先的防范上，而不是放在事后的惩治上。因为治国首先是靠德教，杀人绝不是好办法，即便是不得已而非用刑罚不可，也应该先教后杀，正如孔子所说"不教而杀谓之虐"（《论语·尧曰》）。

以宗教神化孝道，以神道设教，这是《孝经》推行"以孝治天下"、以孝化民的重要手段。《感应章》说：

> 子曰：昔者明王，事父孝，故事天明。事母孝，故事地察。长幼顺，故上下治。天地明察，神明彰矣。故虽天子，必有尊也，言有父也；必有先也，言有兄也。宗庙致敬，不忘亲也。修身慎行，恐辱先也。宗庙致敬，鬼神著矣。孝悌之至，通于神明，光于四海，无所不通。

既然孝是天经地义，那么行孝之至当然可以感通神明。这里强调的是以宗教来神化祖灵，以"神道设教"，来保证现实社会中孝道的推行。《圣治章》说："人之行，莫大于孝，孝莫大于严父，严父莫大于配天，则周公其人也。昔者，周公郊祀后稷以配天，宗祀文王于明堂以配上帝。是以四海之内，各以其职来祭。夫圣人之德，又何以加于孝乎？"中国在三代之时即存在着发达的宗法性传统宗教，祖先崇拜是其基本信仰。周公制礼作乐，以其先祖后稷配天，一则以天神作为周民族的保护神，一则神化了祖灵，使孝道得到鬼神的佑护。至于宗庙祭祀,关键在于内心的诚敬与表情的庄重、气氛的庄严,这样上行下效,既培养了子孙的孝敬之情,又使不行孝道之人因担心死后受到祖灵的惩罚而改过迁善。其实,早在《周易》就已提出了神道设教即用宗教鬼神观念教化百姓的问题。神道设教的本质问题是让百姓树立虔诚的宗教意识和鬼神观念,相信有超自然的力在暗中主宰他们的命运并且能够给他们解决疑问和指引正确的行动方向,使百姓"有耻且格",被纳入礼义的轨道。《周易》神道设教的观点主要表现在观卦。其卦辞"盥而不荐,有孚颙若",说的是主祭人在庙中祭祀时的神态举止,要始终保持从祭前洗手(盥)到供献祭品(荐)之前这段时间表现出的恭敬庄严,以使观礼的臣民尽其诚信(有孚)来观仰(颙若)。《彖传》解释说:"观,盥而不荐,有孚颙若,下观而化也。观天之神道,而四时不忒,圣人以神道设教,而天下服矣。"君主用自己的庄重诚敬表达对神道的衷心信仰,以感化臣民百姓,使其学着去做,不知不觉中被纳入神的轨道,这就是以神道设教。这种设教的方法比任何说教都更有感召力,会收到奇妙的"下观而化"的效果,从而达到教化百姓、巩固统治的目的。

  总括上述三个方面的证据已足资证明,是作为"六经之首"和儒家学术核心的《周易》构建了《孝经》思想的理论基础,无论从形而上的哲学意义来考察还是从伦理思想、政治思想的来源来探索,其结论都是一致的。当然,《周易》是《周易》,《孝经》是《孝经》,前者不能代替后者。正因为《孝经》有着广阔坚实的儒家学术背景,又有着适应新的时代发展的熔铸创新,才成了后世历代王朝所尊崇的经典。

(原载《社会科学战线》2010年第三期)

论金景芳先生的易学思想及其学术地位

金景芳（1902—2001）先生是国内外最著名的易学专家之一。早在20世纪20年代，先生就开始钻研《周易》，并达到"读易成癖"（《自传》语）的程度。先生于1939年写成《易通》一书，该书是较早用唯物辩证法指导易学研究的著作，并于1942年获得国民政府教育部学术奖励三等奖，成为早年的成名作。之后，先生陆续发表了《周易和老子》《易论》《说易》《关于周易研究的若干问题》《三易思想的产生不在尧前》《周易的两个问题》《论孔老易学思想》等研究易学的论文20余篇。80年代后，先生连续出版了《学易四种》《周易讲座》《周易全解》等易学研究专著。1998年，先生以96岁高龄又出版了《〈周易·系辞传〉新编详解》一书。此外，先生的《孔子新传》《金景芳古史论集》《知止老人论学》等著作及《孔子思想述略》《中国古代思想的渊源》《孔子与六经》《孔子的这一份珍贵遗产——六经》等并非专题研究《周易》的论文中，也都多方论及易学的一些重要问题。在70余年的易学研究中，先生形成了独特的易学思想体系，内容宏富，特色鲜明。概括起来说，金景芳先生的易学思想主要包括如下几个方面。

一、《周易》是古代哲学著作

《周易》虽然产生于原始宗教，但它的价值在于它所讲的思想，卜筮不过是它不能缺少的外部形式，哲学才是它的本质。先生早在20世纪30年代写作《易通》时就明确指出：先哲作《周易》之目的是讲"天之道"与"民之故"，亦即讲自然法则与社会法则。当然，《周易》本是卜筮之书，这一点，无论从《周易》卦、爻辞本身来看，从《周礼》《左传》《国语》诸书所引的有关记载来看，还是从《汉书·儒林传》"及秦禁学，《易》以筮卜之书独不禁"的说法来看，都是铁的事实。但是《易大传》中虽不讳言卜筮，却再三申明《周易》的义理学内涵，如"夫易何为者也？夫易开物成务，冒天下之道，如斯而已者也"，"是以明于天之道而察于民之故，是兴神物，以前民用"，"昔者，圣人之作易也，将以顺性命之理"等等，其实这就是《周易》一书的哲学属性。《周易》兼具宗教与哲学这两种性质并不矛盾，因为从根源上谈哲学就是由原始宗教中产生的。马克思曾说："哲学最初在意识的宗教形式中形成。从而一方面消灭宗教本身，另一方面，从它的积极内容来说，它自己还只能在这个理论化的、化为思想的宗教领域内活动。"[①] 最初的哲学产生于宗教而且离不开宗教，不得不以宗教为形式进行活动，这是符合古代哲学产生的一般规律的。先生发表于50年代的《易论》一文和80年代出版的《周易讲座》序言中，对此问题都有通俗和透彻的分析。

众所周知，古来治《易》者大抵分为两途：一是精英易学，二是继续沿卜筮道路发展的江湖易学。后者在汉代已被纳入数术中，与经典易学分道扬镳了。精英易学又叫经典易学，包括"象数学"与"义理易学"两部分。"象数学"以汉代易学所讲的互体、爻辰、纳甲、飞伏、卦气诸说为代表，多杂数术之学，以纬书解易。至宋儒则另创所谓河洛图书之学，其要旨是寻找一种可以预见未来和说明现实的象数公式，本质上与汉易相通，并未与卜筮易学割断联系。义理易学当首推儒家《易传》，孔子用哲学的语言解释了难懂的卜筮语言，显微阐幽，揭开了《易》的思想内涵和哲学本质。至魏王弼《易注》尽扫象数，以老解易，但其要旨并不在于用老子思想解说《周易》，而是重在阐述义理，与《易传》的思维是一脉相承的。宋代以降的义理学派则以宋儒程颐《易传》、张载《易论》及明清之际王夫之《周易内传》《周易外传》等为代表，以研究《周易》中丰富的宇宙人生哲理为治学之宗旨，深入发掘《周易》有关"天地人"三才之道的思想。金先生一贯高揭义理派大旗，明确说他对《周易》的解说是恪遵孔子《易大传》所开辟的道路，研究的着眼点不在卜筮而在于《周易》所蕴藏的丰富思想内容。马王堆帛书之《要篇》记载：子贡问孔子"夫子亦信其筮乎"？孔子则明确回答："吾观其德义耳。吾与史巫同途而殊归。"先生晚年得见孔子此语，深感千古

---

① 《马克思恩格斯全集》第26卷第1册，人民出版社，1972年，第26页。

上下同此一心，因先生一生治《易》所孜孜以求者，正在于"观其德义"。

据《周礼·春官·大卜》载，殷代之易名曰《归藏》，又名《坤乾》，与《周易》都是"其经卦皆八，其别卦皆六十有四"。然而，其别卦之卦序却是首坤次乾，与《周易》的首乾次坤恰恰相反。先生认为，从殷易到周易的乾坤颠倒，绝非无关宏旨，而是大有深意，实反映了殷周二代政治思想和政治制度存在的重大差异。先生曾举例说明这个问题：《礼记·礼运》记孔子曰："我欲观夏道，是故之杞而不足征也，吾得《夏时》焉。我欲观殷道，是故之宋而不足征也，吾得《坤乾》焉。《坤乾》之意，《夏时》之等，吾以是观之。"孔子从《坤乾》观殷道，考察殷代的思想特点，证明《坤乾》是殷代之易。《史记·梁孝王世家》记载："梁王西入朝谒窦太后。燕见，与景帝俱坐于太后前，语言私说。太后谓帝曰：'吾闻殷道亲亲，周道尊尊，其义一也……'帝召袁盎诸大臣通经术者曰：'太后言如是，何谓也？'皆对曰，太后意欲立梁王为太子。帝问其状，袁盎等曰，殷道亲亲者立弟，周道尊尊者立子，殷道质，质者法天，亲其所亲，故立弟。周道文，文者法地，尊者敬也，敬其本始，故立长子。周道太子死立嫡孙，殷道太子死立其弟。"将此说法与《礼记·表记》中"母亲而不尊，父尊而不亲"的观点相印证，可知"殷道亲亲"是重母统，表明殷代氏族社会残余较多，重视血缘关系；"周道尊尊"是重父统，表明周代政治统治已居于主导地位，更重视政治关系。《周易》的首乾次坤、乾尊坤卑思想是周代父家长制思想的反映。周人的宗法制、分封制、嫡长子继承制、礼制等政治制度，无不以这一思想为基础。所以，金先生认为殷道亲亲的首坤次乾，和周道尊尊的首乾次坤，无疑是我们理解殷周二代历史文化的一把钥匙。先生这样认识《周易》的思想内涵与历史价值，正体现了作为一位历史学家和易学义理派大师善于深层次探讨问题的独到之处。

二、《周易》经传密不可分

学界有人不承认《易传》是解释《易经》的，生硬地将《周易》经传割裂开来，说《易传》有哲学，《易经》没有哲学。先生认为，学易要首先读《易传》，《易传》是学《易经》的一把钥匙，两者密切相连，不可分割。《易传》全部是对《易经》的解说与阐发，如《序卦传》说"有天地然后万物生焉",《系辞传》讲乾坤易之门,易之蕴;乾之策二百一十有六,坤之策百四十有四,乾坤之策三百六十,当期之日;二篇之策万有一千五百二十,当万物之数等等,讲的都是《易经》本身。不学习《易传》,就不能真正了解《易经》。完全可以说,没有《易传》的阐发,《易经》深奥的哲学内涵就不能为世人所了解;没有《易传》对《易经》的根本性改造,《易经》就不可能摆脱巫术的束缚,上升到哲学著作的高度。

《易传》对《易经》的阐发是多方面的,但有两点必须指明:

一是明确地指出《周易》是哲学著作,如《系辞传上》:"易与天地准,故能弥纶天地之道。""子曰:夫易何为者也?夫易开物成务,冒天下之道,如斯而已者也。"《系辞传下》:"易之为书也,广大悉备,有天道焉,有人道焉,有地道焉,兼三才而两之,故六,六者非它也,三才之道也。"都是讲《周易》蕴藏着鲜明的哲学思想,而不是单纯的卜筮之书。

二是对构成《周易》的蓍、卦、爻、辞四个要素逐一做了详细的阐释。如《系辞传上》"是故蓍之德圆而神,卦之德方以知,六爻之义易以贡",是对蓍、卦、爻三者不同性质的说明。《说卦传》"昔者,圣人之作易也,幽赞于神明而生蓍,参天两地而倚数,观变于阴阳而立卦,发挥于刚柔而生爻",是对蓍、卦、爻三者产生次序先后的说明。《系辞传上》"圣人设卦观象系辞焉而明吉凶。刚柔相推而生变化。是故吉凶者,失得之象也;悔吝者,忧虞之象也;变化者,进退之象也;刚柔者,昼夜之象也。六爻之动,三极之道也","彖者,言乎象者也。爻者,言乎变者也",解释的都是卦辞和爻辞。

此外,先生特别看重《系辞传》中讲筮法的那段文字,因为筮在《易》中至关重要,筮是卦之所从出,筮不明,卦亦难明。正因为这段文字十分重要,先生反复玩味后,以其精深的古文献功底据文理分析而得出结论:这段文字有脱文,"大衍之数五十"之下当脱"有五"二字,以致自京房、马融、荀爽、郑玄、姚信、董遇至于朱熹,都将"大衍之数五十"做了非常错误的解释,先生的考释十分精当,且先生弟子陈恩林、郭守信等又已找到了古文献中的确证,[①] 已足可信据。

---

① 陈恩林、郭守信:《关于〈周易〉"大衍之数"的问题》,《中国哲学史》1998年第3期。

经史求识录

至于《易传》对卦的解释，先生最看重且多所发明的是《系辞传》对六十四卦结构的说明。最能说明问题的有三条：

> 乾坤其易之蕴耶！乾坤成列，而易立乎其中矣。乾坤毁则无以见易，易不可见，则乾坤或几乎息矣。（《系辞传上》）
>
> 子曰：乾坤其易之门耶！乾，阳物也；坤，阴物也。阴阳合德而刚柔有体，以体天地之撰，以通神明之德。（《系辞传下》）
>
> 在天成象，在地成形，变化见矣。是故刚柔相摩，八卦相荡，鼓之以雷霆，润之以风雨，日月运行，一寒一暑，乾道成男，坤道成女。（《系辞传上》）

据先生对此三条文字的分析考察，足以肯定，《周易》六十四卦的结构是体现了完整的思想体系的，《周易》一书的精华所在在于思想，而思想则主要寓于六十四卦的排列结构之中。

当然，《易传》对《易经》并不仅限于解释和阐发，而是在阐发的过程中予以了根本性的改造。按我的学兄陈恩林先生对金老本意的理解，说传改造了经，主要包含了三个方面：

第一，把筮法的蓍草之数改造成为"成变化而行鬼神"的自然阴阳之数。古人认为，蓍草百茎，是灵草，它与龙、麟、龟、凤一样，都是吉祥之物，有通灵功能。而《系辞传上》却对蓍数进行了改造，说：

> 天一，地二，天三，地四，天五，地六，天七，地八，天九，地十。天数五，地数五，五位相得而各有合。天数二十有五，地数三十，凡天地之数五十有五。此所以成变化而行鬼神也。大衍之数五十（有五），其用四十有九。……

这里所谓的"天地之数""大衍之数"是一回事，就是由一至十这十个自然数的总和。其中一、三、五、七、九是奇数，称作天数；二、四、六、八、十是偶数，称作地数。单数也叫阳数，双数又叫阴数。如此一来，从一至十这十个数就被分作了两类：即奇偶，或叫天地、阴阳，都是对立统一的意思。这样，揲蓍成卦的数字，就失去了所谓通灵的性质，被《易传》改造成了具有普遍哲学意义的阴阳对立统一的符号。《系辞传上》曰"一阴一阳之谓道"，说的是一阴一阳对立的不断变化，才推动事物的发展，这个"道"正是事物发展变化的规律。

第二，把作为卜筮之书的《周易》中反映神意的六十四卦改造成能弥纶天地人三才之道的六十四种发展模式。在原始《周易》中，六十四卦其实是自然或祖先神回答人们卜问的六十四种答案，但经《易传》对蓍数的改造，卦也随之变成了"阴阳合德而刚柔有体"的各种事物，借以表现"天地之撰"和"以通神明之德"的工具了。故《系辞传上》说：

> 易与天地准，故能弥纶天地之道。仰以观于天文，俯以察于地理，是故知幽明之故。

这是说，《周易》是依照天地的阴阳法则作成的，是天地的摹本，所以，易与天地不相违背，宇宙间有天地，易则有乾坤；天地生万物，乾坤则生六十四卦。易的发展变化反映天地的发展变化，易的阴阳规律含在天下一切事物之中，易的阴阳之道存在于六十四卦之中而又普遍反映自然界与人类社会万事万物的规律，能够解决自然界和人类社会的所有问题。

第三，对《易经》中的"原始神"概念进行了重新解释。此说出于张岱年先生，[①] 陈恩林学兄引来用以说明《周易》中的"神"字不再具有神祇或上帝的含义。在原始《周易》一书中，神多指自然神或祖先神，是人格化的可以赐福降祸的神。而《易传》却讲"阴阳不测之谓神"，"神"成了事物发展的一种存在状态，被纳入阴阳对立统一学说中来了，从此，《周易》中没有了上帝的位置。《系辞传上》说：

> 原始反终，故知死生之说。精气为物，游魂为变，是故知鬼神之情状。

---

① 张岱年：《论〈易大传〉的著作年代与哲学思想》，《中国哲学》1987年第1辑。

经史求识录

天地之间的万物处在永远不停息的聚散存亡生死的运动变化之中，这运动变化是人难以把握难以测知的，故称之为鬼神。这里说的鬼神没有什么神秘，不过是天地间万事万物之聚散存亡生死的过程而已，亦即古人所谓的造化之迹，阴阳二气之良能，都属于唯物论的命题。陈师兄的理解很深刻，有力地佐证了金师的经传统一说。《系辞传上》下文又说：

> 与天地相似，故不违。知周乎万物而道济天下，故不过。
> 旁行而不流，乐天知命，故不忧。安土敦乎仁，故能爱。

所谓"乐天知命"，"天"是自然界，"乐天"就是顺应自然；"命"是不以人的意志为转移的客观规律，"知命"就是承认并顺应客观的规律。这与孟子讲的"莫之为而为者天也，莫之致而至者命也"是一致的，都是以天为自然，以命为规律。《周易》所理解的"天"与"命"，都是自然而然，不为而为，没有意志或主宰，都不是人格化的上帝和上帝的旨意。《系辞传上》中如下两句话更能说明问题：

> 子曰：知变化之道者，其知神之所为乎！

这里把"变化之道"与"神之所为"视作同一事，明确地说"神"就是变化之道。很多人以为《周易》所讲的神是有意志的神，这是一个根本性的错误。《易》是讲变化的书，它所常用的三个概念"易""道""神"都是用以表述变化的。例如"生生之谓易"，是说阴生阳，阳生阴，阴阳生生不已，不断变化就叫"易"。例如"一阴一阳之谓道"，是说阴阳交替变动，推向前进就是"道"，实际上就是变化的规律。例如"阴阳不测之谓神"，这个"神"只是指揲蓍求卦的过程中无法预知得七得八或得九得六，即结果是阴是阳不可前知，并没有别的什么意义。"神"与"道"的关系，如果说道是变化的规律而规律就是必然性的话，那么神就是必然性借以表现出来的偶然性。《易》中的变化之道总是要通过"神"表现出来，这就是偶然性表现必然性。"神之所为"，也就是表现变化之道。

所以，《易传》的贡献，就在于用哲学语言诠释了《易经》，虽然保留了卜筮的神秘外衣，但却把其卜筮形式与《易传》阐释的新的哲理性内容有机结合起来了，从而形成了以阴阳对立统一为内核的易学新体系，进而使《周易》跳出了巫术的窠臼。因而，否定《易传》与《易经》的内在联系，也就否定了《易经》的思想内涵，其要害仍在于使《易经》永远等同于史巫之书。其实，在《汉书·艺文志》中，班固只将带有《易传》的《周易》列入《六艺略》，承认是经典易学，没有《易传》解读的《周易》则被列入《术数略》，它们仍然沿着卜筮方向发展，成了江湖易学。先生几十年来反复强调《周易》经传不可分割，其用意是十分深远的。

行文至此，有一个基本的问题不能不附带说明。传统儒家所称的《易经》，本来就指的是经传合一的本子，离开了《易传》就无所谓"周易古经"，将所谓"古经"与"传文"分裂开来，是疑古派的说法。"经"字的原本含义便是特指儒家经典，抽掉了《易传》，"易经"的叫法也便不成立了。

三、《易传》应视为孔子所作

关于《易传》与孔子的关系，无疑是易学研究中重要而又复杂的一个大问题。孔子作《易传》，其说首见于《史记》。《史记·孔子世家》说："孔子晚而喜《易》，序《彖》《系》《象》《说卦》《文言》。读《易》韦编三绝，曰：假我数年，若是，我于《易》则彬彬矣。"司马迁之父司马谈受《易》于杨何，杨何为孔子九传弟子，明见于《史记·儒林列传》，故其说最为可信。但宋人欧阳修开始有怀疑，以后围绕《易传》是否孔子所作形成了两种说法。尤其疑古派史学家，对古来成说多有存疑，使得问题又人为复杂化了。因为事关如何研究和评价孔子，所以先生一贯非常重视这个问题。早年写的《易通》中就有《周易与孔子》一章，认为《易传》即便不是孔子手编，亦当为孔子门人所辑，视为孔子所作未为不可。1984年发表的《关于周易的作者问题》和1987年出版的《周易讲座》一书的绪论中，又详尽分析了《易传》内容构成的情况：一是孔子以前就有的成说或《连山》《归藏》的旧说，被孔子保留了下来。如《说卦传》中前边那些说法及对八经卦性质的解说，《文言传》中解释"元亨利贞"四德的一段话，等等。二是孔门弟子平日对孔子讲述所作之记录，如"文言传"里边有不少"子曰"如何如何之处，与《论语》的情况差不多，思想应属于孔子。三是后人窜入的一部分。除上述三种情况而外，其余都应是孔子所作。1995年先生又发表了《周易的两个问题》一文，对有关《易传》非孔子所作的有代表性的一系列说法做了认真的分析辨止。比如说，有论者认为《左传》鲁襄公九年，鲁穆姜论元亨利贞四德与今《文言》篇首略同。以文势论，只见是《周易》抄《左传》，不见是《左传》抄《周易》。先生分析说：孔子生于穆姜之后，《左传》作者见过这几句话，孔子也可能见过这几句话。作为孔子以前之成说，孔子作《易传》时吸收进来了，又岂足怪？再如，论者举证说，《系辞》中屡称"子曰"，明非孔子手笔。先生认为，古书所谓作，不必亲自写定，《庄子》《孟子》都是如此。孔门弟子记述老师的话，其思想当然应属孔子。又如，有论者针对《论语·述而》中"加我数年，五十以学易，可以无大过矣"一条，引用陆德明《经典释文》中"鲁读'易'为'亦'"的说法，试图以此证明孔子未曾自述学易，进而否定孔子作《易传》之说。先生反驳说："孔子明明说'吾十有五而志于学'，为什么又说'加我数年，五十以学'呢？'五十以学'与'亦可以无大过矣'怎能联系在一起呢！"显然，若"易"字为"亦"，说孔子希望自己从五十岁开始学习，实在于理难通。此语当以《古论》所记为准，况且又可与《孔子世家》"假我数年，若是，我于《易》则彬彬矣"互相证明。李学勤先生同金先生的看法一致，在所著《周易经传探源》中指出："《论语·述而》所载孔子自言'五十以学易'等语，是孔子同《周易》一书直接有关的明证。虽有作'亦'的异文，实乃晚起，与作'易'的本子没有平等的价值。我们探讨《周易》与孔子的关系时，可以放心地引用《述而》这一章，不必顾虑种种异说干扰。"除历史文献方面的证据外，马王堆帛书的发现与研究成果，也以新的考古文献材料证明了先生《易传》为孔子所作这一观点的不容动摇。如帛书之《要篇》记载："夫子老而好《易》，居则在席，行则在橐。有古之遗言焉。予非安其用，而乐其辞，后世之士疑丘者，或以《易》乎？〔子贡问〕夫子亦信其筮乎？子曰：我观其德义耳。吾与史巫同途而殊归。"几乎无须分析，便可看出孔子对《易经》的看法和态度，他是对《易经》下过大工夫的，把它看作一部哲学书，从著卦中发掘其中蕴含的义理，不相信卜筮而重视其"德义"。孔子的这一思想，正是今本《易传》的思想。

先生对《易传》构成内容的分析，则是《易传》出于孔子的内证。《系辞传》之"夫易何为者也？夫易开物成务，冒天下之道，如斯而已者也"这一章，说出了对《易经》性质、内容、特点的总认识，深刻简明，概括性极强，先生认为是孔子读《易》韦编三绝之后得出的结论。详细研读《周易》尤其是《易传》的内容，就会发现，《易经》《易传》的思想与孔子的思想是一致的。《论语》讲"子在川上曰：逝者如斯夫"，《易经》《易传》也重变化；《论语》讲"天何言哉，四时行焉，百物生焉，天何言哉"，《易经》《易传》也讲天地开辟，四时运行，万物生长。《论语》与《周易》经传的相同思想绝不是偶然的巧合，应当说，在春秋末世那个时代，非孔子别人是写不出来《易传》的。正由于《易传》的哲学思想非常丰富而高深，一些学者又不愿意将其著作权判给孔子，便转而到老子及其学派中去寻找渊源，试图证明《易传》哲学是在《老子》思想的影响下产生的，二者属于同一个思想体系。因为此说关涉中国哲学史、思想史上的重大问题，先生在《论孔老易学思想》等论文中多次对《易传》和《老子》的内容与各自的思想渊源进行过比较研究。简而言之，《易传》思想与《老子》不但不同甚至表现为深刻对立：在天道观上《易传》的最高范畴是"太极"这一物质性实体，而《老子》哲学则标举超物质的"道"；在神道问题上《易传》既在理论上排除上帝鬼神的存在，又在实际上重视祭祀，主张"以神道设教"，《老子》则不言鬼神上帝，反对任何形式的教化；在辩证法上《易传》认为"一阴一阳之谓道"，主张"知柔知刚"、又强调阳刚和"变通趣时"，《老子》虽然也讲事物双方的对立与转化，但强调"弱者道之用"，主张守柔抱一、自然无为。从思想渊源上说，《老子》受殷易《坤乾》的影响较深，重母尚柔；《易传》思想则来自《易经》，主张仁义礼乐刑政，与孔子及其儒家学派一致。因此，《易传》的思想主干无疑得自孔子及儒家，而与《老子》、道家无关。

四、《周易》是讲辩证法的书

《周易》有辩证法思想，这一认识先生在 20 世纪 30 年代写《易通》时就有了，并以《系辞传》之"易有太极"章的说法及《周易》六十四卦的排列方式等为例来说明。在《周易全解序》中，先生进一步阐述了《周易》一书关于变化过程的思想主要反映在六十四卦结构之中的观点。先生在详尽细致地分析了《系辞传》《序卦传》《杂卦传》以及乾坤两卦《彖传》的基础上，认为《周易》作者通过六十四卦的排列反映世间万事万物的一个大的发展过程，乾坤两卦代表这个过程的开始，中间六十卦是这个过程的展开，既济未济两卦是这个过程的结束。其中每两卦完全按反对关系排列，构成三十二个环节，即三十二个矛盾统一体。然而乾坤两卦作用特殊，在六十四卦中具有决定性的意义，有了乾坤才有其他六十二卦，犹如宇宙，有了天地才有万物。其中蕴含的哲学意义十分鲜明：天地以及由天地生成的万物构成了我们人类赖以生存的这个客观世界。将六十四卦作为一个发展过程来看，开始时乾纯阳、坤纯阴，最不平衡；而当发展到既济，则六爻不但阴阳皆应，而且都当位，达到了平衡。乾坤之发展变化，本来是由于不平衡，一旦达到平衡了，矛盾已经全部解决，过程已宣告终结，这就是《杂卦传》所说的"既济定也"。既济表示乾坤已经毁灭，事物已经穷尽。然而实际上乾坤不能毁灭，事物不能穷尽，所以既济之后是未济，表明旧的过程结束，新的过程又将开始，发展变化是永无终止的。六十四卦的最后两卦是既济、未济，其意义如同将乾坤两卦置诸六十四卦开头同样深刻，它反映《易经》作者有着清晰的"物不可穷"的伟大辩证观点。

先生于96岁高龄写作的《〈周易·系辞传〉新编详解》一书中，认识又有了新发展。在读懂读通《系辞传》《说卦传》的基础上，先生认为，《周易》一书是用辩证法理论写成的，就是一本讲辩证法的书。在本书前言中列举了《易经》中的八条言论作为证明，言之凿凿，事实昭昭，已足可信据。在此，先生有三大发现：一是认定《周易》是周文王针对殷王朝指导思想的理论基础《归藏》而作的。先生《自序》中说："文王被囚羑里时，思想发生了根本变化。被囚以前，是《论语》所说的'三分天下有其二，以服事殷'，被囚以后，是《尚书》所说的'西伯戡黎'，……他想推翻殷商的王权，因而也想推翻殷商王权的指导思想，即殷商哲学《归藏》易，由于改造《归藏》易为《周易》，不知不觉事实上已经创造了辩证法。"这一结论是先生经过精深研究而得出的，确是一个史无前例的突破。二是认定《周易》辩证法的核心是对立统一，但强调统一，不强调对立。吕绍纲先生在该书《序言》中总括说："先生认为《系辞传》中'易与天地准'一句蕴含极深，它

论金景芳先生的易学思想及其学术地位

反映《周易》辩证法以乾坤哲学为基本。《周易》六十四卦，为首的乾坤两卦当然'与天地准'，其余六十二卦，屯卦是'刚柔始交'，既济是'刚柔正而位当'，刚柔即乾坤，刚柔始交即乾坤始交。既然屯卦是乾坤始交，则六十二卦都是乾坤相交的结果。六十二卦的序列实质是乾坤相交的过程，应包括在乾坤二卦的范围内。乾坤就是天地，故云'易与天地准'。'易与天地准'表明天地既对立又统一，故对立统一是《周易》辩证法的核心。这一点与西方辩证法是一样的。《周易》辩证法的特殊之处，是强调统一，不强调对立，乾坤总是相交不分，共在一体，不是坤否定乾，乾再否定坤。"此外，先生又列举了泰卦、否卦的《象传》作为证据，进一步说明了《周易》辩证法"显然是强调统一而不是强调对立"的特点。讲《周易》辩证法的核心是对立统一且强调统一不强调对立，这在学术史上还是首次。三是认定《周易》辩证法讲到并重视"合二而一"这个哲学范畴。《系辞传下》有三处文字讲的都是辩证法的合二而一，这三处文字是：

> 吉凶者，贞胜者也。天地之道，贞观者也。日月之道，贞明者也。天下之动，贞夫一者也。

> 《易》曰："憧憧往来，朋从尔思。"子曰："天下何思何虑？天下同归而殊途，一致而百虑。天下何思何虑？日往则月来，月往则日来，日月相推而明生焉。寒往则暑来，暑往则寒来，寒暑相推而岁成焉。往者屈也，来者信也。屈信相感而利生焉。"

> 天地絪缊，万物化醇。男女构精，万物化生。《易》曰："三人行则损一人，一人行则得其友。言致一也。"

先生《自序》中解释说"纵观这三处传文，都是利用个别的具体的事实作例子，遵照逻辑推理而得出一般的抽象的理论，即'合二而一'。具体说，第一处传文吉凶是二，胜是一；天地是二，观是一；日月是二，明是一。根据这三个例子而得出一般的抽象的理论：'天下之动，贞夫一者也'，即'合二而一'。第二处传文日月是二，明是一；寒暑是二，岁是一；往来是二，利是一。根据这三个例子而得出一般的抽象的理论：'天下同归而殊途，一致而百虑'，即'合二而一'。第三处传文天地是二，醇是一；男女是二，生是

经史求识录

一。根据这两个例子，而得出一般的抽象的理论：'《易》曰三人行则损一人，一人行则得其友。言致一也'，即'合二而一'。"辩证法中"一分为二""合二而一"这两个命题本就互为前提，密不可分。《周易》重视"合二而一"，"一分为二"即寓于"合二而一"之中。

按照先生的研究结论，《周易》辩证法的产生要比希腊早四五百年，是人类辩证法理论的真正的最早源头。著名哲学家高清海教授在《〈周易·系辞传〉新编详解》的序言中评价先生的易学说："金老经过多年思考和研究得出的认识是：'《周易》一书是用辩证法的理论写成的，它所体现的是事物深层既对立又统一的辩证法本性；《易》与天地准，讲三才，讲天地人，实际目的在人身上。'我认为这些看法很精辟，都是对的。"

先生弱冠学易，壮岁有成，晚年钻之弥深，识见精卓，于《易》可谓彬彬矣。其易学思想实代表了20世纪义理派易学的最高水平，其易学之宏深，非本篇小文所能涵盖的。要而言之，先生著书授徒以传《易》，所传者道也，非小术也。孔子曰："后世之士疑丘者，或以《易》乎？"吾人则言：后世之士知先生者，其以先生之易学乎！

（原载《周易研究》2013年第五期）

《周易阐微》评介

吕绍纲教授所著《周易阐微》（以下简称《阐微》）一书，已由吉林大学出版社于 1990 年 8 月出版。这是吕先生在《周易》研究领域里取得的又一新成果。20 世纪 80 年代以来，学术界对《周易》展开了多样化的研究，取得了丰硕的成果，不断有新的著作问世，大都从某一侧面某一角度推动了易学研究。而本书则着重由思想哲学的角度对《周易》予以全面研究，是一部通论性的《易》学著作。全书共十章，34.6 万字，内容广博，对于有关《周易》的基本问题都有较为充分的论述，同时又将分析《周易》的哲学思想作为重点，贯穿全书始终。本书的主要成就和显著特点是：

一、坚持研究《周易》义理的正确方向

金景芳教授认为《周易》是一部讲哲学讲思想的书，卜筮不过是它的躯壳。因而，我们今天研究《周易》，其着眼点就决不应是卜筮，而在于它内部所蕴藏着的思想，金先生对于《周易》的诸多问题，都运用马克思主义理论做了合理的解说，形成了一套科学而独特的易学思想体系，这些成果都反映在此前问世的《易通》《学易四种》《周易讲座》《周易全解》等著述中。《阐微》一书，就是在此基础上写成的。对先前的观点或有补充，或有更正，或有发展，提出了很多新的东西。本书第一、二、三、七、八、九各章，大抵是在《周易全解》的基础上又做了深入系统的阐发，因为《全解》的体例是按卦释义，有些深入的研究心得不能完全地表达出来，《阐微》则另辟蹊径，重构框架，显微阐幽，弥补了《全解》的不足。如第七章专论《周易》的作者问题，从思想体系、历史文献和考古文献三个方面予以充分论证，确认今本《易传》确系孔子所作，它的思想属于孔子，这就对先前的观点做出

了令人信服的补充说明。又如第八章论《易传》与《老子》是两个不同的思想体系，由历史哲学的理论高度来阐发《易》《老》思想，力证《易传》为儒家典籍，与道家思想截然不同，其结论足可信据，此外，在关于《周易》的性质、关于筮法及筮法中的哲学、关于六十四卦的排列结构、关于八卦的性质和取象、关于画卦之人和卦爻辞作者、关于《乾》《坤》《既济》《未济》四卦的训释等一系列重大问题上，都能在《全解》的基础上更进一步予以论证，许多见解颇为精当。从这一意义上来说，《阐微》与《全解》交相辉映，相得益彰，是《全解》之后的又一部易学力作。

二、勇于创新，填补学术空白

本书并非只是对于《周易全解》的拾遗补阙和简单发展，更重要的是能够在独立研究的基础上大胆提出新见解，不盲从古人，不囿于成说，填补了《易》学研究的诸多空白。尤其是第四、五、六、十各章，多发前人所未发，颇具新意，富有开拓性。如第四章论《周易》中的天、地、人三个重要概念，由古代天文历法讲起，直探中国传统文化与古代哲学的本原，解决了《周易》的理论思维模式问题。作者认为，"《周易》的哲学思想无不通过由天、地、人三个概念构成的命题表达出来"，"《周易》是一部讲天、地、人及其相互关系的书"。由这一认识出发，本章论证了天的概念产生于尧的时代，认为有了天的概念才会有八卦和六十四卦，才会有《易》，因而伏羲画八卦之说绝不可信，而地的概念之产生要早于天的概念，必在唐尧时代之前。本章还论述了《周易》天、地、人三个概念的含义以及《周易》之天人关系与天地关系。关于天人关系，作者认为《周易》肯定了天与人的区别，它重视天但更重视人，非常看重人在天地之间的重要地位，同时又在肯定天人区别的前提下强调天与人的和谐一致关系，后世所谓"天人合一"，其观点当最早出现于《周易》。关于天地关系，作者认为《周易》尊天抑地，崇阳（天）抑阴（地），其天尊地卑及天施地生的自然观直接导致乾健坤顺和乾始坤成的思维模式，这一点对中国后世的思想文化影响极其深远，男尊女卑、夫尊妻卑、君尊臣卑、父尊子卑的观念，其源头盖出于《周易》。所有这些，都是经过精慎研究而得出的恰当结论，自出新意，诚为难得。

第五章论《周易》的人生论,是本书最为突出的创造性成果,它表现了作者深厚的研究功底。《周易》是早期儒家学派哲学的渊薮,它所包含的哲学内容,不仅有天道观、辩证法、认识论和历史观,而且含有人生论,但后者却很少为研究者所注意,这不能不是《周易》研究中的一个重大缺憾。本章由对孔子《易传》的研究入手,论证了人生论是《周易》哲学的中心问题,并以较长篇幅阐述了《周易》所反映的人生现实追求和理想人格及精神修养。作者认为,《周易》在人的问题上建立了两个了不起的理论贡献:一是正确地道出了人的本质表现在个体人与群体社会关系的密切联系上,肯定了人的具体性和现实性;二是充分地强调了人的主观能动作用。这样,本书第一次系统地发掘和解决了《周易》哲学的中心问题,探明了儒家思想乃至整个中国传统文化的哲学基础,对于《易》学研究做出了重要贡献。

本书第六章由《周易》所反映的政治思想、法律思想、军事思想、教育思想和家庭婚姻观念等五个方面,来论证《周易》思想的历史学价值,论证全面深刻而又新意迭出,实为有得之作。其论《周易》的政治思想,认为君主主义、民本主义和关于革命与改革的思想是其主要部分,而与君主专制主义格格不入;其论《周易》的法律思想,认为起主导作用的是人治主义而不是法治主义,但绝不排斥使用刑法,而要求做到"刑罚中";其论《周易》的军事思想,认为其中心观念是看重政治因素即战争性质,以"上伐下"的战争为合礼;其论《周易》的教育思想,认为重视教育,肯定教育的意义是其基本点;其论《周易》的家庭观念,认为妇女贞正而服从于男子是其中心内容;其论《周易》的婚姻观念,认为看重生理因素与政治利益而不重视感情的特点和一夫多妻观念是其最明显的表现。这些结论平实而精练,极富创见。

总之,这是一部科学性、理论性、现实性相结合的优秀学术论著,它的重要意义有两条:首先,它以突出的理论贡献丰富与发展了当代义理派易学,标志着我国《周易》义理派研究的新水平。其次,对当前的易学研究有指导作用。当前,有人打着《周易》研究的幌子大搞现代迷信。有的用它来算卦,并堂而皇之地冠以所谓"预测学""信息科学"等美名;有人视《周易》为一切当代科学的鼻祖,以为学了《周易》就一通百通,甚而能够掌握宇宙的命运。这是《周易》研究的一股逆流。本书对这股逆流是个有力的批驳，对真正有志于学《易》者可起到方法论上的指导作用。

　　毋庸讳言，一部著作毕竟不可能穷尽对《周易》哲学全部问题的研究，目前还存在着很多难点没有解决，有待于进一步探讨，我们期待着吕先生的下一部力作。

（原载《先秦史研究动态》1992年第一期）

《周易》"统率群经说"的历史考察

孔子是原始儒学的创立者，《汉书·艺文志》所谓儒家"游文于六经之中，留意于仁义之际，祖述尧舜，宪章文武，宗师仲尼"①，是对儒家特点的高度概括。孔子所整理的"六经"是早期儒家的经典，一直为后世儒者所共同尊奉和研读。到西汉武帝"罢黜百家，独尊儒术"以后，正统思想所依托的经典，便由"六经"逐步扩展至七经、九经、十三经。作为社会法定的文化经典和意识形态的集中表现，它们支配着上层建筑的各个部分。但是，"六经"（《乐经》失传后称为"五经"）也好，"十三经"也好，它们的地位或重要性是同等的吗？当然不是。我们知道《周易》被尊为"群经之首""大道之源"，自汉代就有《周易》统率群经的说法。本文试图还原《周易》"统率群经说"的产生和发展过程，进而明确其历史内涵，以见《周易》在儒家经典中的本体地位。

一、《周易》的儒家经典化历程始于孔子晚年

孔子整理和传授"六经"，于中最崇《周易》。我们先来看下列三条文献：

> 子曰：加我数年，五十以学易，可以无大过矣。②
> 孔子晚而喜易，序彖、系、象，说卦、文言。读易，韦编三绝。

---

① 班固：《汉书》卷三〇，中华书局，1962年，第1728页。
② 朱熹：《论语集注·述而第七》，载《四库全书荟要》第20册，吉林人民出版社，1997年，第245页。

经史求识录

> 曰:"假我数年,若是,我于易则彬彬矣。"①
>
> 夫子老而好易,居则在席,行则在囊。②

这里有两个问题需要辨正:

1. "五十以学易"问题。"五十"是什么意思?郑玄解释五十就是五十岁:"'加我数年',年至五十以学此《易》,其义理可无大过。"③ 五十为"老",认为孔子说这番话时当在四十五岁。这无论如何解释不通,学易既然这么重要,为何不现在就学,非得等到五十岁才学呢?后人还有各种五花八门的解释,都没说对。宋儒朱熹说:"盖是时,孔子年已几七十矣,此'五十'字误无疑也。"④ 俞志慧先生深受启发,认为这个悬想是对的。俞先生的研究结论是,"加我数年五十以学易可以无大过矣"的意思是:"如果天假我年,或五年,或十年,沉潜于大易之中,那么我庶几可以无大过矣。"⑤ 张立华先生潜心《论语》多年,他在《唐碑论语译释》的自序中反复比较古往今来数十位知名学者对此问题的研究结论,从情理、史实、版本、句读等各方面论证通行解释的谬误,最后得出的结论是:本章当标点为"子曰:'加我数年,五、十以学《易》,可以无大过矣。'"意为"假如(上天能够再)加给我数年闲暇的时间,让我用五至十年来研究《易》,(就)可以没有什么大问题了"⑥。张先生的疏证引证广泛,深中肯綮,合情合理,可以说已经解决了《论语》本章的疑问。孔子"晚而喜易""老而好易"确为历史事实,《周易》的儒家经典化历程即当始于孔子晚年。

---

① 司马迁:《史记》卷四十七,中华书局,1959年,第1937页。

② 廖名春:《马王堆帛书周易经传释文》,载《易学集成》,四川大学出版社,1998年,第37页。

③ 黄怀信,李景明:《儒家文化研究·〈论语〉郑义举隅》,齐鲁书社,2004年,第85页。

④ 朱熹:《论语集注·述而第七》,载《四库全书荟要》第20册,吉林人民出版社,1997年,第425页。

⑤ 俞志慧:《〈论语·述而〉"加我数年,五十以学易"章疏正》,《孔子研究》2000年3期。

⑥ 张立华:《唐碑论语译释·自序》,中国政法大学出版社,2016年,第44页。

2. 孔子作《易传》问题。司马迁认为是孔子作了《易传》暨"十翼"。他的说法影响很深,从汉代直到宋代以前,没有人怀疑这个说法。北宋欧阳修写了一篇《易童子问》,首先对《系辞传》为孔子所作的成说质疑。至清代,著名的疑古派学者崔述又进一步怀疑《彖传》和《象传》亦非孔子所作。以后,近代的一些疑古派学者便蜂拥而起,对《易传》的作者问题提出了全面质疑,使这一问题成了学术史上的一桩公案。

我的老师金景芳先生的观点十分明确:《易传》应属于孔子,基本上是孔子作的。也有些是孔子讲的,弟子记的。孔子以后不可能有人能够作出《易传》。司马迁的说法得自他的父亲司马谈,司马谈从杨何学《易》,杨何是孔子的九传弟子,可见司马迁的话是有根据的。[①] 孔子晚年好易,竟到了"居则在席,行则在囊"的沉迷地步,乃至于"韦编三绝"的程度。晚而喜易,乐在其中,一定是发现了什么奥秘!是人生的奥秘,天人关系的奥秘!孔子惊奇地发现,能够沟通天人关系的,只有《周易》!孔子将读易的心得讲给学生,他的晚年弟子受业并记录下来,这就是所谓的《易传》。《周易》本卜筮之书,是古代"三易"之一,得孔子赞易作"十翼"有了"传",才成其为经典,《周易》与《易传》结合编在一起,才是后世所谓的《易经》,才有了跃居"六经"之首的可能。正是孔子抓住了《周易》的本质特点,一下子揭示出了易的核心是阴阳,明确了"一阴一阳"的"天道",《周易》即为天道之源。天道决定人事,人事反映天道。《周易》经传是中国古代唯一一部有本体论,有宇宙起源说,有价值观,有人生观,有阴阳对立的辩证思维体系的,由古老的卜筮之书改造成的古典哲学著作。

孔子不仅确曾学《易》、赞《易》(作《易传》)和传《易》,而且在他传授的"六艺"(即"六经")中特别推崇《周易》。如帛书《周易·要》记孔子曰:

《尚书》多仐(疏)矣,《周易》未失也,且又(有)古之遗言焉。[②]

[①] 金景芳:《周易讲座·绪论》,《金景芳全集》第 1 册,上海古籍出版社,2015 年,第 163-169 页。

[②] 廖名春:《马王堆帛书周易经传释文》,载《易学集成》,四川大学出版社,1998 年,第 37 页。

经史求识录

子贡质疑夫子"老而好《易》"违背了"它日之教",孔子作了如上回答。据廖名春先生的帛书《要》篇"夫子老而好《易》"章考证认为,"仝"为"於"之省文,通于"疏"。"《尚书》多仝(疏)矣"是说《尚书》记事过于简略,多有疏漏,不如《周易》精密。① 这与《礼记·经解》对《周易》的评价"洁静精微,易教也"相近。这条材料说明孔子看重《周易》,并在与《尚书》的对比中,做出价值高低的评判。《尚书》记载具体事件,免不了有所疏漏;《周易》抽象言理,当可概括无遗。帛书《要》篇还记载孔子说:

  《诗》《书》《礼》《乐》不「止」百扁,难以致之。不问于古法,不可顺以辞令,不可求以志善。能者繇一求之,所谓得一而君(群)毕者,此之谓也。《损》《益》之道,足以观得失矣。②

这里将《诗》《书》《礼》《乐》与《周易》相比,借以推重后者:诗书礼乐卷帙繁多,读起来事倍功半,不如《周易》立意超绝,贯通易学即可尽得诗书礼乐之精义。据此,廖名春先生在《"六经"次序探源》一文中归纳说,孔子晚年认为,"从《周易》的损益之道里可以尽得《诗》《书》《礼》《乐》之精义,不必皓首穷经,把精力耗费在卷帙繁多的《诗》《书》《礼》《乐》的繁文末节上"③。

  孔子晚年对《周易》的新认知,对于以《易》为首的"六经"次序的形成,是有决定性意义的。孔子晚年的读《易》心得,也是靠晚年这批学生的传承、诠释而光大的,以致后来《周易》在六经中地位不断上升。依据传世文献记载,早期儒家确实存在着重《易》学派,而且传《易》的世系也相当清楚:

  孔子传《易》于瞿,瞿传楚人馯臂子弘,弘传江东人矫子庸疵,疵传燕人周子家竖,竖传淳于人光子乘羽,羽传齐人田子庄何,何传东武

---

 ① 廖名春:《帛书〈周易〉论集》,上海古籍出版社,2008年,第414页。
 ② 廖名春:《马王堆帛书周易经传释文》,载《易学集成》,四川大学出版社,1998年,第39页。
 ③ 廖名春:《"六经"次序探源》,《历史研究》2002年2期。

人王子中同，同传菑川人杨何。①

　　自鲁商瞿子木受《易》孔子，以授鲁桥庇子庸。子庸授江东馯臂子弓。子弓授燕周丑子家。子家授东武孙虞子乘。子乘授齐田何子装。及秦禁学，《易》为筮卜之书，独不禁，故传受者不绝也。汉兴，田何以齐田徙杜陵，号杜田生，授东武王同子中、雒阳周王孙、丁宽、齐服生，皆著《易传》数篇。同授淄川杨何，字叔元，元光中征为太中大夫。齐即墨成，至城阳相。广川孟但，为太子门大夫。鲁周霸、莒衡胡、临淄主父偃，皆以《易》至大官。要言《易》者本之田何。②

孔门传《易》后学受孔子将《周易》置于他经之上的影响，对《易》道多有感悟。推想起来，从春秋末年到战国时代，肯定出现过"六经"以易为首的次序，不过这种排法较少见。直到汉代，才由《七略》通过《汉志》最后完全确定下来，刘歆功不可没。

据此可知，是孔子最早明确指出了《周易》和《诗》《书》《礼》《乐》相比的独特的理论优势：能够从哲学的高度把握事物的本质特征，这就从学理上肯定了《周易》高于诸经的地位。汉儒认为并确定《周易》统率六经，正是对孔子经学思想的继承。

二、汉代确立了《周易》统率六经的地位

关于六经的排列次序，从先秦到西汉通行的顺序是《诗》《书》《礼》《乐》《易》《春秋》。在《史记·太史公自序》和《淮南子·泰族训》中才出现以《易》居首的六经次序，至《汉书·艺文志》所载刘向、刘歆父子《六艺略》中，六经的次序排列变成了《易》《书》《诗》《礼》《乐》《春秋》，并对《易》与诸经的关系做出简要的分析和概括，提出了《易》为众经之原的观点：

　　六艺之文：《乐》以和神，仁之表也；《诗》以正言，义之用也；

---

① 司马迁：《史记》卷六十七，中华书局，1959年，第2211页。
② 班固：《汉书》卷八十八，中华书局，1962年，第3597页。

《礼》以明体，明者著见，故无训也；《书》以广听，知之术也；《春秋》以断事，信之符也。五者，盖五常之道相须而备，而《易》为之原。故曰："《易》不可见，则乾坤或几乎息矣"，言与天地为终始也。至于五学，世有变改，犹五行之更用事焉。①

认为《易》所表达的是"与天地为终始"的永远不变的天道，其他五经则是因时迁事移而"世有变改"的"五常之道"。因而，便有了《易》为六经之首的说法，确立了《周易》统率六经的地位。

当然，《周易》统率六经的观点，并不只是刘向父子和班固的个人看法，而是代表了西汉学界乃至整个统治集团的共同认识。

秦人雄起西陲，以功利为尚，倡导耕战而非诗书毁礼乐，终致短命而亡。入汉之初，陆贾为高祖讲述古今治乱之历史，贾谊撰《过秦论》总结秦亡之教训，都力主依据儒家的仁义学说来建立汉家的统治思想。经汉初七八十年的休养生息，到武帝时期条件成熟，为适应专制政治的需要，终于选择了以儒家学说为主导来治国理政，这就是历史上有名的"罢黜百家，独尊儒术"。其内含并非只是重用儒生治理天下，更重要的是把儒学作为指导思想的理论基础。为"表彰六经"，武帝时期将儒家经学正式确定为官学，分置《诗》《书》《礼》《易》《春秋》五经博士。此后《周易》的地位不断上升，汉宣帝时五经博士共七家，已有施氏、孟氏、梁丘氏三家《周易》博士，另外四经各自只占一家；后汉光武帝时立五经十四博士，《周易》博士占四家（施、孟、梁丘加上京氏）。《史记》《汉书》将《周易》列于五经之首，即表明《周易》在五经中统率众经的地位。东汉以后，"六经"不断得以扩展，有了"七经""九经""十二经"乃至"十三经"。但从唐代开始，以《周易》居首的次序从未变过，《周易》也便由统率六经进而成为统率群经了。

那么，汉人为什么在五经当中特别看重《周易》？古往今来的学者给出了种种解答。汇总众多说法，大体上有如下几种：一是因为《周易》产生的历史最为悠久，二是因为今文经学与古文经学的论争，三是因为《周易》包含的政治思想体系最适合汉代统治的需要，四是因为汉代谶纬灾异之说兴盛

---

① 班固：《汉书》卷三〇，中华书局，1962年，第1723页。

导致统治者特殊重视《周易》。其实,以《周易》为首,并非出于经今古文学之争,也绝非以产生年代先后简单排序的问题,更不是看重《周易》卜筮功能的原因。上述第三点倒是有一定的道理,不过没有说到点子上。汉人看重《周易》,实是反映了自春秋末年到秦汉间儒家学术的重要转变,意义十分重大。而这一重要转变,是从孔子晚年开始的,其论已见本文第一部分。

如果说,孔子去世后,不同的儒家流派对《周易》的重视程度不尽相同的话,那么自汉武帝时代开始,整个学界对《周易》地位的认识逐渐统一了起来。虽然汉易中的象数学比较兴盛,如孟喜的"卦气说",焦循的"重象说",京房的"八宫说""世应说",《易纬》的宇宙生成论,荀爽的"乾升坤降说",虞翻的"纳甲说""卦变说",郑玄的"爻辰说"等等都有较大的影响,与孔子开创的围绕卦爻辞和卦爻象阐发哲理的路数不同,但并不妨碍他们对《周易》地位的推崇。实质上,从某种意义上说,汉易象数学也是继承了孔子《易传》用以诠释《周易》的阴阳原理,并将其作为汉易卦气说赖以建构的理论基础。汉易解易的倾向,即是运用阴阳之气的进退升降和相互转化的运动变化原理,来阐发《周易》关于天地人产生、变化、发展的一般法则。

三、汉代以后对《周易》"统率群经说"的诠释

汉代尊《周易》为"六经之首",这是中国哲学史上一件划时代的大事。在此后长达两千年的整个经学时代,《周易》都一直稳居学术核心的地位,对中国哲学、思想、文化的发展产生了巨大的影响,对"中华民族核心文化价值的形成具有极其深远的意义"[①]。

魏晋南北朝时期的经学呈多样发展的趋势,在易学方面,主要表现为象数与义理两大学术流派之争。两大派都打着孔子的大旗,指责对方为歪理邪说,义理派责备象数派违于孔门易学义理,象数派则认为义理派宣扬的不是孔子易学真谛,但这种争斗的实质不过是易学两派争夺孔门正宗的内部斗

[①] 王利平:《中国文士阶层与儒家文献的经典化》,《燕山大学学报》(哲学社会科学版)2010年4期。

经史求识录

争。由于儒家经学一直占据官方哲学的显赫地位，易学不同学派的争斗反倒使得《周易》在诸经中的地位更加突出。

隋唐时代融合南北，经学得到统一，以《周易》作为群经之首，学者并无异议。首先值得一提的是隋唐之际的经学家陆德明，著有《经典释文》三十卷，在此书《序录》中注意到了古人对六经乃至群经排序的不同，并归纳出来三种排列次序：

> 五经六籍，圣人设教，训诱机要，宁有短长？然时有浇淳，随病投药，不相沿袭，岂无先后？所以次第互有不同。如《礼记·经解》之说，以《诗》为首；《七略》《艺文志》所记，用《易》居前；阮孝绪《七录》亦同此次；而王俭《七志》，《孝经》为初。原其后前，义各有旨。①

证诸文献记载，自先秦迄于西汉，六经最常见的次序是以《诗》居首，到了《汉书·艺文志》，六经的次序正式改变为《易》《书》《诗》《礼》《乐》《春秋》。由于汉志是本于刘歆《七略》删略而成，故学界认为这种次序的开创者当为刘歆。这种次序为后来的学者所继承，被学界主流沿承至今。至于以《孝经》居首的次序，由于《孝经》本乃"六经"之外的经典，而且以它居首的次序最早见于南朝齐代，不过是重申汉儒的一种主张而已，对后世的影响有限，可以不论。所以，《经典释文》编排六经，采取的是汉志的顺序。再往下，依次是《孝经》《论语》《老子》《庄子》（引老、庄入儒家经典，是另一个问题，这里不论）和《尔雅》。可以说，《经典释文》对经书的排列和释义，为《五经正义》的产生提供了必要的条件。唐太宗因儒学门派众多，章句繁杂，诏孔颖达、颜师古等撰定五经义训，"凡一百七十卷，名曰《五经正义》，令天下传习"。②《五经正义》中五经的次序是：《周易》《尚书》《毛诗》《礼记》《春秋》。《五经正义》流行至今，是最权威的五经注疏本。

---

① 陆德明：《经典释文·序录》卷一，中华书局，1983年，第3页。
② 刘昫等：《旧唐书·儒学传序》，《旧唐书》卷一八九，中华书局，1975年，第4941页。

自此以后,《周易》在"九经""十三经"中一直排在第一位。

宋代是经学复兴的时代,宋代理学注重思辨性,理学大师们所进行的哲学探讨,实际是在为儒家传统的伦理文化寻找哲学依据,从本体论的高度论证天不变道亦不变,以仁义为代表的伦理准则或曰道德教条是永恒不变的宇宙真理。因此,宋儒对《周易》的看重也超越前代。早在北宋初,文学家杨亿就曾评价六经说:

> 盖夫易者,世历三古,人更三圣。达性命之际,通神明之德,探赜索隐,钩深致远。故曰《易》不可见,则乾坤之道几乎息矣。若乃《春秋》《诗》《书》《礼》《乐》犹五行之更用事,而《易》之为原。①

初看杨亿不过是在重复《汉书·艺文志》易为众经之原的命题,语句也都出于汉志和《系辞传》,但细审文义,实乃对汉志观点的深度诠释,从《周易》年代的久远、圣人的立意说到性与天道的主题,揭示出易道广大、包容群经的特质。实际上,杨亿已经将《周易》提到了中华传统文化之源的高度。理学大师程颢也说:

> 圣人用意深处,全在《系辞》,《诗》《书》乃格言。②

认为《易传》的地位高于《诗经》和《书经》,后者只是圣人的格言而已,其内涵根本无法与《系辞传》所揭示的大道相比。这里再次明确指认《周易》高出于其他儒经,可视为群经之首或群经之源。正是出于这一基本认识,宋代的学者及当时所形成的理学思想莫不以《周易》为核心建立自己的思想体系,易学研究在宋代进入了一个新的黄金时期,易学又一次成为显学。

其后历代以易为核心的观点未见变化,至清代汉学复兴,学界主流对

---

① 杨亿:《武夷新集》,曾枣庄、刘琳主编《全宋文》第14册,上海辞书出版社、安徽教育出版社,2006年,第367页。

② 程颢、程颐:《二程集》,中华书局,2004年,第13页。

经史求识录

《周易》的作用愈加看重。多有学者强调《周易》统摄其他经书的主导地位，对《周易》"统率群经说"进行深入的诠释。清初大儒王夫之认为，《周易》在诸经之中占有主导地位，他在《周易外传》中说：

> 乃盈天下而皆象矣。《诗》之比兴，《书》之政事，《春秋》之名分，《礼》之仪，《乐》之律，莫非象也，而《易》统会其理。①

意思是说，中国经典的特征是以象明义，六经莫不如此，但其他经书只是"用象"而已，《周易》却是这一传统思维和表达方式的理论纲要。

清人对《周易》"统率群经说"阐释得最为周详的，是康熙年间的著名易学家胡煦。胡煦髫龄笃嗜《周易》，博极群籍，覃精易理，所著易学著作总名《周易函书》（含《周易函书约存》《周易函书约注》《周易函书别集》等）初成于康熙四十九年。胡煦易学的内容十分丰富，其中关于《周易》与其他经书关系的论述相当精彩，能道人之所未言。汪学群先生有《胡煦有关〈周易〉与其他经书关系述论》一文，于此介绍得非常清楚：

总体上，胡煦认为"《易》与其他经书的关系是本末、体用的关系，《易》是本、体，其他经书只是末、用。其他经书讲理，但《易》理更根本，其他经书之理必须汇通于易理。《周易》与其他经书的关系，也可视为'万殊而一本'，《易》为一本，其他经书为万殊，其他经书皆归于《易》，因此《易》更为重要"②。胡煦原文说：

> 但于逐卦逐爻详细体认，则知《周易》非诸经之比矣。《周易》，圣道之大本；《春秋》，圣道之大用；余经，圣道之散见者也。③
>
> "六经""四子"之书皆圣道之散见，而《周易》其大本也。"六经""四子"书由整处说到散处，是一本而万殊者也。故必详细分疏，然后

---

① 王夫之：《周易外传》卷六，中华书局，1977年，第251页。
② 汪学群：《胡煦有关〈周易〉与其他经书关系述论》，《信阳师范学院学报》（哲学社会科学版）2006年3期。
③ 胡煦：《周易函书约注》卷一，杨军主编《十八名家解周易》第3辑，长春出版社，2009年，第96页。

可以牖庸愚之知见。《周易》由散处说为整处,是万殊而一本者也。故万有不齐归于至一,然后可以极盛德之高深。①

须知《诗》《书》《礼》《乐》皆圣道之散见者也,其发挥天人之精蕴,彻底透露者,无如《周易》。②

他还进一步评论说:

(《周易》)浅之则格物穷理之资,深之则博文约礼之具,精之则天人合一之旨,体之则参赞位育之能,是全体大用之要归,圣圣相传不言而同然之秘也。开六经之始而六经皆不能违,探六经之原而六经止分其用,其出也取之而不穷,其返也藏之而无朕。羲、文、周、孔极力阐扬,后之学者观其象,玩其辞,习其占,仍如昏衢,如暗室焉,可不谓难乎?③

《周易》是开六经之始探六经之原的"全体大用",群经只不过是它的展开而已。群经讲的是理,但《易》理更根本,其他经书之理都在《易》理之中。总之,"圣人之道,大本大用,尽发泄于《周易》,其余诸经皆道之散见者耳"④。应该引起我们重视的是,胡煦认为,无论是《周易》揭示的圣道之"大本",还是诸经体现的"圣道之散见",讲的都是天人关系。"须知《周易》所阐全是天人合一之旨"⑤,这一点,可谓真知灼见。

---

① 胡煦:《周易函书别集》卷一一,《文渊阁〈四库全书〉原文电子版》第26册,武汉大学出版社,1997年,第33页。
② 胡煦:《周易函书别集》卷三,《文渊阁〈四库全书〉原文电子版》第23册,武汉大学出版社,1997年,第7页。
③ 胡煦:《周易函书别集》卷三,《文渊阁〈四库全书〉原文电子版》第23册,武汉大学出版社,1997年,第3页。
④ 胡煦:《周易函书别集》卷一一,《文渊阁〈四库全书〉原文电子版》第26册,武汉大学出版社,1997年,第2页。
⑤ 胡煦:《周易函书别集》卷三,《文渊阁〈四库全书〉原文电子版》第23册,武汉大学出版社,1997年,第2页。

经史求识录

  为了深化和解析上述基本观点，胡煦还分别论述了《周易》与诸经的关系。

  关于《周易》与《尚书》：他认为《周易》揭示"天人合一"的本质，《尚书》则从政事方面反映天道与人事之间的关系。《尚书》的天人关系说始于《尧典》："《虞书》第一篇诸务未详，首列天时，下详人事，敬天勤民之义，明天人之致一也。"① 《洪范》篇讲治国安民的九章大法，即所谓"九畴"，虽然"九"之数与《洛书》同，但所讲的并非《洛书》的"数"之理，而是"天人合一"的治国之秘：

  《洪范》一篇是言道理，不是言数，其中天人合一之秘，原与《周易》同义，故圣人重之，乃不知者徒于数上究心，非其旨矣。观其本文曾未沾著洛书丝毫，如止因自一至九之数与洛书相同，遂以为则仿洛书，然则洪范所重止此九数而已，而九数之下所列五行皇极诸论，皆圣人之赘辞矣。甚哉！征数而不征理，此后儒之大弊也。②

  关于《周易》与《诗经》：《诗》教与《易》之教殊途而同归，目的都是以道德教化达于天下太平，《诗》主教化，正与《周易》的神道设教相一致：

  四诗首《风》，明习也；次《小雅》，明治也；次《大雅》，明教也；终之以《颂》，见治化之成也。旧染之化，因人转移，故《风》首文王之化，而继以《小雅》，明风俗转移由政治之得失。《小雅》列朝会之诗，政事之所出也。君子德风，小人德草，移风易俗，端本在是矣。庙也者，敦本睦亲之所自始。风行天下，曰观盥而不荐，有孚颙若，化可知矣。故谓为神道设教，裁成辅相，范围曲成，圣化之成也，故功归于《颂》。③

---

  ① 胡煦：《周易函书别集》卷一一，《文渊阁〈四库全书〉原文电子版》第 26 册，武汉大学出版社，1997 年，第 32 页。
  ② 胡煦：《周易函书别集》卷一一，《文渊阁〈四库全书〉原文电子版》第 26 册，武汉大学出版社，1997 年，第 33 页。
  ③ 胡煦：《周易函书别集》卷一一，《文渊阁〈四库全书〉原文电子版》第 26 册，武汉大学出版社，1997 年，第 31 页。

此外，《诗》的写作方式也受到《易》的启发。他说："《诗》之比兴，皆仿于《周易》立象之法。"①"比、兴是写诗的手法。比是指物譬喻，兴是借物以起兴，两者皆与物有关，《周易》立象也是观物的结果，因此比兴模仿立象。"《周易》为《诗》之根本所由出。

关于《周易》与"三礼"，胡煦评论道：

> 礼者，国之四维；三礼，圣人经国之大本也。《春秋》之序次，先天而后人，先王人而后列国，先大国而后小国，先卿贰而后大夫，皆礼意也。《国语》持论多准礼以为衡，执玉高卑，不独观其敬肆，且可验其存亡矣。礼之于人大矣哉。《仪礼》详于器数，大、小《戴》分释其义，而万物本天，人本乎祖，皆天人相关之的旨，谁云五经各一其义？②

礼的最大功用是祭天祭祖，其本质是通过沟通天人来协调人际关系，讲天人关系，离不开《周易》，《周易》揭示天人关系的一般原则，因此礼本于《易》。

关于《周易》与《春秋》的关系，胡煦在《周易函书别集》（卷三）中说得很透彻：

> 须知圣人之道尽在《易象》与《春秋》。《易象》其大本也，《春秋》其大用也，舍此则学圣者无本领，亦无作用。须知《周易》言天人合一之旨，故为圣人之大本；《春秋》具天人感应之机，故为圣人之大用。试观其中，或天变而人从之，或人感而天应之，不是无因，特标天时天象也。不向天人交关处着眼，则止是鲁国之史耳，何云圣经？须知《周易》微显察来，便是追溯天人之所以然处，而《春秋》谨始慎微，便是求端于事功之所由起时。③

---

① 胡煦：《周易函书别集》卷三，《文渊阁〈四库全书〉原文电子版》第23册，武汉大学出版社，1997年，第7页。

② 胡煦：《周易函书别集》卷一一，《文渊阁〈四库全书〉原文电子版》第26册，武汉大学出版社，1997年，第33页。

③ 胡煦：《周易函书别集》卷三，《文渊阁〈四库全书〉原文电子版》第23册，武汉大学出版社，1997年，第6页。

经史求识录

> 《春秋》未列人事先列天时，盖为天制运而生人，人奉天而作事。奉之则顺，违之则逆，可征元气之潜符，感通之妙理，此即一以贯之之道。故唯《春秋》全是《易》中道理。①

这里从天人合一的视角切入，强调《周易》为本，《春秋》为用。汪学群先生归纳其含义是，"《周易》为天人合一之旨，《春秋》讲天人感应之机，《周易》从理论上阐述天人合一之理，《春秋》则以其理用于实践，以天人合一之理去书写解释春秋时期的史实。由此可以说，《春秋》之'义'讲的全是《易》中道理，《春秋》不是纯粹的记事史，而是一部说明天人合一之理的论著"②。

关于《周易》与"四书"，他认为"四书"，不过是圣贤的问答，其地位和深度不可与《周易》同日而语。当然"四书"亦为圣人言道之书，但道之所本皆源于《周易》：

> 夫《学》《庸》《论》《孟》，皆圣贤问答语言，无过高低抑扬、承接转换，便可直抒胸中勃勃欲泄之理，学者解释字义，体贴语气，亦遂可因言达意。③

> 《论语》与门弟子问对交接之语也。浅学之士未可语深，故曰"夫子之言性与天道不可得而闻也"。欲其深造道妙，则《周易》一书固已详言之矣。子贡闻之而莫能言之，曾子闻之而著为《大学》，子思闻之而作为《中庸》，非原本《周易》，乌能达此？④

上述胡煦对《周易》"统率群经说"的深入诠释，乃其本人终身嗜易，

---

① 胡煦：《周易函书别集》卷三，《文渊阁〈四库全书〉原文电子版》第23册，武汉大学出版社，1997年，第7页。
② 汪学群：《胡煦有关〈周易〉与其他经书关系述论》，《信阳师范学院学报》（哲学社会科学版）2006年3期。
③ 胡煦：《周易函书约存·李去侈序》，《文渊阁〈四库全书〉原文电子版》第1册，武汉大学出版社，1997年，第2页。
④ 胡煦：《周易函书别集》卷七，《文渊阁〈四库全书〉原文电子版》第23册，武汉大学出版社，1997年，第16页。

"寝食以之者四十年，积极而生明，积明而生悟"①之所得。要言之，《易》与其他经书地位不同的原因在于：《周易》讲天道与人事是宏观的，重在从理论上揭示其天人合一的本质；而其他经书讲天道与人事是具体的，只不过是从某一侧面来反映天人合一这一本质。因此，《周易》统率群经，主要当指《周易》在理论上对其他经书具有指导作用。

胡煦的认识对后世影响十分直接，清代四库馆臣说"《易》道广大，无所不包，旁及天文、地理、乐律、兵法、韵学、算术以逮方外之炉火，皆可援《易》以为说"②，明确指出《易》弥伦群经，涵盖百家，包藏天地，是中国一切思想的圭臬。

四、当代易学界对《周易》"统率群经说"的新认识

从易学发展的历史来考察，经典易学一直分为"象数学"和"义理学"两大流派。前者兴盛于汉代，其治易特点如王弼《周易略例》所言："或者定马于乾，案文责卦，有马无乾，则伪说滋漫，难可纪矣。互体不足，遂及卦变。变又不足，推致五行。一失其原，巧喻弥甚。从复或值，而义无所取，盖存象忘意之由也。"③ 由于过分追求象数，结果另搞出纳甲、卦气、爻辰、互体等等不属于《周易》的东西。其末流甚至援纬书解易，多杂江湖术数之学。宋人在汉人象数的基础上又创图书之学，制作所谓河图洛书和先天八卦图、后天八卦图，如《四库全书总目提要》经部易类总论所言："宋人以数言易，已不近于人事，又欲务究数之所以然，于是由画卦推奇偶，由奇偶推河图洛书，由河图洛书演为黑白方圆，纵横顺逆，至于汗漫而不可纪，曰'此作易之本也'。及其解经，则象义爻象又绝不本图书立说。岂画卦者一数，系辞者又别一数邪！"图书派抛开《周易》本身另搞一套，试图寻找一种可以说明现实并预测未来的象数公式，结果当然是把易学引向了歧途。

---

① 胡煦：《周易函书约存·李去侈序》，《文渊阁〈四库全书〉原文电子版》第 1 册，武汉大学出版社，1997 年，第 1 页。
② 永瑢、纪昀：《四库全书总目提要》经部卷一，中华书局，1965 年，第 2 页。
③ 王弼：《周易略例·明象》，程荣《汉魏丛书》，吉林大学出版社，1992 年，第 16 页。

经史求识录

清代又有很多易学家回头去搞汉易，把研究的重点放在象数上。由于象数学派不看重《周易》经传的思想和哲学内涵，与正统经学有所疏离，故而对《周易》统率群经之说不以为意。后者是由孔子《易传》所开拓的，把《周易》看成哲学著作，显微阐幽，用哲学的语言解释难懂的卜筮语言，通过它的象数研究它的思想内涵。义理派由孔子开创，其晚年弟子多有传承，经魏代王弼《周易注》《周易略例》方始压倒象数派，至宋代程颐《伊川易传》、张载《易论》及清初王夫之《周易内传》《周易外传》、李光地《周易折中》等进一步发扬光大，已经不可移易地成为易学界主流。义理派治易重在"观其德义"[1]，研究的着眼点不在卜筮而在于《周易》所蕴藏的丰富的哲理，故而往往感受到《周易》思想的深邃，将《周易》看作群经之首，认为其哲学思想可以统率群经。

五四运动后一个世纪以来，疑古派兴起，他们反对"学者载籍极博，犹考信于六艺"[2]的二千年传统，主张对东周以后的史料"宁可疑古而失之，不可信古而失之"，要"把中国古史缩短二三千年"，对历史文献持一味怀疑的态度，造成了一定的混乱。反映在易学界，产生了两个恶劣的影响。一是贬《周易》为纯粹的卜筮之书，否定其哲学价值；二是否认《易传》为孔子所作，进而将《周易》与孔子隔离开来，使《周易》的价值大打折扣。

当代义理派大师金景芳先生等一批历史学家和哲学家坚决抵制疑古派，坚持恪守孔子《易传》所开辟的《周易》研究的正确方向，并使《周易》研究取得了丰硕的成果。金景芳先生的易学思想和易学成就主要有以下几方面：一是令人信服地论证出《周易》是一部蕴含丰富、思想深刻的古代哲学著作。二是力证《周易》经传思想的一致性，两者密不可分。《易传》全部是对《周易》的解说与阐发，没有《易传》，《周易》深奥的哲学内涵就不能为世人所了解。三是坚持孔子作《易传》的传统观点，并越来越得到学界的赞同。其具体观点，我们在上文已经谈过。与先生一贯的易学思想相适应，他特别看重孔子和六经的关系，认为真正的孔子之学，"主要是六经和《论

---

[1] 廖名春：《马王堆帛书周易经传释文》，载《易学集成》，四川大学出版社，1995年，第38页。

[2] 司马迁：《史记》卷六十一，中华书局，1959年，第2121页。

语》。七十子后学的记述和《孟子》《荀子》二书的一部分，也应包括在内。在上述著作中，最能反映孔子思想的，首推《易传》，其次是《春秋》，再次则是《论语》"①。为什么六经中《周易》最重要？先生认为，《易传》中有孔子对《易》"天之道"与"民之故"的系统阐述，全面反映了孔子的宇宙观和方法论。

金派学者发挥金景芳先生易学思想，对孔子及其六经提出更明确认识和评价的，当首推先生的早年弟子、著名历史学家和易学家陈恩林先生。以六经作为载体的孔子儒学，总体上究竟是什么学？儒学所讲的核心问题到底是什么？自古以来学术界一直有争议。代表性的定义有"仁学"、"礼学"、"修己治人"之学、"内圣外王"之学等等。陈先生认为，孔子儒学最适合的定义是"天人之学"。最近几年，陈先生常常谈到儒学与六经，认为儒学的本质就是"天人之学"。他在为四川大学古籍研究所主编的《儒藏学案》序言中较为系统地论述了这一观点，并在四川大学、武汉大学、东北师范大学等地受邀讲学时多次谈到这个问题。因陈先生论述非常详尽，这里限于篇幅不便引述，只能以笔者的理解来简要说明。陈先生的核心观点是，从哲学的角度来深入观察和理解，儒学的本质是"天人之学"。证据呢，就在六经自身，六经讲的都是"天人之学"②。

首先，《周易》讲的是"天人之学"。《易·系辞传》认为宇宙的本体是"太极"，并提出了"易有太极，是生两仪，两仪生四象，四象生八卦"③的宇宙生成论，这一理论体系的核心就是"阴阳"二字。孔子明确了"一阴一阳"的"天道"，《周易》反映天道。而了解天道正是为了正确认识"人道"，《系辞传》明言易学宗旨是"明于天之道，而察于民之故"④，《周易尚氏学》说"《周易》之大义"是"天道与人事"，除此之外"无二理也"。总之，天道决定人事，人事反映天道，《周易》是一部反映"天人合一"理论体系的

---

① 金景芳：《孔子新传·序》，《金景芳全集》第5册，上海古籍出版社，2015年，第2418页。

② 参见《儒藏学案·序》，载陈恩林《逸斋先秦史论文集》下册，吉林大学出版社，2019年，第229页。

③ 阮元校刻：《十三经注疏》上，中华书局，1980年，第82页。

④ 阮元校刻：《十三经注疏》上，中华书局，1980年，第82页。

哲学著作。

其次,《尚书》的本质是"天人之学"。《尚书》的天人关系说始于《尧典》,尧帝舜帝是有资格法则天,率领民众遵循天道的人,又是唯一拥有"天之历数"的人,当然就是受"天命"的王。《洪范》篇讲治国安民的九章大法,即所谓"九畴",是"天人合一"的治国之秘。《大禹谟》《伊训》《汤诰》等誓命之文,皆言教化,讲天命,突出天人关系。《尧典》《舜典》《皋陶谟》等篇记氏族社会,颂扬尧、舜二圣能做到"人心符合天道",是为儒家向往的"大同"时代;《甘誓》《召诰》《盘庚》《牧誓》等篇记夏、商、周三代圣王,都是有德而受"天命",是为"小康"时代。讲的都是"二圣三王"的"天人之学"。

再次,《诗经》的本质是"天人之学"。《诗经》的"天人之学"集中表现在《雅》《颂》中,主要讲殷、周圣王与"天命"的不解之缘,讲人德天授。

又次,《礼经》《乐经》的本质是"天人之学"。礼是与天地万物一同产生的,是天地万物的规律和秩序,"乐"则是"礼"的孪生兄弟。乐为阳,礼为阴,一气之和,无所不通。人与礼乐同出于天地自然,都由太一所生,形态虽异,本质则一。乐生于天,为阳;礼生于地,为阴;人是天地之灵,阴阳备于一身,有仁有义,五常之德全备。礼、乐、人皆出于天地。人之礼乐,当然是天人之学了。

最后,《春秋》是"天人之学"。从历史学的角度看,《春秋》与"天人之学"似乎没有直接联系。但《春秋》有"义",是孔子站在西周王道立场上所表达的王道大义,是拨乱世反诸正,让政治回归到王道上来。"孔子作《春秋》而乱臣贼子惧"[1],《春秋》的本质特点是"人心和于天道,人德和于天德"的"天人之学"。《太史公自序》说"自周公卒五百岁而有孔子。孔子卒后之于今五百岁。有能绍明世,正《易传》,继《春秋》,本《诗》《书》《礼》《乐》之际,易在斯乎,易在斯乎!小子何敢让焉"[2]。司马迁立志继承《春秋》精神,发愿要把《史记》写成"究天人之际,通古今之变,成一家

---

[1] 阮元校刻:《十三经注疏》下,中华书局,1980年,第2715页。
[2] 司马迁:《史记》卷一三〇,中华书局,1959年,第3296页。

之言"① 的巨著。他所要继承的《春秋》精神,当然就是"究天人之际"的"天人之学"。

六经的主旨都是"天人之学",当然孔子的思想学说是以研究天人关系为特征的,儒学的核心也就是"天人之学"了。陈恩林先生强调,最能反映儒学是"天人之学"的著作不是《中庸》,也不是《孟子》,而是《易传》,《易传》思想源于《周易》,所以《周易》可以统率其他五经。本文上一节介绍了清儒胡煦对《周易》"统率群经说"的诠释,胡先生主要是从《周易》与群经内容对比的角度讲的,陈先生则是重在发掘六经各自本身所反映的天人之学的内容,并没有相互对比。但不约而同的是,都认为"天人合一"是六经的核心,时隔三百年之久,二人所发可谓同调之鸣。

当代义理派学者对《周易》"统率群经说"的新认识和补充,使《周易》的学术与历史地位更加彰显。它最重要的理论价值在于揭示出了统率群经的《周易》之核心学术思想是"天人合一",由《周易》所建构的宇宙生成模式传递出的"天人合一"理念,不仅是传统儒学和经学的总纲,也可说代表了中华文化和中国哲学的特质,其意义非常重大和深远。

(原载《吉林大学社会科学学报》2021年第三期)

---

① 班固:《汉书》卷六十二,中华书局,1962年,第2735页。

经史求识录

论《周易》在中国儒家经典中的本体地位

中国传统思想文化，是以儒家思想为核心或主要理论形态的一种思想体系和文化类型。儒家"游文于六经之中，留意于仁义之际，祖述尧舜，宪章文武，宗师仲尼"[①]，"六经"是早期儒家的经典。到西汉武帝"罢黜百家，独尊儒术"以后，正统思想所依托的经典，便由"六经"逐步扩展至七经、九经、十三经。作为社会法定的文化经典和意识形态的集中表现，它们支配着上层建筑的各个部分。但是，"六经"（《乐经》失传后称为"五经"）也好，"十三经"也好，它们的地位或重要性当然是不同的。在《汉书·艺文志》所载《六艺略》中，曾对《易》与《诗》《书》《礼》《乐》《春秋》诸经的关系做出简要的分析和概括，提出了《易》为众经之原的观点："六艺之文：《乐》以和神，仁之表也；《诗》以正言，义之用也；《礼》以明体，明者著见，故无训也；《书》以广听，知之术也；《春秋》以断事，信之符也。五者，盖五常之道相须而备，而《易》为之原。故曰：'《易》不可见，则乾坤或几乎息矣'，言与天地为终始也。"[②] 自此，便有了《易》为群经之首的说法，历时弥久而再无变更。宋代有人提出《易》为中华传统之源，清代四库馆臣则说"《易》道广大，无所不包，旁及天文、地理、乐律、兵法、韵学、算术以逮方外之炉火，皆可援《易》以为说"[③]，明确指出《易》弥纶群经，涵盖百家，包藏天地，是中国一切思想的圭臬。然而，为什么说《易》是群经之首，大道之源？它与其他儒家经典究竟是什么关系？以前未见详细论证。

---

① 班固：《汉书·艺文志》，中华书局，1962年，第1728页。
② 班固：《汉书·艺文志》，中华书局，1962年，第1723页。
③ 《四库全书总目提要·经部·易类一》，中华书局，1965年，第2页。

论《周易》在中国儒家经典中的本体地位

本文试图从"六经"的排列次序入手，理清《周易》作为古老的卜筮之书逐渐经典化成为《易经》，并在群经中地位不断上升的历史过程；进而探讨《易经》与诸经学说的共同点，以明确其作为哲学经典的本质；通过逐一分析《易经》与其他经书的关系，论证其在儒家经典中的本体地位。

一、问题的提起——"六经"的排列次序及其学术含意

古文献中关于"六经"的排列次序，按陆德明《经典释文序录》的归纳主要有三种："五经六籍，圣人设教，训诱机要，宁有短长？然时有浇淳，随病投药，不相沿袭，岂无先后？所以次第互有不同。如《礼记·经解》之说，以《诗》为首；《七略》《艺文志》所记，用《易》居前；阮孝绪《七录》亦同此次；而王俭《七志》，《孝经》为初。原其后前，义各有旨。"[①] 陆氏的说法符合真实的历史状况，从先秦到西汉时期，六经最常见的次序是以《诗》居首，排列顺序依次是《诗》《书》《礼》《乐》《易》《春秋》。在《史记·太史公自序》和《淮南子·泰族训》中才出现以《易》居首的六经次序，《汉书·艺文志》六经的次序正式改变为《易》《书》《诗》《礼》《乐》《春秋》。由于汉志本于刘歆《七略》，因此学界一般认为这种次序的开创者当为刘歆。不管是否由刘歆开其端，这个排列次序却被后来的学者所采纳，一直延续到现在。以《孝经》居首的次序最早见于南朝齐代，以前没有出现过，再加上《孝经》本来就是"六经"之外的经典，所以对后世的影响很有限，未见后人坚持这种顺序。因此，人们可以研究讨论的，只有"以《诗》为首"和"用《易》居前"两种次序。

那么，以《诗》居首也好，以《易》居首也好，究竟是什么含义呢？最早注意这个问题并提出个人意见的还是陆德明，他的排列原则是依照六经产生时代的早晚：以《易经》的八卦为伏羲所画，故《易》列第一；《书经》中最早的篇章是《尧典》，晚于伏羲，故列第二；《诗经》中以《商颂》最早，但晚于尧舜，故列第三；《礼》《乐》乃周公所作，在《商颂》之后，故列第四第五；《春秋》是经孔子删改的鲁史，所以列在第六。这理由在《经

---

① 《四库全书荟要》第21册，吉林人民出版社，1997年，第7页。

典释文序录》里，已经说得很明白。

周予同先生认为《六经》次序的不同，是因为今古文之争引起的。古文家认为"六经皆史"，孔子是史学家，所以按六经产生时代的早晚排列，以《易》居首；今文家则认为孔子是教育家，所以对"六经"的排列含有教育家排列课程的意味，完全依照程度的深浅而定，《诗》《书》《礼》《乐》属初级教育故而排在前面，《易》和《春秋》精深博大，属高级教育理应排在后面。① 这一见解影响较大，多种经学史研究的论文和书籍都采用了这种经学观点。

但是，"六经"排序出于经今古文学之争，今古文学分别以难易程度和产生年代先后为依据的说法，实际上是经不起推敲的。众所周知，今古文之争的焦点并不在《周易》，而是《周礼》和《春秋左氏传》。在两种"六经"排序中，《春秋》都居最后，位次没有变化；《礼》在以《诗》为首的排列中位于第三，在以《易》为首的排列中反而退到第四了，可见出于今古文之争的说法是没有根据的。

其实，"六经"由以《诗》为首到以《易》为首，并非出于经今古文学之争，也绝非以产生年代或难易程度简单排序的问题，而是反映了自春秋末年到秦汉间儒家学术的重要转变，意义十分重大。这一重要转变，是由孔子晚年开始的。

孔子晚年喜《易》，沉潜于大易之中而不能自拔，并常常将自己读《易》的心得讲给弟子们听，这在史书上是有明确记载的。《论语·述而》记载："子曰：加我数年，五、十以学易，可以无大过矣。"《史记·孔子世家》记载："孔子晚而喜易，序彖、系、象、说卦、文言。读易，韦编三绝。曰：'假我数年，若是，我于易则彬彬矣'。"

这两条文献集中说明了两个问题：一是孔子"晚而喜易"确为历史事实；二是司马迁认定是孔子作了《易传》暨"十翼"。

其中前一个不成其为问题，只是后人对"五十以学易"的理解有不同。郑玄解释五十就是五十岁，五十为"老"，认为孔子说这番话时当在四十五岁，尚未到老年。但郑玄的解释实在欠通，为什么学易必须要等到五十岁以

---

① 周予同：《周予同经学史论著选集》（增订本），上海人民出版社，1996年，第7页。

后呢？后人还有一些解释也都是穿凿附会，倒是南宋朱熹说得贴近："孔子年已几七十矣，此'五十'字误无疑也。"① "五十"当断句为"五、十"，用五到十年的时间来研究《周易》。可知晚年孔子是担心上天不假以年，使其周易研究半途而废，这正可看作孔子与《周易》最后成书有直接关系的明证。

后一个问题本来也不成其为问题，孔子作《易传》的说法最早见于《史记》，从汉代直到宋代以前，没见有人怀疑。北宋欧阳修作《易童子问》，第一次对《系辞传》为孔子所作的成说提起怀疑。到了清代乾嘉时期，著名辨伪学者崔述作《考信录》，开创疑古儒学，其中对《彖传》和《象传》的著作权问题提出异议，但崔氏之说在当时未能被正统经学所接受，一直受到排斥。又过一百年后，随着民国初年疑古之风和反儒思潮的兴起，以胡适、顾颉刚、钱玄同诸先生为代表的疑古派大师们强力推崇崔氏之学，甚至发动了著名的"古史辨"运动。于是，众多疑古派学者一拥而上，在将中国儒学史上疑古辨伪传统推向极致的同时，对孔子作《易传》的成说提出了全面质疑，把简单的问题搞得十分复杂。

20世纪50年代以来，由于大量考古资料的新发现，一大批历史学家开始纠正疑古派的疑古过勇之弊，提出要"走出疑古时代"，还历史以本来面目。在《易传》作者问题上，著名历史学家金景芳先生的观点十分明确：《易传》的著作权应属于孔子，基本上是孔子作的。他在《易通》《周易讲座》《周易全解》等几部易学著作和《关于周易的作者问题》《周易的两个问题》等论文中都论证过这一观点。简单说来有如下根据：一是我们没有理由推翻司马迁的定论，因为他的说法得自其父司马谈，不是没有根据的臆说。孔子传《易》的世系相当清楚，《仲尼弟子列传》明载："孔子传《易》于瞿，瞿传楚人馯臂子弘，弘传江东人矫子庸疵，疵传燕人周子家竖，竖传淳于人光子乘羽，羽传齐人田子庄何，何传东武人王子中同，同传菑川人杨何。"② 则杨何是孔子的九传弟子，司马谈从杨何学《易》，可谓孔子的十传弟子。二是孔子思想与《易传》内容的一致性可谓《易传》出于孔子的内证。金先生详细分析了《易传》

---

① 朱熹：《论语集注·述而第七》，《四书章句集注》，浙江大学出版社，2012年，第230页。

② 司马迁：《史记》卷六七，中华书局，1959年，第2211页。

的构成，并与孔子的哲学思想、人生观、道德观等各方面进行比较，令人信服地得出二者一致性的结论。《易传》只能是孔子所作，在孔子当时和以后不可能再有人能够作出《易传》。三是新发现的考古文献资料也证明了孔子作《易传》说法的可靠性，如帛书《周易·要》说："夫子老而好易，居则在席，行则在囊。""《易》，我后其祝卜矣，我观其德义耳也……后世之士疑丘者，或以《易》乎！吾求其德而已，吾与史巫同途而殊归者也。"这里不仅证实了孔子的晚而喜易，所反映的孔子对《周易》性质的认识，也与今本《易传》的思想完全一致。目前，金先生的意见已经得到了学界的广泛认同。如果让我大胆推测的话，是孔子经常把自己读易的心得讲给学生，他的晚年弟子将这些讲述记录并整理出来，就是所谓的《易传》。这就和《论语》的成书相仿佛，除了可能由后人窜入的一部分，其余无疑是反映了孔子的思想，当然应视为孔子所作。

其实，孔子还不止于学《易》、传《易》和赞《易》（作《易传》），而且在他所传"六经"中特别推崇《周易》。如帛书《周易·要》记孔子曾将《周易》和《诗》《书》《礼》《乐》相对比而评价曰："《尚书》多令（疏）矣，《周易》未失也，且又（有）古之遗言焉。""《诗》《书》《礼》《乐》不「止」百扁，难以致之。不问于古法，不可顺以辞令，不可求以志善。能者繇一求之，所谓得一而君（群）毕者，此之谓也。《损》《益》之道，足以观得失矣。"指出《周易》洁静精微，立意超绝，贯通易学即可尽得诗书礼乐之精义；诗书礼乐卷帙繁多，由繁文末节中去抽象其中的德义，势必事倍功半。

由此可见，是孔子最早明确指出了《周易》不同于《诗》《书》《礼》《乐》诸经的独特优势：能够从哲学理论的高度概括事物的本质，这就从学理上肯定了《周易》高于诸经的地位。可以说，是孔子晚年将原本作为卜筮之书的《周易》改造成一部博大精深的古典哲学著作，开始了《周易》的经典化过程。这对于以《易》为首的"六经"次序的形成，是有决定性意义的。后来《周易》在六经中地位不断上升，正是对孔子经学思想的继承。

二、"究天人之际"——《周易》与"六经"的共同本质是"天人之学"

儒家的整个思想体系集中反映在"六经"之中，这当然没有疑问。虽然

"六经"的内容和着重点不同，但必有一个"一以贯之"的共同本质。儒学的本质是什么？古往今来一直存有争议。最早有人称儒学为"仁学"，如《庄子·天道》说孔学"要在仁义"，证诸《礼记·中庸》载孔子"仁者人也，亲亲为大"的说法和将仁列为"五常"之首的事实，佐以《吕氏春秋·不二》"孔子贵仁"的认识，再加上《孟子》一书大讲仁政，于是，孔孟仁学便成了儒学的另一个名称，影响甚大。也有人称儒学为"礼学"，盖因战国晚期儒家另一位大师荀况的《荀子》一书提出"隆礼重法"，致礼学畅行。如司马谈"论六家要旨"，认为"儒家经传以千万数，累世不能通其学，当年不能究其礼。故曰博而寡要，劳而少功"，只有"序君臣父子之礼，列夫妇长幼之别，不可易也"。章太炎先生谓儒学即是"修己治人"之学。都是将礼视为儒学的本质。宋儒重视"四书"，服膺《大学》的"内圣外王"之道，认为儒学是"内圣外王"之学。如此等等。人们对儒学本质的认识迄今尚无统一的定论。

其实，从哲学的角度来深入观察和理解，儒学的本质是"天人之学"。陈恩林先生对此有过专门论述，他认为最能反映儒学是"天人之学"的著作不是《中庸》和《孟子》，而是"六经"，尤其是《易经》，[1] 对此我非常赞同。

《周易》的核心内容是讲天人关系，易学可谓"天人之学"，最能反映儒学的本质特征。《易·系辞传》提出"一阴一阳之谓道"，认为宇宙的本体是"太极"，并构筑出了"易有太极，是生两仪，两仪生四象，四象生八卦"的宇宙生成论。《系辞传》还进一步说"刚柔者，立本者也"，"乾，阳物也；坤，阴物也，阴阳合德而刚柔有体"。可知这一理论体系的核心就是"阴阳"二字，"阴阳"是宇宙本体"太极"所生的包括天地在内的万物之母。古人早就抓住了易学的这一特质，所以《庄子·天下》讲"易以道阴阳"，《史记·太史公自序》讲"易以道化"，皆可谓一语破的。马王堆《帛书易·易之义》也明确说，"易之义，惟阴与阳"[2]，天地之间万事万物的"阴阳"变化，都是它的表现形式，无一例外。而所谓的"天、地、人三才之道"，也

---

[1] 陈恩林：《儒藏学案序》，《逸斋先秦史论文集》下册，吉林大学出版社，2019年，第229页。

[2] 张政烺：《马王堆帛书周易经传校读》，北京：中华书局，2008年，第137页。

只是"易以道阴阳"的三种重要形式而已。最能反映儒学的"天人合一"本质的著作是《易传》，孔子正是抓住了《周易》的本质特点，才一下子揭示出了易的核心是阴阳，明确了"一阴一阳"的"天道"，《周易》即为天道之源。然而，《周易》之讲天道（这里"天道"包含"地道"，因为"地道"本质上服从于"天道"），并非为了探讨天体物理和地球物理，而是为了正确认识"人道"。《系辞传》明言易学宗旨是"明于天之道，而察于民之故"，《周易尚氏学》说"《周易》之大义"是"天道与人事"，除此之外"无二理也"。"天尊地卑，乾坤定矣。卑高以陈，贵贱位矣"，"天地变化，圣人效之"，《系辞传》为我们描述的以上下尊卑贵贱为秩序的"人道"，正是效法"天道"的结果。天道决定人事，人事反映天道。将宇宙秩序转换为家庭秩序和社会秩序，《周易》的全部秘密即在于此！据此我们可以说，《周易》是一部成熟的古典哲学著作，更是一部反映人与天地自然合一，人与社会合一，人与人合一的"天人合一"的理论体系。

《周易》的主旨是"天人之学"，其他五经呢？虽然各自角度不同，但从本质上看，也无不如此，讲的都是"天人之学"。

先看《尚书》。《尚书》纪事"独载尧以来"，是中国自有史之后的第一部信史。今文《尚书》的《虞书》部分包括《尧典》和《皋陶谟》两篇，记述氏族社会尧舜时期的事迹。其中首列天时，下详人事，所讲帝尧制历法、选贤才和帝舜修订历法、祭祀天地、平服民心的种种作为，无不尽显敬天勤民之义。文中颂扬尧、舜二圣明天人致一之理，能做到"人心符合天道"，这正是后世儒家所向往的"大同"时代，所以才有孔子"唯天为大，唯尧则之"（《论语·泰伯》）的赞叹。《夏书》《商书》《周书》三部分记夏、商、周三代圣王的事迹，其中最突出讲的是天命问题，上天选择有德者为天下王。而"德"的含义，中心即是敬天保民。如《泰誓》反复强调"天矜于民，民之所欲，天必从之"，"天视，自我民视；天听，自我民听"。故《大禹谟》《伊训》《汤诰》等篇都大讲教化百姓，以膺天命，核心讲的是天人关系。《洪范》篇讲治国安民的九章大法即"洪范九畴"，虽然"九"之数与《洛书》相同，但所讲的并非《洛书》的"数"之理，而是"天人合一"的治国之秘。《甘誓》《盘庚》《召诰》《牧誓》等篇记夏、商、周三代之王，尤其禹、汤、文、武、成王都是有德而受"天命"的明君圣王，是为孔子所称的"小康"时代。总而言之,整部《尚书》,核心讲的都是"二圣三王"的"天人之学"。

再看《诗经》。《诗经》所讲的天人关系,主要反映在《大雅》和《颂》两部分,标榜殷、周两代的圣王皆为受"天命"眷顾的明君圣主。如《商颂》的《玄鸟》祭祀殷高宗武丁,歌颂契、汤、武丁等圣王受"天命"而立下的丰功伟业;《长发》祭祀成汤,歌颂成汤及先祖契、相土的德业,重点夸耀成汤的德行感动上天,得到上天的支持。《周颂》的《维天之命》《昊天有成命》《执竞》《思文》等篇,都是歌颂周之先祖圣王品德高尚直达天听,赫赫功业举世无双。《大雅》的《文王》《大明》《文王有声》《下武》《烝民》等等,从不同角度赞颂周之先祖及文、武、成王,强调人德天授,天命有德者作君王。其主体思想就是天命、德治和以民为本,反映的都是天人关系。至于《风》和《小雅》两部分,从另一角度看,也可以说非直接地反映了天人关系。因为风诗和小雅诗是用以观风俗特征、明政教得失的。移风易俗、修明政治,要在应天顺人,还是离不开天人关系。所以,说《诗经》的本质是"天人之学",也是符合实际的。

下面看《礼经》和《乐经》。我国在西周时期既已形成了礼乐文化体系,《礼记·礼器》所说的"经礼三百,曲礼三千"虽非确数,但至少说明了周礼是相当完备的。同书《曲礼上》说"夫礼者,所以定亲疏,决嫌疑,别同异,明是非也……道德仁义,非礼不成。教训正俗,非礼不备。宦学事师,非礼不亲。班朝治军,莅官行法,非礼威严不行。祷祠祭祀,供给鬼神,非礼不诚不庄。是以君子恭敬撙节退让以明礼",可见周礼已经深入社会生活的方方面面。《礼记·昏义》说"夫礼,始于冠,本于昏,重于丧、祭,尊于朝、聘,和于射、乡,此礼之大体也",此"八礼"所表达的内容,也不外乎君臣、父子、兄弟、夫妇、朋友这五种关系,即古人所谓的"五伦",可知礼是用以协调社会关系的。那么,周礼又是从哪里来的呢?《礼记》认为,礼是与天地万物一同产生的,是天地万物的规律和秩序,"是故夫礼,必本于天,淆于地,列于鬼神,达于丧、祭、射、御、冠、昏、朝、聘。故圣人以礼示之,故天下国家可得而正也"(《礼记·礼运》)。这是说人道效法天道,礼是承天之道而来的,用以治人之情。具体说,圣人效法天地之昼夜有变,寒暑有节,风雨有期等自然法规,来建立人类社会的控制系。所以，礼正是沟通天人的产物。至于乐，则可看作"礼"的孪生兄弟，所以往往礼、乐并称。虽然《乐经》业已失传，但其他儒家典籍仍载有丰富的资料足以证明礼乐相通，形态虽异，本质则一。《礼记·乐记》曰："乐者，通礼者也。""乐著大始，而礼居成物。著不息者，天也；著不动者，地也；一动一静者，天地之间也。故圣人曰礼乐云。""乐者，天地之和也；礼者，天地之序也。和，故百物皆化；序，故群物皆别。乐由天作，礼以地制。过制则乱，过作则暴。明于天地，然后能兴礼乐也。"此足证乐生于天，为阳；礼生于地，为阴；礼乐的制作都是人效法天地的结果。《乐记》阐述礼、乐的各自特点和功用说："乐自中出，礼自外作。乐由中出故静，礼自外作故文。大乐必易，大礼必简。乐至则无怨，礼至则不争。"又说："大乐与天地同和，大礼与天地同节。和，故百物不失；节，故祀天祭地。明则有礼乐，幽则有鬼神。如此，则四海之内合敬同爱矣。"礼乐源于天地，是故圣人作乐以应天，制礼以配地，人与礼乐同出于天地自然，礼乐之学当然是以天人合一为纲领的。

最后看《春秋》。《春秋》本是孔子取材于鲁国史记而作的一部断代史，是现存中国第一部编年体史书，按鲁国纪元和鲁国十二公年次为序，记载了春秋时期242年间的大事。从史书的角度看，《春秋》似与"天人之学"并无干连。但《春秋》不同于一般史书，其记事虽过于简约甚至有残缺，被王安石讥为"断烂朝报"，却突出所谓"《春秋》大义"和"《春秋》笔法"。《孟子·滕文公下》曰："世衰道微，邪说暴行有作：臣弑其君者有之，子弑其父者有之。孔子惧，作《春秋》。"又曰："孔子成《春秋》而乱臣贼子惧。"《春秋》大义以"正名"为本，要在维护"君君臣臣父父子子"的等级名分。《史记·太史公自序》说："夫《春秋》，上明三王之道，下辨人事之纪，别嫌疑，明是非，定犹豫，善善恶恶，贤贤贱不肖，存亡国，继绝世，补敝起废，王道之大者也。"《春秋》的主要内容是道义，是拨乱反正，其笔法是通过对历史人物和事件的褒贬中，来寄寓作者的政治理想，扬善罚恶，秉笔直书。汉儒对《春秋》所表现的凛然大义也都是从天人关系的角度来认识和理解的，比如《春秋公羊传》用对答体逐段逐字解释《春秋》经文的所谓"微言大义"，深得其精髓。以董仲舒为代表的今文学派公羊学，其主要学术内容不外乎君权神授、天人感应，讲的都是"天不变，道亦不变"即

"三纲五常"永恒存在的政治伦理。由此看来,《春秋》的本质特点就是追求人心和于天道,人德和于天德,反映的恰恰是"天人合一"道理。司马迁在《太史公自序》中说:"先人有言:'自周公率五百岁而有孔子,孔子率后之于今五百岁。有能绍明世,正《易传》,继《春秋》,本《诗》《书》《礼》《乐》之际?'易在斯乎,易在斯乎!小子何敢让焉。"当仁不让地立志继承孔子"六经"之精髓,发愿要把《史记》写成"究天人之际,通古今之变,成一家之言"(《报任安书》)的巨著。所谓"究天人之际",意为探求天道与人事之间的关系,可见,司马迁认定《春秋》和其他五经的共同点,就是"天人之学"。

既然六经的主旨都是"天人之学",以研究天人关系为特征,我们就可以用"天人之学"来概括儒学的核心或本质了。

三、"一本而万殊"——《周易》统率群经

论证《周易》在儒家经典中的本体地位,还必须能够确认其作为哲学经典的本质和统率群经的作用。

从理论上看,《周易》创造了以八卦与六十四卦、三百八十四爻为中心的庞大系统,是中国古代唯一一部有本体论,有宇宙起源说,有价值观,有人生观,有阴阳对立的辩证思维体系。《周易》作为体现宇宙本体论和宇宙万物本质的经典哲学,普遍适用于世间万事万物运动变化的一般规律,儒家其他经典所述之理完全可以会通于易理。

如前所述,自汉代就有了《易》为"五经之原"的说法,后人又将其概括为"六经之首""统率群经""群经之首""大道之源"等等。那么《周易》是如何涵盖其他五经所述之理的?清儒王夫之指出,儒家经典的传统思维与表达方式就是"以象明义",不过《周易》表达的是像思维的理论,而其他群经不过是在实际中应用这一理论而已:"乃盈天下而皆象矣。《诗》之比兴,《书》之政事,《春秋》之名分,《礼》之仪,《乐》之律,莫非象也,而《易》统会其理。"[①] 清代易学家胡煦总括《易》与群经的不同说:"须知

[①] 王夫之:《周易外传》,王夫之《船山遗书》,中国书店,2016年,第141页。

《诗》《书》《礼》《乐》皆圣道之散见者也,其发挥天人之精蕴,彻底透露者,无如《周易》。"① 又说"圣人之道,大本大用,尽发泄于《周易》,其余诸经皆道之散见者耳"②。认为《周易》揭示的是根本原理,诸经不过是这些原理的展开。他还进一步评论说:"'六经''四子'之书皆圣道之散见,而《周易》其大本也。'六经''四子'书由整处说到散处,是一本而万殊者也。故必详细分疏,然后可以牖庸愚之知见。《周易》由散处说为整处,是万殊而一本者也。故万有不齐归于至一,然后可以极盛德之高深。"③ 这里将《周易》与"五经""四书"的关系表述为本与末、体与用的关系:"一本而万殊",《易》为一本,群经为万殊;《易》是本、是体,群经只是末、是用。胡煦对《周易》在儒家经典中本体地位的阐述非常具体,为了进一步说明问题,我们再来具体地讨论一下《周易》和群经的关系。

1.《易》与《尚书》。如上文所述,《易》与《尚书》的内容是一致的,都是讲的"天人之学"。但《易》是由理论上哲学上揭示"天人合一"的本质,《尚书》则从政事方面反映天道与人事之间的关系,从社会学政治学的角度证实"天人合一"理论的应用。

2.《易》与《诗经》。《诗》有《风》《小雅》《大雅》《颂》所谓"四体","四体"之编排次序是出于其不同社会功用的考虑。儒家讲《诗》,主推教化,以移风易俗达于政事为目的。这恰好和《周易》的以神道设教相一致,《易·观卦》之《彖传》曰:"观天之神道,而四时不忒。圣人以神道设教,而天下服矣。"其《象传》曰:"风行地上,观。先王以省方观民设教。"儒家借助鬼神之道设立教化的学说,目的在于使"民德归厚",其特点重在设教,体现的是重人道轻神道致力社会道德教化的价值观。可见《诗》教与《易》教殊途同归,但《易》先而《诗》后,《易》乃教化理论之源头。

3.《易》与《礼经》。礼分为三,"三礼"即《周礼》《仪礼》《礼记》

---

① 胡煦:《周易函书别集》卷三,永瑢、纪昀《文渊阁四库全书》第 23 册,武汉大学出版社,1997 年,第 7 页。

② 胡煦:《周易函书别集》卷一一,永瑢、纪昀《文渊阁四库全书》第 26 册,武汉大学出版社,1997 年,第 2 页。

③ 胡煦:《周易函书别集》卷一一,永瑢、纪昀《文渊阁四库全书》第 26 册,武汉大学出版社,1997 年,第 33 页。

（包括大小《戴记》），分别从不同角度注释礼。礼即"礼义廉耻"之礼，国之四维之一，为治国之根本。如上文所论，礼代表天地万物的规律和秩序。人间的礼是沟通天人的产物，其最重要内容便是祭天祭祖，通过沟通天人来协调人际关系。讲天人关系最清楚最高明的就是《周易》，因为它揭示了天人关系的一般原则。据此，《易》与《礼经》的关系，当然也可以归结为本末和体用关系。

4.《易》与《乐经》。古有"六经"之说，惜乎其中《乐经》久已失传，甚至先秦时是否实有其书，历代学界也大有争论，迄今难以统一。具体说法大体有三种：一是《乐经》原无其书，《诗》或《礼》中即包含了《乐》；二是《乐经》古存而今亡，亡于秦火或因乐谱无用以致散佚；三是《乐经》并未亡佚，《周礼·大司乐》或《礼记·乐记》即为古《乐经》。其实，不论上述哪种说法正确，都不能改变一个事实，即儒家乐教客观上早已形成，而且具有博大精深的思想体系。儒家乐教的核心，便是以"乐"来推行教化。《吕氏春秋·察传》说"昔者舜欲以乐传教于天下"，可见从"二圣"时代就把乐看作移风易俗的工具，用以治国化民，所以乐教与易教从来就是相通的。而且，儒家乐教还有一个显著特点是兼论礼乐，礼与乐一体两面，一阴一阳，皆归于太极。礼乐沟通天人，其哲学基础即在于《易》。

此外，即以影响较大的儒家乐教文献《礼记·乐记》而论，不管它是解释《乐经》的"记传"也好，还是古《乐经》的遗篇也好，都不可否认，它所包含的音乐理论受到了《周易》的深刻影响。前人今人用文献对照的方法，思想体系比较的方法，多论《乐记》抄袭于《周易》，至少是因袭了《周易》的思想命题，尤其是"天人合一"的哲学体系和对立统一辩证观及其思维方式，来论证自己的音乐理论。限于篇幅，这里不再展开。

5.《易》与《春秋》。在六经之中，孔子于《易》与《春秋》用力最勤，二经的深刻含义也是六经中最深奥难懂的。庄子说"《易》以道阴阳，《春秋》以道名分"，司马迁说"《易》以道化，《春秋》以道义"，还说"《春秋》推见至隐，《易》本隐以之显"（《史记·司马相如列传赞》）。这些评论我看都是对的，但直接说明《春秋》本质特征，还是孔子自己说得更贴切。《孟子·离娄下》载："王者之迹熄而诗亡，诗亡然后《春秋》作。晋之《乘》，楚之《梼杌》，鲁之《春秋》，一也。其事则齐桓、晋文，其文则史。孔子曰：'其义则丘窃取之矣。'"夫子自道《春秋》的主旨不在记事,而在明义。《史记·滑稽列传》也记载:"孔子曰:'六艺于治一也。《礼》以节人,《乐》以发和,《书》以道事,《诗》以达意,《易》以神化,《春秋》以义。'"两条文献说得一致,证明《春秋》确是以"义"为先。那么什么是"义"呢?《礼记·中庸》说:"仁者人也,亲亲为大。义者宜也,尊贤为大。亲亲之杀,尊贤之等,礼所生也。"仁是处理血缘关系的准则,其实质是亲亲;义是处理社会关系的准则,其实质是尊贤。仁义讲的都是社会等级原则,即"君君臣臣父父子子"的等级制度,亦即上文《庄子》所言的"名分"。所以,说《春秋》主旨是"道义"和"道名分",都是确解。人间的伦理秩序来源于天,天人合一的纲领出于《周易》,从这一角度来看,《春秋》的所谓"义"或"名分",反映的都是《易》道,是《周易》理论在历史方面的应用。

6.《易》与《孝经》。《孝经》是儒家的重要经典之一,"六经"之外"十三经"之中,以《孝经》影响最为深远。仔细分析和研究《孝经》,就会发现它"体"小而"思精",有着精深的哲学基础、社会思想基础和政治理论基础,与孔子思想、儒家哲学是高度一致的。具体而言,《孝经》孝道思想的理论基础主要是来自《周易》。笔者在《论〈孝经〉孝道思想的理论构建源于〈周易〉》[①]一文中有详细论证,认为《周易》的"天人合一"思想奠定了《孝经》"孝道通天"理论的哲学基础,《周易》的上下尊卑观念提供了《孝经》等级制孝道的伦理思想依据,《周易》的君主主义和民本主义意识提供了《孝经》"以孝治天下"理论的政治思想来源。限于篇幅不再展开论证,有兴趣者自可参看。

7.《易》与《论语》。《论语》二十篇是孔子弟子记录孔子言论流传至今的部分,当时记载的可能远不止这些。《论语》的可信度高,当然是研究孔子思想学术的重要载体。不过,《论语》的体裁大抵是师生之间的问答,问对交接之语难以表达更高深的学问和理论。《论语·公冶长》记载:"子贡曰:'夫子之文章,可得而闻也。夫子之言性与天道,不可得而闻也。'"意为经常能够听到老师讲礼、乐、诗、书方面的知识,但没听过老师讲性和天道的学问。所谓"性与天道",即有关人性本源和宇宙真理的探求,属于高

[①]《社会科学战线》2010年第三期。

深的哲学问题。朱熹注《论语》，认为"子贡至是始得闻之，而叹其美也"，又引用程子之言："此子贡闻夫子之至论而叹美之言也。"子贡听到孔子言性与天道，而感叹以前自己没有机缘听到。如果程朱二先生的注解是对的，那么子贡得闻夫子有关性与天道的至论，一定是在孔子晚年，讲的也一定是《周易》。因为只有《周易》研究的对象，才是天道与人性及二者的关系即天人关系。要想掌握性与天道的大学问，非研习《周易》不可。由此可知，《论语》的理论深度不可与《周易》同日而语，其所言之道，皆本于《周易》的形上之学。

8.《易》与《孟子》。《孟子》和《论语》同为语录体，后者罕见性与天道的话题，《孟子》七篇中对心性天命的问题却讲得较多，并由此建构起孟子心性之学的思想体系。《孟子·尽心上》说："尽其心者，知其性也；知其性则知天矣。存其心，养其性，所以事天也。夭寿不贰，修身以俟之，所以立命也。"可看作孟子对心性天命之间关系的经典表述。人的内心都有仁义礼智"四端"即四种伦理道德，它们是上天赋予的，这就是天道。人通过修养和实践将此"四端"不断地充实、光大和完善，就是知天，天理就在人心。修养达到了内心所想外在所行都与仁义礼智四德高度契合的程度，便是人与天融为一体了，人心顺应天道，人心即是天理。孟子关于天人关系的这种观点，即明确把道德伦理上升到天道高度来认识的心性学理论，和《周易》是完全一致的，《周易》之大义就是"天道与人事"的合一。《孟子》为亚圣言道之书，但道之所本皆源于《周易》。从孟子心性学的流传和影响方面来考察，亦可证实这一点。后世唐儒韩愈曾提出儒家道统之说，认为儒家有一个道统，这个道统是由尧开始的。尧、舜、禹、汤、文武周公递次传之孔子，孔子最后把它传给孟子，孟子之后道统失传了。韩愈自认是孟子的继承人，要寻找儒家的根，把中断了的儒家道统接续起来。那么，韩愈所发现的失传了的道统到底是什么呢？按照他在《原道》中的说法，这个"道"是一种精神价值，它包含着一整套原则，其中包括六经代表的经典体系，礼乐刑政代表的政治制度，以及儒家所确认的分工结构（士农工商）、伦理秩序（君臣父子夫妇）、社会仪俗（服、居、食）乃至宗教性礼仪（郊庙）等等。而其中最为核心的东西，则是以仁义为代表的道德原则，实质即是先王之道、伦理之道。从北宋"二程"到南宋朱熹的理学大师们，又进一步发挥了孟子的心性天命之学，创立了理学思想体系。所谓"理"或"道"，主要有两个含义，一是自然界事物的规律，二是社会的道德原则。在理学家看来，理的这两层意义在本质上是统一的，道德原则在本质上只不过是宇宙普遍法则在人类社会的特殊表现而已。他们由研究《周易》开其端的天道探讨，实际是在为儒家传统的伦理文化寻找哲学依据，从本体论的高度论证天不变道亦不变，以仁义为代表的伦理准则或曰道德教条是永恒不变的宇宙真理。

"十三经"中还有一部《尔雅》，因其为阐释经籍的训诂类著述，属于经学的附庸，也就不必再说。至此，《易》与群经的关系和统率群经的地位，大抵算是说清了。

要而言之，"六经"的主旨都是"天人之学"，可证孔子的思想学说是以研究天人关系为特征的。从理论上最能深刻反映儒学是"天人之学"的著作不是《孟子》，而是《周易》，所以《周易》可以统率其他五经乃至群经。在《周易》的视界中，宇宙是一个生命整体，其目的或任务就是"生"，"生生之谓易"（《系辞传上》），"天地之大德曰生"（《系辞传下》），"天地感而万物化生"（《咸·彖传》）。生是宇宙的基本法则，普及天地万物，生生不息，周流不断。人是自然界的一部分，要"与天地合其德"（《乾·文言传》），服从于普遍规律，人法天地，人法自然。人类和自然界其他生物一样，都是自然界的产物，虽然人本身具有一定的能动性，但这种能动性在接受自然规律制约的前提下才能发挥作用。按自然规律办事，才是"天人合一"观点的核心。整部《周易》，传达出的核心思想就是如此，群经从不同角度阐明的"理"，也就是这个理。

理解《周易》与其他经书的关系，确认《周易》统率群经的地位，对于正确认识中国哲学和中国文化特质以及民族精神，具有重要的理论和现实意义。那么，统率群经的《周易》，其核心学术思想是什么呢？由上文的论证中我们自然都清楚了，那就是"天人合一"的思想。由《周易》所建构的宇宙生成模式传递出的"天人合一"理念，是中华文化的总源头，它不仅影响和决定着儒家文化的走向，也可说是诸子百家的开始，"含盖万有，纲纪群伦"，无愧于"大道之源"，是中国传统文化、传统哲学的总纲。

（原载《吉林师范大学学报》2021年第三期）

论郑玄《毛诗笺》的文学成就

汉人传诗有齐、鲁、韩、毛四家，但前三家诗相继亡佚，仅存毛诗一家。《毛诗》在魏晋以后盛行，和郑玄作笺是有很大关系的，所以从来研究《诗》者均重视郑笺。但是，郑笺解《诗》也有很大的局限性，受到后人激烈批评的主要有两点：一是特殊注重政治性，强调诗为政治教化服务的社会功能；二是"注诗宗毛为主"，往往追随《毛序》《毛传》而犯下共同的错误。这种批评确实击中了郑笺的要害，如果说第二点局限性尚可做具体分析而不能一概而论的话，那么第一点局限性却是谁也难以辩护的。郑玄在《诗谱序》中即提出诗具有颂美与刺恶两种政治作用或基本职能："论功颂德，所以将顺其美；刺过讥失，所以匡救其恶。各于其党，则为法者彰显，为戒者著明。"其意在于强调诗必须或美或刺，起到引发人们在社会生活中崇善戒恶、以伦理道德来规范行为的作用。他认为"文武之德，光熙前绪"，所以"风有《周南》《召南》，雅有《鹿鸣》《文王》之属。及成王、周公致太平，制礼作乐，而有颂声兴焉，盛之至也"。到了厉、幽之世，"政教尤衰，周室大坏"，因而产生了像《十月之交》《民劳》《板》《荡》之类"刺怨相寻"的作品，明确地表达了诗歌创作与政教相通的观点。甚至对于赋、比、兴的创作方法，他也完全由为政教服务的观点来解释："赋之言铺，直铺陈今之政教善恶"，"比，见今之失，不敢斥言，取比类以言之"，"兴，见今之美，嫌于媚谀，取善事以喻劝之"。看来，《诗》虽然是文学的，郑玄却与其他汉儒一样，绝没有这种认识。

然而，我们却不能由此而对郑笺作出绝对性的否定，尤其不能否定其文学方面的成就。郑玄毕竟是一位大学者，他有着超出时人的文学感受力，在笺《诗》中往往不自觉地进行了相当程度的审美体验与品味。仔细研究《毛诗笺》就会发现，它与《毛诗》及其他汉人《诗》注相比，对于《诗》义的阐述还是最能显现其文学性的，是具有一定的文学成就的。

一

详明而系统地阐释"兴"意，点明诗的象征主义特征，是郑笺对《毛诗》的突出贡献，也是它所取得的最高文学成就。

"毛公述传，独标兴体。"①《毛传》解诗很重视"兴"，标明为"兴"诗者，《国风》部分有七十二处，《小雅》有三十八处，《大雅》四，《颂》一，共计占全诗的三分之一以上。而其他三家诗或偶尔言兴，或不言兴，这恐怕也是《毛诗》胜过三家诗的一个相当重要的原因。《诗》不同于其他经书，其义旨往往不是直白出来，而表现在语言之外，故多用比兴之法。看来，毛公已经领悟到了这个真谛，所以才独标兴体，帮助读者把握"兴"之奥秘和方法。可是，《毛传》释"兴"却不够详明，往往只指明"兴"句而不释"兴"意，更无对"兴"之内涵的讲解。郑笺则明释"兴"意，使之详明而系统，突出诗的象征性特征，体现了诗的文学意味。

首先是详明说"兴"。《毛传》对"比"和"兴"不加区分，统称为"兴"。清陈奂《诗毛氏传疏·葛藟》所谓"曰若、曰如、曰喻、曰犹，皆比也，《传》则皆言兴"即指明了这一特点。郑笺"宗毛"，也不分比兴，统称为"兴"。但绝大多数兴诗所喻指的到底是什么，《毛传》一般是不细说的，而郑笺却总要详加指明。如《秦风·车邻》"阪有漆，隰有栗"，《传》只说"兴也"，兴的是什么却未明言，郑笺则予以指明："兴者，喻秦仲之君臣所有，各得其意。"又如《小雅·裳裳者华》"裳裳者华，其叶湑兮"，《传》只说"兴也"，也未指明兴意，郑笺则明确说："兴者，华堂堂于上，喻君也；叶湑然于下，喻臣也。明王贤臣，以德相承而治道兴，则谗谄远矣。"有时，《毛传》在指出兴句之后也简单地指出兴意，但却语焉不详，郑笺便做进一步的解释。如《周南·樛木》"南有樛木，葛藟累之"句下，《毛传》曰："兴也。南，南土也，木下曲曰樛。南土之葛藟茂盛。"这种训诂简而不易

---

① 刘勰：《文心雕龙·比兴》，周振甫《文心·雕龙选译》，中华书局1980年版，第208页。

懂，郑笺详解曰："木枝以下垂之故，故葛藟也得累而蔓之而上下俱盛。兴者，喻后妃能以意下逮众妾，使得其次序，则众妾上附事之而礼义亦俱盛。南土，谓荆扬之域。"又如《郑风·萚兮》"萚兮萚兮，风其吹女"句下，《毛传》曰："兴也。萚，槁也。人臣待君倡而后和。"按此解说，诗句所兴之意似乎是"人臣待君倡而后和"，但却令人难以理解二者的关系。郑笺明释曰："槁，谓木叶也。木叶槁，待风乃落。兴者，风喻号令也，喻君有政教臣乃行之。言此者，刺今不然。"且不必深究郑笺的解释是否完全与诗意相符，由方法论的角度看，它毕竟把诗的喻义相当具体地揭示出来了。

其次是系统说"兴"。毛公虽"独标兴体"，但却不够系统，体例不一，无怪被后人视为"断烂朝报"。郑笺则依常例释兴，显示出了较严整的体系。这主要表现在两个方面：

一是《毛传》往往在兴句下不言兴，郑笺则指出兴句并补释兴意。如《周南·葛覃》"其鸣喈喈"句，《毛传》曰："喈喈，和声之远闻也。"此注虽有一点暗示性，但却并不言"兴"，郑笺补释曰："和声之远闻，兴女有才美之称，达于远方。"又如《小雅·采菽》"维柞之枝，其叶蓬蓬"，《毛传》只说"蓬蓬，盛貌"，郑笺则详释曰："此兴也。柞之干，犹先祖也，枝喻子孙也。其叶蓬蓬，喻贤才也。正以柞为兴者，柞之叶新将生，故乃落于地，以喻继世以德相承者明也。"

二是《毛传》说兴有随意性，体例不一，郑笺分章言兴，从不自坏体例。《毛传》的"兴也"多注于首章第二句下，但也有于首章三、四句下标兴的，还有的标在二章、三章的第二句下，甚至有些诗已于首章标明兴句了，于其他章又标注"犹""若""喻"之类表示兴的诂词。通观《毛传》，兴句标得较乱，无章可循，读者也难以明确它所说的"兴也"是就整个诗篇而言还是只就其中一章而言。郑笺则抓住了诗的分章特点来分章言兴，凡有兴句皆加以指明。以《邶风·燕燕》为例：

燕燕于飞，差池其羽。之子于归，远送于野。瞻望弗及，泣涕如雨。
燕燕于飞，颉之颃之。之子于归，远于将之。瞻望弗及，伫立以泣。
燕燕于飞，下上其音。之子于归，远送于南。瞻望弗及，实劳我心。
仲氏任之，其心塞渊。终温且惠，淑慎其身。先君之思，以勖寡人。

此诗明显用了兴法,《毛传》却于此不置一词,表明它说兴有欠系统。郑玄则于前三章的第二句下分别笺曰:"差池其羽,谓张舒其尾翼,兴戴妫将归顾视其衣服";"颉颃,兴戴妫将归出入前却";"下上其音,兴戴妫将归言语感激声有小大"。而在第四章,笺语中却找不到"兴"或"喻"之类字眼了。因为本诗前三章属叠咏体,分别用了兴法,而第四章变成了直叙其事,用的是赋法。总之,郑玄对兴是特别看重的,只要确认是兴诗,必依例笺明。

再次是明释"兴"的内涵为譬喻和象征,突现了中国古典诗歌的主要特征。

从理论上看,诗是全面的社会生活,但它又不是生活的简单复写,它必须创造出自己特殊的观照世界的符号,那就是象征。黑格尔说:"象征无论就它的概念来说,还是就它在历史上出现的次第来说,都是艺术的开始。因此它应看作艺术前的艺术,主要源于东方。"① 中国古典诗确实把含蓄蕴藉作为最高的美学原则,一般不长于直接陈述,而力图做到言在意外,言有尽而意无穷,"不落言荃"。这种象征主义在最早的诗歌总集《诗》中已经体现出来了,早期的诗歌理论便把它总结为——兴。但究竟什么是"兴",人们大都表述不清楚,后世通行的说法是朱熹《诗集传》中的表述:"兴者,先言他物以引起所咏之词也。"兴在诗中固然有领启下文的作用,但并非所有的开头都用兴,兴的作用也绝不仅仅限于开场白。看来,朱子的说法也并不确切。古代最早对"兴"做出较为合理的权威解释的,还是郑玄。

第一,他最早指出了"兴"的譬喻含义。本着诗教的观点,郑玄认为"风化,风刺,皆谓譬喻"(《诗大序·笺》)。这就把譬喻看成了诗的基本特征,即以"兴"为"喻",指明诗的语言就是譬喻式的。由这一认识出发,他笺《诗》与《毛传》不同,总是用分析的方法,提出构成兴象的各种因素,从多方面去探求诗的喻义。如《陈风·泽陂》"彼泽之陂,有蒲与荷",毛传只说"兴也。陂,泽障也;荷,芙蕖也"。郑笺则曰:"蒲,柔滑之物,芙蕖之茎曰荷,生而佼大。兴者,蒲以喻所说男之性,荷以喻所说女之容体也。正以陂中二物兴者,喻淫风由同姓生。"毛传对于兴象只作简单的提示,郑笺则力求从深层上去揭示诗的含义,这对于读者认识和把握诗的形象性,

---

① 黑格尔:《美学》第二卷,朱光潜译,商务印书馆,1979年版,第9页。

是很有帮助的。当然,如上文所言,郑笺是不分比兴的,统称为"兴",他的以兴为喻,实际上主要说的是包含于"兴"之中的"比"的部分。

第二,郑玄还进一步表明"兴"是兼含象征意义的。他说:"……诗之兴,谓象饰而作之",[①] 照他的理解,礼本来就是象征性的东西,乐是与礼相配的,作为乐的组成部分的诗,必然也就要富有象征意味。所以郑笺很注重点明诗的象征意义,此类例子颇多,试举一例:

《召南·鹊巢》"之于于归,百两御之"笺:家人送之,良人迎之,车皆百乘,象有百官之盛。

《唐风·椒聊》"椒聊且,远条且"笺:椒之气日益远长,似桓叔之德弥广博。

这里所用的"象""似",皆在于揭示诗句的象征含义。又如《周颂·清庙》,郑玄认为"清庙"二字亦有象征意义,笺曰:"清庙者,祭有清明之德者之宫也,谓祭文王也。天德清明,文王象焉,故祭之而歌此诗也。庙之言貌也,死者精神不可得而见,但以生时之居立宫室象貌为之耳。""清"象征德,"庙"象征貌,郑玄对"清庙"象征意义的探求,可谓深得诗之本原。再如《召南·摽有梅》"摽有梅,其实七兮。求我庶士,迨其吉兮"。《毛传》曰:"兴也。摽,落也。盛极则堕落者,梅也。尚在树者七。"郑笺曰:"兴者,梅实尚余七未落,喻始衰也。谓女二十春盛而不嫁,至夏则衰。"本篇实为女子思嫁之诗,郑笺就把这种急切的待嫁之情,即前两句兴词所表达的实际象征含义,具体而形象地表达出来了。和《毛传》相比,其作用是十分明显的。

至于"兴"与"比"的区别,郑玄没有明确说过,直到南朝刘勰才讲清了。《文心雕龙·比兴》曰:"诗文弘奥,包韫六义,毛公述传,独标兴体。岂不以风通而赋同,比显而兴隐哉?故比者,附也;兴者,起也。附理者,切类以指事;起情者,依微以拟议。起情故兴体以立,附理故比例以生。"

[①] 《周礼·天官·司裘》"大丧,廞裘,饰皮车"注引"玄谓",阮元校刻《十三经注疏》上,中华书局,1980年,第684页。

显明的比喻是比，隐微的象征才是兴。兴虽然要"隐"，但这隐并非要人看不懂，恰恰相反，隐是建立在共同的文化背景和民族心理条件下的，其意义对于时人来说是不言而喻的。隐只有对时代发生变化、民族心理发生变化的后人才是难以理解的。所以，"自汉以来，鲜用兴义。……用比忘兴"[①]的情况之发生，乃是由于历史的变化和文化心理的变迁才导致的。如此看来，郑笺对《诗》中兴意的揭示，对于后人能够读懂古诗是至关重要的。如果没有郑笺，我们对于反映上古文化隐喻系统的"兴"就更难于索解了。由这一意义上来说，郑笺的成就又不仅限于文学方面了，而具有了更为博大的文化意义。

具有比喻和象征意义的"兴"，可说是《诗》的最基本特征。郑玄虽然并不认为诗是文学的，但他却能仔细体会、揣摩诗的景象和意境，对诗的形象特征的认识比同时代人大大进了一步。他是在极端功利主义的学术氛围中，花大气力来点透诗的象征性特征的第一位学者，在文学批评史上是应占有相当地位的。

二

努力于整体地分析和把握每首诗的意义，是郑笺所取得的又一文学成就。

郑玄在《六艺论》中说："注《诗》宗毛为主。毛义若隐略，则更表明；如有不同，即下己意，使可识别也。"[②] 这是郑玄笺诗的总则，而"使可识别"的原则更为可贵，他为此而打破了汉代传《诗》的家法，融汇今古文之说，在解诗方法上做出了很多新探索。注重诗的整体性，可说是郑玄的一个创举，具有极深远的意义。

自春秋时代始，《诗》就从各个方面干预了社会生活，人们看重它在外交、政治、道德等方面的实用性，以"赋《诗》断章，余取所求"的方法来断章取义，[③]《诗》的文学性日益暗淡下去了。后来，又经过汉代经师运用儒

[①] 黄侃:《文心雕龙札记·比兴》，上海古籍出版社，1987年，第256页。

[②] 见《周南·关雎·序》"郑氏笺"句下引陆德明《经典释文》语，阮元校刻《十三经注疏》上，中华书局，1980年，第269页。

[③] 见《左传》襄公二十八年，阮元校刻《十三经注疏》上，中华书局，1980年，第2000页。

家思想的一番改造，《诗》从文学完全变成了经学。于是乎，汉代的《诗》不但渗透了儒家的思想意识，而且被经师们解释得支离破碎，不成样子。郑玄则能够冲破章句之学的藩篱，从整体概念出发，把《诗》的篇章联系起来，对每章诗的意思和通篇诗的意思作通盘的分析。如《小雅·采薇》第六章前四句"昔我往矣，杨柳依依。今我来思，雨雪霏霏"，郑笺曰：

> 我来，戍止，而谓始反时也。上三章言戍役，次二章言将率之行，故此章重序其往反之时，极言其苦以说之。

本诗反映的是周代兵役生活，郑玄所作的章法分析是很切合诗的实际内容的，无怪后人多从郑说以立意。如《围炉诗话》载贺黄公曰："毛诗《出车》《采薇》《杕杜》三篇，一气贯串，章断意联、妙有次第。"方玉润《诗经原始》说："末乃言归途景物，并回忆来时风光，不禁黯然神伤。"拿这些评论与郑笺相对照，我们不能不佩服郑玄对诗篇整体性的精彩分析。

又如《王风·采葛》，全诗三章，章三句：

> 彼采葛兮，一日不见，如三月兮。
> 彼采萧兮，一日不见，如三秋兮。
> 彼采艾兮，一日不见，如三岁兮。

郑玄分别笺曰："兴者，以采葛喻臣以小事使出"，"彼采萧者，喻臣以大事使出"，"彼采艾者，喻臣以急事使出"。本诗为抒写相思之苦的一首佳构，但《毛序》却说："《采葛》，惧谗也。"郑玄为《毛序》所作笺也说："桓王之时，政事不明，臣无大小使出者，则为逸人所毁，故惧之。"郑笺"宗毛"，《毛序》对诗意的解释有问题，郑笺也随之犯相同的错误。不过，这些我们都可以置而不论，不管怎么说，由上引郑笺对全篇及各章的解释文字中，我们可以明显看出郑玄从诗的篇、章入手以系统地阐述诗义的努力。

《诗》中（尤其是《国风》部分）民歌常常有重章叠句，这是《诗》的重要表现手法，带有早期诗歌的特点。正由于重章叠句，所以对诗的内容有所限制，而一篇诗的主旨也常在首章中道出。因此，用诗者多取首章之义，杜预即说明过这一情况："古者礼会,因古诗以见意,故言赋诗断章也,其全称诗篇者,多取首章之义。"① 从用诗的角度看,对重章叠句之诗取首章之义当然是方便的;但从文学鉴赏的角度来看,余章却绝非可有可无了,其一唱三叹的特点,使诗篇余音不绝,韵味无穷,具有相当的美学意义。可叹的是,汉人注诗多重章句,很少有人从全篇来看待和分析诗。首先注意到重章叠句手法及其作用的,还是郑玄。如《周南·卷耳》第二章、第三章:

> 陟彼崔嵬,我马虺隤。我姑酌彼金罍,维以不永怀。
> 陟彼高冈,我马玄黄。我姑酌彼兕觥,维以不永伤。

这两章诗即属重章叠句,表达的意思基本相同。郑玄笺第三章云:"此章为意不尽,申殷勤也。"孔疏进一步发挥说:"诗本畜志发愤,情寄于辞,故有意不尽,重章以申殷勤。"本诗是女子思念役夫之作,想象力相当丰富,二、三章的迭唱尤加浓了女主人公思念丈夫的感情,无怪王夫之感叹说:"示以不永怀,知其永怀矣。示以不永伤,知其永伤矣。"② 郑玄点明第三章的作用,对于读者把握全诗主旨是有帮助的。又如《周南·樛木》,全诗三章,章四句,亦属重章叠句体,郑笺于第二章下注曰:"此章申殷勤之意。"郑玄不仅体会到了诗的表情达意功能,而且认识到了重章"申殷勤"的特点,由总体上去分析每一章诗的含义,这在他那个时代确属难能可贵。

三

超出训诂学的范畴,调动自己的情感想象去参与诗的创作,以再现和补充诗境,这也是郑笺所取得的不容忽视的文学成就。

郑玄是两汉经学的集大成者,他笺《诗》当然要遵循训诂的一般原则,但是,由于他认为《诗》的特征在于譬喻和象征,这就从根本上把握住了文

---

① 见《左传》僖公二十三年杜注,阮元校刻《十三经注疏》上,中华书局,1980年,第1816页。
② 《诗广传》卷一,中华书局,1981年,第4页。

学的《诗》的特质,使他能够有别于一般的训诂学家,自觉或不自觉地运用自己的联想去探求诗的奥旨,丰富诗的内容。这可以由以下几方面加以说明。

一是善于剖析诗中人物的心理。如《邶风·泉水》:

毖彼泉水,亦流于淇。有怀于卫,靡日不思。娈彼诸姬,聊与之谋。
出宿于泲,饮饯于祢。女子有行,远父母兄弟。问我诸姑,遂及伯姊。
出宿于干,饮饯于言。载脂载舝,还车言迈。遄臻于卫,不瑕有害?
我思肥泉,兹之永叹。思须与漕,我心悠悠。驾言出游,以写我忧。

《毛序》:"《泉水》,卫女思归也。嫁于诸侯,父母终,思归宁而不得,故作是诗以自见也。"全诗通篇写女主人公怀念故国的心理活动,郑笺于各句下分别注曰:"言我有所至念于卫,我无日不思也。""泲祢者,所嫁国适卫之道所经,故思宿饯。""行,道也。妇人有出嫁之道,远于亲亲,故礼缘人情,使得归宁。""言还车者,嫁时乘来,今思乘以归。""我还车疾至于卫而返于行无过差,有何不可而止我?""自卫而来所渡水,故思此而长叹。""自卫而来所经邑,故又思之。""既不得归宁,且欲乘车出游,以除我忧。"整个笺释不为语句的形质所限,不在个别字词上多费口舌,而致力于体会和揣摩诗中女主人公的心理活动,并将其揭示得淋漓尽致。

二是努力揭示诗作者的本意。如《邶风·雄雉》,全诗共四章,章四句,《毛序》曰"《雄雉》,刺卫宣公也。淫乱不恤国事,军旅数起,大夫久役,男女怨旷,国人患之,而作是诗。"本诗的中心在于一个"怨"字,诗作者之用心即在于"怨",郑笺紧紧抓住了这个中心。其于《毛序》下笺曰:"国人久处军役之事,故男多旷女多怨也。男旷而苦其事,女怨而望其君子。"于第一、第二章下分别笺曰:"今从军旅,久役不得归,此自遗以是患难。""君子行如是,实使我心劳矣,君若不然,则我无军役之事。"于第三、四章又分别笺曰:"女怨之辞。""亦女怨之辞。"此诗一、二章写致怨之由,三、四章写女怨之辞,郑笺对诗作者本意的把握是准确的。

三是笺诗寄托感伤时事之情。清陈澧《东塾读书记》卷六说:

郑笺有感伤时事之语。《桑扈》"不戢不难，受福不那"笺云："王位至尊，天所子也，然而不自敛以先王之法，不自难以亡国之戒，则受福禄亦不多也。"此盖叹息痛恨于桓、灵也。《小宛》"螟蛉有子，蜾蠃负之"笺云："喻有万民不能治，则能治者将得之。"此盖痛汉室将亡而曹氏将得之也。又"战战兢兢，如履薄冰"笺云："衰乱之世，贤人君子虽无罪亦恐惧。"此盖伤党锢之祸也。《雨无正》"维曰于仕，孔棘且殆"笺云："居今衰乱之世，云往往乎，甚急迮且危。"此郑君所以屡被征而不仕乎？郑君居衰乱之世，其感伤之语有自然流露者，但笺注之体谨严不溢出于经文之外耳。

结合郑玄的生平及其所处时代来考察陈澧所举的例子，我们便很容易得出结论：郑玄笺诗确实有所借题发挥，或有意地寄托自己感伤时事之情，或无意地流露出感伤时事之语。本文无意于具体讨论郑玄在笺中是如何感伤时事的，而只想指出，郑玄能调动自己的情感去参与诗的创作，融合自己的人生感受，以再现和补充诗的意境，这确实大大地超出了训诂的范畴，而具有了文学鉴赏的意味。

总之，郑玄笺诗比较注重文学性，注重发挥解释者的主观能动性，表现了个体意识的独立和觉醒。这正是文学自觉时代到来的一个前提。

综上可证，郑玄《毛诗笺》确实取得了一定的文学成就。郑玄虽然是从经学而不是从文学的角度来笺《诗》的，但在笺《诗》过程中还是自觉或不自觉地进行了一定程度的审美活动。郑笺提高了《毛诗》的文学地位，使它能够一枝独秀，流传至今，其功实不可没。我们没有必要回护郑笺的种种错误和不足，但也不应因为它存在缺憾就弃之不顾，而应历史地公正地予以评价，并充分肯定它在中国经学史和文学史上的贡献和地位。

（原载《松辽学刊》1994年第一期）

经学大师郑玄评传

郑玄（127—200），东汉末年的经学大师，他遍注儒家经典，以毕生精力整理古代文化遗产，使经学进入了一个"小统一时代"。他对儒家经典的注释，长期被封建统治者作为官方教材，收入九经、十三经注疏中，对于儒家文化乃至整个中国文化的流传做出了相当重要的贡献。

上篇　郑玄的生平事迹

一、家世与童年

郑玄，字康成，北海高密（今山东省高密市）人。生于东汉顺帝永建二年（127年），卒于东汉献帝建安五年（200年）。

郑玄的家世本来比较显赫。其远祖名叫郑国，字子徒，是孔子的弟子，其后世封为朐山侯。郑玄的八世祖郑崇，字子游，为高密大族，西汉哀帝时官至尚书仆射，《汉书》中有传。郑崇为人刚直不阿，很受哀帝的信任和重用，常与宦官、幸臣董贤等做斗争，后被佞臣诬陷，惨死狱中。到了郑玄出生时，郑氏族已经败落了，他的祖父郑明、父亲郑谨，都没有出仕，只在田间务农，家中生活也比较贫寒。

郑玄自幼天资聪颖，又性喜读书，勤奋好学。他从小学习书数之学，到八九岁时就精通加减乘除的算术，不但一般的大人比不过他，即便是读书人，不专门学习书数者也赶不上他。到了十二三岁，他就能诵读和讲述《诗》《书》《易》《礼记》《春秋》这儒家"五经"了。同时，他还喜欢钻研天文学，并掌握了"占候""风角""隐术"等一些以气象、风向的变化而推测吉凶的方术。

经史求识录

郑玄自少年时就一心向学,确立了学习经学的志向,终日沉湎于书卷中,孜孜以求。他不尚虚荣,天性务实,有一件小事很能说明这个问题。十一二岁的时候,他曾随母亲到外祖家做客,当时客人很多,在座的十多位客人都衣着华美,打扮得焕然一新,一个个言语清爽,夸夸其谈,显得很有地位和派头。唯独郑玄默默地坐在一旁,似乎身份和才学都赶不上人家。其母见状,感到面上无光,便暗地督促他出头露面,显露点才华,表现点阔绰和神气。郑玄却不以为然,说这些庸俗的场面"非我所志,不在所愿也"(见《太平广记》卷 215 引《玄别传》)。

郑玄 16 岁的时候,不但精通儒家经典,详熟古代典制,而且通晓谶纬方术之学,又能写得一手好文章,在当地声名远播,被大家称为神童。当时朝廷的统治者相信灾异、符瑞之说,把各种自然灾害视为上天对人类的惩罚和警告;而把自然界罕见的一些现象,如禾生双穗、珍禽异兽出现等,看作上天对人们的奖励和对"政治清明"的赞赏。为了证明统治者的行为符合天意,朝廷便鼓励地方官府将"符瑞"逐级上报,借以神化和歌颂统治政权,麻痹人民。但当时的吏治已经坏透了,州、县官吏大都是白薯,写文章也难以像个样子。这一年民间有人献瑞,不同的两棵秧长到一起结了一个瓜,称为"嘉瓜";一枝禾稻结了两个稻穗,谓之"嘉禾"。县里要讨好上级,就将"符瑞"的情况写成公文并加上颂辞上报,无奈官吏鄙陋无文,写的东西实在拿不出手,只好请神童郑玄来改写。郑玄写好了公文,又写了两篇颂辞,备受县吏的赏识。郡守认为郑玄是少有的奇才,不愧神童之名,后来亲自为他主持了冠礼(男子 20 岁时为表示成年而举行的加冠典礼)。

郑玄对术数之学的研究也很有心得,成名很早。据《玄别传》记载,郑玄 17 岁时,有一天正在家读书,忽见刮起了大风,他根据自己掌握的一些方术来推算,预测到某日、某时、某地将要发生火灾。于是,他立即到县府去报告,让政府早做准备。到了某日某时,某地果然发生了火灾,但由于早有准备,并没酿成大害。这件事不胫而走,郑玄又被当地视为"异人"。

二、不乐为吏 折节向学

伴随着知识和学问的增长,郑玄步入了青年时代。他虽然立志于潜心钻研经学，并已具有了一定的经学造诣，但由于家境贫寒，生活困苦，已没有条件继续专门攻读了，父母兄弟迫于生计问题，也都不允许他再不事产业而长年读书了。在18岁那年，他不得不出仕，充任乡啬夫之职。汉代地方政府实行郡、县二级制，县以下设乡、亭、里、什、伍等，一般是五户为伍，十户为什，百户为里，十里一亭，十亭一乡。乡啬夫是乡一级地方小吏，掌管诉讼和税收等事。对于自己主管的工作，郑玄勤勤恳恳，十分认真，抚恤孤苦，甚得乡里的好评，不久便晋级而成为乡佐，大约相当于副乡长的职位。

虽然上司器重，乡亲拥护，但郑玄却不安于乡吏的工作，不愿为吏以谋生，而一心向往研究学术。因此，他在做乡吏的同时，还利用一切可以利用的机会刻苦学习，每逢休假日也不回家，而到学校中向先生请教各种学术问题。他的父亲对此极为反对，并一再督责和训斥他。但父、兄的反对也改变不了他的志向，他仍坚持不懈地努力学习，到21岁时，已经博览群书，具有了深厚的经学功底，并精于历数图纬之学，兼精算术，成了一位满腹才学的年轻学者了。

当时有一位名士名叫杜密，和大胆反对宦官的"天下名士"李膺齐名，并称为"李杜"。杜密升任太山太守、北海相，到高密县巡视时见到郑玄，认为他是一个不可多得的人才，就把他升调到郡里为吏录，使他得到学习和深造的机会。从此，郑玄便结束了他的乡吏生涯。

到了北海郡不久，郑玄又辞去吏职，入太学受业。他的老师名叫第五元先（第五是复姓），是当时京兆平陵（今陕西长安）的大姓，曾任兖州刺史，是一位很有学问的经学博士。郑玄从师第五元先，先后学了《京氏易》《公羊春秋》《三统历》《九章算术》等，俱达到了通晓的程度。其中《京氏易》是西汉京房写的，《公羊春秋》是战国公羊高传述、西汉初成书的，这两部书都是今文经学的重要典籍。《三统历》是西汉刘歆写的历法，《九章算术》则传说是西周周公著的，这两部书都属历数之学的重要著述。

此后10年左右，皆为郑玄折节求学的时代。他师事第五元先，后又从东郡张恭祖学习了《周官》《礼记》《左氏春秋》《韩诗》《古文尚书》等书，其中除《礼记》和《韩诗》外，均为古文经学的重要典籍。

郑玄向第五元先和张恭祖学习了今古文经学两大学派的重要经籍后，尚不以此为满足，又从陈球受业，学习了《律令》。在此期间，他还以明经学、表节操为目的，游学于幽、并、兖、豫各地（相当于今山东、河北、河南一带），遍访名儒，转益多师，虚心向他们学习，共同探讨学术问题。读万卷书，行万里路，不辞劳苦，孜孜求道，郑玄的青年时代，就是这样匆忙而充实地过去了。到了而立之年后，郑玄已经成了一名有着较深造诣的经学家。他的学问在山东（指崤山以东，今河南、河北、山东一带）已经可以说首屈一指、无出其右者了。

三、壮年去国　游学关西

郑玄虽然已经学富五车，但他自己却毫不满足，学无止境，越学反越觉得知识不够用。当他感到关东（指函谷关以东）学者已经无人再可请教了的时候，便通过友人卢植的关系，离开故国，千里迢迢西入关中，拜扶风马融为师，以求进一步深造。这一年，郑玄是33岁。

马融是扶风茂陵（今属陕西兴平）人，为当时全国最著名的经学大师，学问十分渊博。他遍注儒家经典，使古文经学达到了成熟的境地。他的门徒上千，长年追随在身边的就有四百余人，其中优秀者亦达50人以上。其为人比较讲究，虽然门徒众多，但他只亲自面授少数高才生，其余学生则由这些高才生转相授业。郑玄投学门下后，三年不为马融所看重，甚至一直没能见到他的面，只能听其高足弟子们的讲授。但郑玄并未因此而放松学习，仍旧日夜寻究诵习，毫无怠倦。

有一次，马融和他的一些高足弟子在一起演算浑天（古代一种天文学）问题，遇到了疑难而不能自解。有人说郑玄精于数学，于是就把他召去相见。郑玄当场很快就圆满地解决了问题，使马融与在场的弟子们都惊服不已，马融对卢植说："我和你都不如他呀！"自此以后，马融对郑玄十分看重，郑玄便把平时学习中发现而未解决的疑难问题一一向马融求教，对于篇籍的奥旨寻微探幽，无不精研，终得百尺竿头再进一步。

郑玄在马融门下学习了七年，因父母老迈需要归养，就向马融告辞回山东故里。马融此时已经感到郑玄是个了不起的人才，甚至会超过自己，他深有感慨地对弟子们说："郑生今去，吾道东矣！"意思是说，由他承传的儒家学术思想，一定会由于郑玄的传播而在关东发扬光大。

四、党锢之祸与隐修经业

从马融那里学成回乡后，郑玄已经40多岁了，这时他已成为全国著名的精通今古文经学的大师了，于百家之学无所不通。于是远近有数百上千人投到他的门下，拜他为师，听他讲学。当时他家里还很贫穷，便"客耕东莱"，一面种田维持生计，一面教授门徒。东莱在今山东即墨东南不其城南山下，环境十分优美，山上有古井不竭，井边生有一种细而长的草，和薤一样一尺多长，很有韧性，时人称之为书带草，又叫康成书带。郑玄与弟子们隐居于此，过着清贫而安谧的生活。

本来，像郑玄这样学问好名声大的经师，是会被推荐或征召入朝为官的，他本人也未尝不是这样打算的。但谁知正在此时，却发生了"党锢之祸"。

党锢之祸是东汉后期统治阶级内部宦官、外戚两派长期斗争的产物。外戚当权，即杀戮和罢免一大批宦官，而提拔重用他们的同党；反之，宦官掌权，则大杀外戚集团，罢免和压制外党。桓帝时，一批比较正直的士家豪族和"名士"出身的封建官僚，联合3万多太学生，一起反对宦官集团。宦官则控制了桓帝，捏造罪状进行反击，桓帝下令逮捕了李膺、陈实、杜密等200余人，并对逃亡者悬赏追捕。这就是发生于延熹九年（166年）的第一次"党锢之祸"。后来，由于外戚集团的支持，桓帝下令开赦李膺等200人。不久，外戚与党人联合起来计议诛杀宦官，泄密后反被宦官先发制人，阴谋陷害，将李膺、杜密等200余人一并下狱处死。之后，又在全国各地陆续逮捕"党人"。灵帝建宁元年（168年），下诏各州郡查究党人，凡"党人"及其门生、故吏、父子、兄弟现居官位者，一概免职禁锢，这就是所谓第二次党锢之祸。所谓"党锢"，也就是视为党人而予以禁锢，绝其仕进之路，永远不许为官。郑玄曾为杜密故吏，又曾受杜密的赏识与提携，所以也被视为党人，于建宁四年（171年）和同郡孙嵩等40余人俱被禁锢。这一年，郑玄才45岁。

郑玄被禁锢后，绝了仕进之路，便杜门不出，隐修经业，集中全部精力来进行遍注群经的工作。郑学的主要成就，都是在这一时期完成的。

经史求识录

汉代经学有今古文之分。秦始皇焚书后，汉代有一些老儒生凭记忆背诵出来一些经文，用当时通行的文字（隶书，即今文）记录并整理出来，叫作"今文经"。西汉成、哀之世，刘向、刘歆父子校理秘书，发现了一部用古籀文字书写的《春秋左氏传》，再加上由孔壁所得的《逸礼》《古文尚书》，和当时尚未立于学官的《毛诗》，便成了古文经的主要经典。研习今文经的，叫今文学派，修读古文经的，叫古文学派。今古文经不仅经文有所不同，更重要的是其解说和观点差异甚大。两派各按自己的观点注经立说和收徒讲学，渐成水火不相容之势，发展到相互指责、论辩，相攻如仇。后来，古文经也被立于学官，取得了合法的地位，两派的斗争更加经常和激烈了。到东汉时，今古文经并行，古文学派的影响迅速扩大。郑玄进入经学界，正是处于今古文学派激烈斗争的形势之下。

今古文经学派的相互攻击，在本质上并没有什么进步意义，虽然两派都各自有一些长处。经学讲究"师法"和"家法"：严守经师之说毫不走样，叫作师法；同一经师的不同学生又各自为家，故师法之下又讲家法，在遵从师法的前提下才能成一家之言。所以，师法是追溯渊源的，家法是对师说的引申与发展。如此"疏不破注"，叠床架屋，致使一经就有数家，一家又有若干说，各讲各的一套，谬误百出，使后学者不知所从。烦琐、支离、教条，成了经学的突出弊病。

郑玄起初从第五元先学习《京氏易》《公羊春秋》，是属于今文经学派的。后来他又跟张恭祖学习《周官》《左氏春秋》《古文尚书》，这是属于古文经学派的。可见他并不专守一师之说，尊一家之言，而是博学多师，兼收并蓄。他在马融门下受业多年，而马融乃是古文经学大师，总的看，他是倾向于古文经学一边的。但是，郑玄并不遵守当时经学中师法、家法那一套，他以自己渊博的学识遍注古文经，注中并不专用古文经学家的释义，同时也采用了许多今文经学家的解释。即以古文为主，兼采今文，择善而从。

在受禁锢的 14 年中，郑玄遍注群经。郑注出现以后，原来各守门户的今文经学与古文经学，便逐渐不再为人们所信了。他在当时不仅集古文经学之大成，而且使古文今文熔为一炉，独创了一个新的学派——郑学。人们转而崇尚郑学，使之逐渐成为"天下所宗"的儒学。例如，郑玄所注的古文经学费氏《易》流行，而今文经的施、孟、梁邱三家《易》便废止了；郑注

《古文尚书》流传，而今文经的欧阳、大小夏侯三家《尚书》便散失了；郑玄笺注了古文经的《毛诗》，而今文经的齐、鲁、韩三家的《诗》也就不显了。郑学的出现，使经学的发展产生了重要的变化，它使经学进入了一个"统一时代"（皮锡瑞语，见《经学历史》）。

当时有位著名的今文经学大师名叫何休，他用 17 年的时间写成了《公羊春秋解诂》一书，对《公羊》一书的内容多所发明。从他的《公羊墨守》《左氏膏肓》《谷梁废疾》三文中可见，他认为《春秋》三传中只有《公羊》义理深远，像墨子的城防一样无懈可击。而《左氏》与《谷梁》二传则存在严重的缺点，根本不值得研究。郑玄乃针对他的观点，著《发墨守》《针膏肓》《起废疾》以驳斥之。他认为三传各有其优缺点，《公羊》并非十全十美。何休读了郑玄的文章，也带着叹服的口气说："康成入吾室，操吾矛，以伐我乎！"意思是说郑玄能从他的文章中找出矛盾，用他自相矛盾的说法来驳倒他的立论。由于郑玄对何休的批驳十分有力，使经师和学者们十分惊服。据说当时京师之人称何休为"学海"，而称郑玄为"经神"，郑的声望远超过何。当时求学者不远千里投到郑玄门下者甚众，他的徒党遍于天下。

总之，郑玄从 45 岁被禁锢，到了 58 岁（灵帝中平元年，公元 184 年）才蒙赦令，前后长达 14 年。在此期间，他打破了经学的家法，注释与著书"凡百余万言"，创立了郑学，在中国经学发展史上做出了无与伦比的突出贡献。

五、守节不仕与隐居授徒

黄巾农民大起义爆发后，东汉王朝为了平息地主阶级内部的纷争，以一致镇压农民起义，乃大赦党人，这时郑玄已 58 岁了，才获得自由。

郑玄曾先后游学十几年，走遍了各地，连大经师马融都自叹不如，成了全国著名的经学大师。他著述丰赡，又弟子众多，在当时是有相当大声望的。解除党禁后，朝廷当政者对郑玄的大名已早有所闻，于是争相聘请他入朝担任要职。但郑玄求名而不求官，羞与外戚阉寺为伍，绝不愿涉足仕途，乃屡拒征辟，一心一意从事著书讲学的学术工作。

灵帝中平二年（185 年），执掌朝廷权柄的外戚大将军何进为了笼络人心，首先征辟郑玄入朝为官。州郡官吏胁迫起行，郑玄不得已，只好入朝去见何进。何进为表示礼贤下士，对郑玄礼敬有加，设几、杖之礼以待之。郑玄为保其名士节操，拒不穿朝服，只穿普通儒者的便服与何进相见。仅隔了一夜，未等授予官职就逃走了。

灵帝中平四年（187年），三司府曾先后两次征辟郑玄，但他都借故婉言谢绝了。第二年，郑玄与荀爽、申屠蟠、襄楷、韩融、陈纪等14人并被征为博士，他因父丧而未去。后将军袁隗表举郑玄为侍中，他仍以居丧为理由而拒绝出仕。中平六年（189年），灵帝死，少帝刘辩继位，不久董卓废少帝而立献帝，迁都于长安。这时，公卿们又举郑玄为赵王乾之相，但因战乱道路不通，仍没有受召。

郑玄屡拒征辟，其间除避乱于徐州外，大抵是在家乡隐居，聚徒讲学，专心经术，著书立说。他的弟子遍于天下，多有人自远方而投至门下，如河内赵商、崔琰、公孙方、王基、国渊、郗虑等即为其间著名者。他的学生常常超过千人，为一时之盛。

献帝建安二年（197年），袁绍为大将军，兼督冀、青、幽、并四州，为北部最大的割据势力。一次他大宴宾客，郑玄应邀出席，在席上对一些所谓"豪俊"的提问进行了一一的答对，语惊四座，使宾客无不折服。袁绍乃举郑玄为茂才，并表请郑玄为左中郎将，但郑玄却毫不为之所动，一一予以婉拒。

献帝建安三年（198年），献帝征郑玄为大司农，这是位列九卿的高官，给安车一乘，所过郡县长吏送迎。郑玄在家拜受后，便乘安车至许昌，但马上又借口有病，请求告老还乡。他虽然并未到任就职，但已经拜受此命，故世人称他为郑司农。

郑玄解禁后被州辟、举贤良方正、茂才等共有14次，皆拒不受。公车征左中郎、博士、赵相、侍中、大司农，也都没有就职。有汉末黑暗的社会情况下，郑玄有意保持其名士的清节，不肯与他所鄙视的那些外戚、宦官及唯名利是图的假名士们为伍，而一心在学术上发挥自己的才智。以布衣而雄视世人，不愧为真名士。

六、颠沛流离的晚年生活

郑玄不受征召，最初是领着学生们隐居在不其城南山里，进行注经和讲学活动。由于黄巾起义，天下大乱，后来终至粮食断绝，无法维持下去了，只好与学生们痛哭一场，分手各奔前程了。

献帝初平二年（191年），黄巾军攻占青州，郑玄在高密也待不下去了，便逃到徐州避乱。徐州牧陶谦曾大破黄巾军，境内比较安定，他听得郑玄到来，极为欢迎，以师友之礼相接待。郑玄把自己安顿在南城之山栖迟岩下的一所石屋里，很少出头露面，仍然夜以继日，孜孜不倦地研究儒家经典，注释《孝经》。

郑玄在徐州住了五六年，当时孔融为北海相，对郑玄特别尊崇，他一面为郑玄修葺故居庭院，一面再三派人敦请郑玄回郡。建安元年（196年），郑玄便从徐州返回高密。据《后汉书》本传记载，郑玄在回高密的路上曾遇到大批黄巾军，但他们却对郑玄十分尊重："见玄皆拜，相约不敢入县境。"黄巾军尊重士人，这在历史上是有记载的，而郑玄是一位真正的名士，在颠沛流离中非礼不动，也是他能够获得黄巾军尊重的原因。据《后汉纪·献纪》，高密一县，竟未受黄巾抄掠，郑玄以自己的人格和名望保护了乡梓。

回到高密后，孔融待之甚厚，告诉手下僚属称之为郑君，不得直呼其名。这样，郑玄在70岁时算是结束了背井离乡的流亡生活，他老当益壮，仍终日精研经典，博稽六艺，并时常睹览秘书纬术。可就在这一年，他竟又惨遭人伦大变，经受了老年丧子之痛。他只有一个儿子，名叫益恩，23岁时被北海相孔融举为孝廉。这一年春夏之间，袁绍之子袁谭率黄巾降兵攻北海，围孔融于都昌（今山东昌邑），情势万分紧急。益恩受父命率家兵前去营救，结果反被围杀，时年仅27岁。益恩死后，生有遗腹子，郑玄因其手文与自己相似，取名叫小同。

献帝建安五年（200年），郑玄已经74岁了，饱经沧桑，身体常觉不适。这年春天，他梦见孔子对他说："起、起，今年岁在辰，来年岁在巳。"（《后汉书》本传）这一年是农历庚辰年，即龙年，而来年是辛巳年，也就是蛇年，旧说龙、蛇之年对圣贤不利。所以他醒来后很不高兴，认为自己当不久于人世了。这一年，袁绍与曹操的大军在官渡（今河南中牟县东）会战。袁绍为壮声势，争取民心和士望，叫袁谭逼迫郑玄随军，郑玄无奈，只好抱病而行。走到元城（今河北大名县境），病势加重，不能再走了，同年六月病逝于该县。病重和临危之时，他还在注释《周易》。

郑玄死时正处于大战乱之际，所以葬礼从简，但自郡守以下的官员和受业弟子也有一千多人缞绖（披麻戴孝）送葬。最初葬于剧东（今山东青州境内），后又归葬于高密西北50里刘宗山下的厉阜。现在此地仍存有唐代墓碑和郑玄祠庙，距此不远，则是孔融当年给他立的"郑公乡"。

郑玄的学生们十分景仰这位老师，为了纪念恩师的教诲，他们像孔门弟子为纪念孔子而编辑《论语》一样，也把郑玄平时和弟子们问答五经的言论编辑为《郑志》，共有8篇。

总括郑玄的一生，是为整理古代文化遗产而鞠躬尽瘁的一生，是献身学术与教育的一生，他身上集中了正派知识分子不慕权势、死守善道、忧民敬业等众多传统美德。

下篇　郑玄的学术成就

一、承先启后的伟大经学家

我国两汉时期，经学最为昌盛。西汉时今文经学盛行，当时立于学官的五经十四博士，全是今文经学。西汉末年古文经学逐渐兴起，东汉则是古文经学兴起、抗争，直至超过今文经学的时期。郑玄以古文经学为主，兼采今文经学之长，融为一体，而形成郑学。郑学盛行，是经学史上承先启后具有划时代意义的大事。

郑玄以毕生精力注释儒家经典，《后汉书·郑玄传》说：

> 凡玄所注《周易》《尚书》《毛诗》《仪礼》《礼记》《论语》《孝经》……凡百余万言。

事实上，郑玄遍注群经，远远不止这些，这里仅列举了主要部分。据清儒郑珍考证统计，郑玄的著述共约有60种之多。郑玄在《戒子益恩书》中说，他致力于经学，是为了"述先圣之玄意，思整百家之不齐"。即是说，他的目的在于阐述儒家思想，使之发扬光大。历史地看，郑玄注经的成就是相当高的，他完成了自己的心愿。《后汉书》本传总结郑玄的经学成就说：

"郑玄囊括大典，网罗众说，删裁繁芜，刊改漏失，择善而从，自是学者略知所归。"这一评价是符合实际的。

郑玄最大的功绩是编辑、注释了"三礼"。汉代《礼经》只凭师授而无注解，马融也只注了《丧服》经、传，"三礼"这个名称虽然是马融、卢植提出来的，但却是从郑玄分别为《周礼》《仪礼》《礼记》作注之后，才确定下来的。《礼记》49篇的选辑本得以独立成书，也始自郑玄。"三礼"是中国古代典章制度的渊薮，是十分宝贵的历史文献，但其中很多记载我们是很难直接由原文中弄清楚的，所以郑注是不可或缺的。郑注在帮助我们弄明白"三礼"的内容方面，以及在订正经文的错谬方面，其功绩是不可磨灭的。而且郑玄在解释经文时，又补充了许多经文之外的材料，大大丰富了文献的内容。这些材料在当时肯定是有文献或师说可据的，而今已大多亡佚，有赖郑注而得保存其若干，这也是郑注的一件大功劳。又由于郑玄作注博综古今，广洽精详，兼采异说，若能详加条分缕析，弄清其源流，对于后人研究汉代的学术史，亦将大有裨益。郑玄对礼义的阐发，也为我们研究汉代的政治思想史，留下了一份很有价值的遗产。另外如研究古代的文字学、音韵学、训诂学等等，都离不开郑注。尤其是今天考释地下发掘的先秦以至两汉的文物，郑玄的《三礼注》更是必须依靠的重要文献。总的看，郑玄遍注群经，而对"三礼"用力最深，取得的成就也最高。其《三礼注》遂为后世治礼学者所宗，孔颖达甚至说"礼是郑学"，这无异说礼是郑学的精髓和主干。自古以来研究郑玄礼学的著作浩如烟海，并分为"申郑""驳郑"两派，这正说明郑玄礼学无可替代的历史地位。清初大学者顾炎武有《述古诗》称赞郑玄说："大哉郑康成，探赜靡不举。六艺既该通，百家亦兼取。至今三礼存，其学非小补。"顾氏是从不轻易赞颂古人的，但却对郑玄称扬备至，由此也可见郑玄礼学成就之大、影响之深。

现存的《毛诗笺》也是郑注中的力作。笺与注释不同，笺是宗一家之说而又有所引申发明。郑笺以《毛诗故训传》为主，《毛诗》讲得简略之处，便加以补充，有不同的见解，则另加标明，即"若有不同，便下己意"（郑玄语），实际上也是融会今古经，兼采三家诗说。《诗经》在史学上与文学上都属极重要的一部经典，但由于时代久远，其中许多内容我们今天已经不易理解了。若要真正读懂它，非借助前人的注释不可，而郑笺正是最好的古注本，是《诗经》研究的第一个里程碑。郑笺的成就是多方面的，简括地说，一是对《诗》义的理解较为深刻和符合原意；二是花大力气点明诗的象征特性，突显诗的文学意味；三是在文字、音韵、训诂、博物等方面取得了相当的成就。汉人传诗有齐、鲁、韩、毛四家，但前三家诗相继亡佚，《毛诗》在魏晋以后盛行，郑玄作笺是起了决定性的作用的。郑玄所注群经，经过长时期的流传，现在保存在《十三经注疏》中的，尚存四部，那就是《毛诗笺》与《三礼注》。在《十三经注疏》中，也以这四部注最为渊博详明，明显优于其他各家。宋人刘克庄有《杂咏一百首·郑司农》称赞《毛诗笺》说："新笺传后学，古诗在先儒。不拟狂年少，灯前骂老奴。"宋人尊郑玄者不多，但《毛诗笺》的成就却是谁也抹杀不了的。

郑玄注《易》，用的是费氏古文，他把彖、象与经文合在一起，并在其前面加上"彖曰""象曰"字样，以与经文相区分。郑氏易学兼采义理、象数之说。在象数学方面，除用互卦、消息等方法外，还力主五行生成说与爻辰说。在义理方面，多采三礼的观点，据礼以证易道广大，凡涉及嫁娶、祭祀、朝聘等项，所注皆与礼经所说相合，这一特点与后来易学义理派的治易特点相通。郑玄所注古文费氏《易》流行，今文经的施、孟、梁邱三家《易》便废止了，后世王弼、韩康伯注《易》都用郑玄本，孔颖达《五经正义》即采用王、韩注本，通行至今。

郑玄所注《尚书》用的是古文，但与马融不同，也兼采今文。郑注的《古文尚书》流行，今文经的欧阳与大小夏侯三家《尚书》便散失了。

至于《春秋》，郑玄本"欲注《春秋传》"，后因与服虔观点多相同，故未成之，但著有驳难公羊学家何休的《发墨守》《针膏肓》《起废疾》，表明其扬左氏抑公羊的态度。郑学于魏晋南北朝时极受重视。这也是以后《左传》大兴的一个原因。

此外，郑玄还注释过汉代律令。《晋书·刑法志》记载，秦汉旧律诸儒章句十有余家，魏明帝曾下诏但用郑氏章句，不得采用余家。郑玄还注过《孝经》与《论语》，都有较大影响。至于他注释纬书，并用纬书解经，无论对纬书本身，还是对经今文学、古文学、训诂学，也都是有贡献的。

总之，郑玄以其丰富的著述创立了"郑学"，破除了过去今古文经学的家法，初步统一了今古文经学，使经学进入一统时代，对经学的发展做出了重大贡献。

二、卓越的古籍整理学家

郑玄毕生隐居不仕,以整理古籍为职志。他能不拘门户之见,博采众家之长,几乎整理了此前的儒家全部重要经典,其数目达 60 余种。他进行的这项古籍整理工作,包括校勘文字,训释词语,钩玄提要,著为目录,其成就是显赫的。他不愧为卓越的古籍整理学家。

首先看郑玄的校雠学成就。郑玄注经,不仅兼录异文,考订疑误,而且致力于考镜源流,厘析篇帙。所以,精擅于校雠学的清人段玉裁,曾在《经义杂记序》中称赞郑玄成校雠学千古之大业。今人张舜徽先生著有《郑氏校雠学发微》,认为郑玄的校雠学成就表现在如下 12 个方面:一是辨章六艺,即明辨六经之体用;二是注述旧典,理董群书;三是条理礼书,使之部帙井然;四是叙次篇目,在目录学方面有突出创见;五是广罗异本,比较异同,细心雠对;六是择善而从,不拘于师法家法和今古文;七是博综众说,舍短取长,不以先入者为主;八是求同存异,自申己见;九是考辨遗编,审定真伪;十是校正错简;十一是补脱订伪;十二是审音定字。凡此种种,已大抵涉及校雠学的各个方面,后世有志于以整理古籍为务者,皆以郑玄所为作为楷式。中华文化源远流长,古籍浩如烟海,整理古籍是研究传统文化与历史的必需,而校雠之学,又是古籍整理方面的一门专业学问。郑玄的校雠学成就,极大地丰富了中国校雠学的内容,其功实不可没。

其次看郑玄对训诂学的贡献。中国训诂学的起源甚早,而训诂学的成熟发展,则是汉代的事,汉人的训诂学成就,又以郑玄为最。所谓训诂学,也就是用语言解释语言,郑玄遍注群经,其内容几乎包括了后世训诂学所涉及的全部:包括释词、释句旨、说语源、说通假、注音读、说修辞、说制度、解名物、释方言、校勘文字、分析语法等等。而郑玄所采用的训诂方式,如直训、义界、推因等方法及传统的义训、形训、声训等,亦已相当完备。郑玄注经所用的训诂术语也相当丰富,如:犹,者……也……,所以……也,谓,谓也,喻,亦,言,……貌,……之辞,……曰,……为,谓之,发声,若,之属,所以,之言,属,然,声误,假借,之谓,语助,……之声，当作，当为，今文，故书，古今字，古文，互言，音，读，读若，读如，之言，读曰，读为，读当为，或作等等，皆为后世所沿用，其体例十分严密。总的看来，郑注群经为后世之训诂学起到了导源的作用，大有发凡起例之功，实为中国训诂学之起源。

此外，郑玄对古音韵学与古词汇学的发展也做出了一定的贡献。郑玄有探索古音的创始之功：一是他第一次明确指出了"声类"和"音类"，并注意发挥其在注释中的作用；二是分析了二者的不同点：大抵发音部位相同的叫作"声类"，收音部位相同的叫作"音类"，凡是"声类""音类"相同或相近的字，其义必相同或相近。这在音韵学上所起的作用是不容忽视的。关于词汇学方面，郑玄总结和发展前人的研究成果，在注经过程中对词的诸多义项和用法进行全面训释，从而巩固了先秦以来词义发展的成果。春秋战国时文化空前繁荣，经典史籍所用之词达到了极大丰富，但是作为词的记录的单字，数量却并未增加多少，词汇的丰富性主要是通过一词多义表现出来的，即是说，词在这一时期产生了大量的引申义与假借义。许慎的《说文解字》主要在于明辨字的本义，正本清源，功绩巨大，但很少涉及引申、假借问题。郑玄则重在阐述词的引申义与假借义，并揭示出了一些客观规律。由此看来，郑玄的功绩已可与许慎相媲美，对词汇学的发展有杰出贡献。

三、汉代重要的思想家

郑玄不仅是一位经学家与古籍整理学家，他同时也是一位思想家，至少在汉代是一位重要的思想家。

先说郑玄的哲学思想。

由于历史的时代的局限，郑玄存在着神学迷信思想，认为有人格化的天神存在，它是宇宙万物的创造者和最高主宰。如其《尚书五行传注》说：

> 天生五材，民并用之。其政逆则神怒，神怒则材失性，不为民用。其它变异皆属祲，祲亦神怒，凡神怒者，日月五星即见祲于天矣。
>
> 一事失，则逆人之心，人心逆则怨，木、金、水、火、土气为之伤，伤则冲胜来乘祲之，于是神怒、人怨将为祸乱。故五行先见变异以

谴告人……

这种天人感应的谴告说，不外乎宣扬君权神授，神化君主。他还进一步认为，如果君主的行为符合天神的意志，就会由上天降下种种嘉瑞、符瑞以示隆兴；反之，若君主逆天，上天则会降下种种灾异以示警告。由此进一步推论，则人的生死、贵贱、贫富、祸福都是由天命决定的，所以应该恭顺天命，服从君主统治。另一方面，他还神化阴阳、五行，用阴阳气的盛衰解说事物的变化，以君子属阳，小人属阴，社会之所以乱，乃是阴气过盛即小人当道的结果。所有这些，都是成体系的，并非偶然的提及。当然，这些思想并未超出汉代"天人合一"唯心论思想的范畴，很少有郑玄个人的发明。但他遍注群经，将这些思想融于对经文的解释之中，而且其中又进行了一些系统化的工作，这就将唯心主义神学哲学进一步发扬光大了。总的看，郑玄的哲学思想并不是进步的，但也未尝不具有积极意义，因为它另一方面也强调人的主观能动作用和对自己命运的信心，只要按照天意实际是某种客观规律办事，就有可能招致好的结果。随着社会的发展，对今天来说，它当然早就丧失了任何积极意义，只有历史价值和认识价值了。

再说郑玄的政治思想。与其神学唯心主义的哲学观相联系，郑玄在政治上是保守和正统的，他认为当时的专制制度是合理的和永恒不变的，符合天意的，因而积极维护皇权统治的中央集权制，反对地方割据势力。从这一点出发，他极力宣扬忠君思想，强调地方服从中央，地方要以"顺道"来侍奉君主。他认为，人臣为君而死就是尽忠，是义、勇兼备的行为，而正直、刚克、柔克三德，为人臣者必须具备其一。应该说，郑玄对汉室是忠心的，对军阀割据是痛心的，他在注释群经时总是神化君主，要求地方诸侯服从君主，把封国的财富贡献给天子。他注《周易》与《周礼》，常常寄托自己君贤臣忠的政治理想，而在笺注《毛诗》中，又寄托自己感伤时事之情，这也说明他向往从前、反对现实乱世的态度。另一方面，他还积极宣传孝道，用孝道来为忠君思想服务。要求人们像侍奉父母一样侍奉君主，像尊重长兄一样尊重各级统治者。总的看，郑玄是一位笃信儒家思想的正统学者，他理想中的政治面貌，应当是君君、臣臣、父父、子子，严守等级秩序，使政治稳定，风调雨顺，国泰民安。所有这些，当然也没有多少郑玄个人的东西，而是传统儒家思想对他熏陶而形成的。但郑玄遍诠群经，已把这些政治思想说成是经典的本义和万古永恒的常则，这对于儒家传统思想的传播，当然具有重要的意义。在今天看来，郑玄的政治思想是为统治者服务的，没有什么积极意义。但是，历史地看，郑玄的政治思想在当时还是知识分子中普遍认同的，从某种意义上来说，也是和广大民众的根本利益相一致的。

四、中国杰出的教育家

郑玄是我国古代杰出的教育家之一。

《后汉书·郑玄传》称"玄自游学，十余年乃归乡里。家贫，客耕东莱，学徒相随已数百千人"。又记其60岁时，"弟子河内赵商等自远方至者数千"。由此可见，郑玄当时私门讲学，极一时之盛。其弟子众多，几遍全国各地，见载于《郑志》《郑记》与史传者，著名的就有河内赵商、清河崔琰、清河王经、乐安国渊、乐安任嘏、北海张逸、鲁国刘琰、汝南程秉、北海孙乾、山阳郗虑、南阳许慈等等。他的学生有的成了大官，有的成了著名的学者，《后汉书》本传说：

> 其门人山阳郗虑至御史大夫，东莱王基、清河崔琰著名于世。又乐安国渊、任嘏，时并童幼，玄称渊为国自器，嘏有道德，其余亦多所鉴拔，皆如其言。

看来，郑玄有知人之能，求学者不远千里投到他的门下，也都能确有所得。

人称郑玄"著书满家，从学数万"，恐怕不是虚言，他的弟子总数当不会少于万人。据后人辑佚的《郑志》和《郑记》记载，郑玄在进行教学时，注意采取问难和启发的方式，师徒们锲而不舍，切磋琢磨，治学态度十分严谨。《食旧堂丛书》中《论语郑注》记下了这样一个故事：《论语》评《诗经》有"乐而不淫，哀而不伤"的话，郑玄注曰："乐得淑女，以为君子之好仇，不为淫其色也。寤寐思之，哀世夫妇之道。不得此人，不为减伤其爱也。"但是，郑玄在给《毛序》是以"《关雎》乐得淑女以配君子，爱在进贤，不淫其色，哀窈窕，思贤才，而无伤善之心焉"作笺时却说："哀盖字之误也,当为'衷',衷谓中心恕之,无伤善之心,谓好逑也。"这引起了弟子刘琰的怀疑:注《论语》以"哀"释之,注《毛序》又解作"衷"字之误,为何前后不一致呢?郑玄赞赏刘琰的用心思考,他回答说:"《论语注》人间行久,义或宜然,故不复定,以遗后说。"就是说,应采取实事求是的态度,拿不准的就不强作结论,以免贻害后人。博闻、阙疑、慎言其余,郑玄不仅治学如此,也教育学生要如此。

《食旧堂丛书·郑志》记有郑玄与弟子赵商的一段对话,是由《诗·商颂·长发》的序文引起的。《毛序》说:"《长发》,大禘也。"郑玄笺曰:"大禘,郊祭天也。……"这中间牵涉很复杂的祭礼问题,赵商引古籍不同意郑玄的解释,郑玄在进行了一番说明后批评弟子说:"探意太过,得无诬乎!"在与赵商的另一次谈话时也说:"天下之事,以前验后,其不合者,何可悉信?是故,悉信亦非,不信亦非。"从这些师徒间切磋时的随意性谈话中可以看出,郑玄教育学生是很注意问难式、启发式和因材施教的,这是对我国大教育家孔子的传统的继承和进一步发展。而其教育方面的突出成就,又促进了其学说的传播,终得大行于世。

郑玄以其毕生精力注释儒家经典,是一位空前的经学大师。从唐代起,其所注的《诗》《三礼》即被视为儒家经典的标准注本,收入九经。宋代又把它列入十三经注疏,长期作为官方教材。直到今天,仍是古经典的权威注本。因之,郑玄在中国经学史、思想史上的地位和作用,都是十分重要的。

(原载《中国历代大儒》,吉林教育出版社 1997 年 6 月出版)

经史求识录

金景芳与二十世纪孔子研究
——纪念金景芳先生 120 周年诞辰

金景芳（1902—2001）是我国 20 世纪著名的历史学家。先生早年穷经，喜读《诗》《书》《易》"三礼""三传"《国语》《老子》《庄子》等诸子百家著作，而"尤精于《易》及《春秋》两经"①。中年由经入史，潜心治学，成就斐然，在中国古史分期、《周易》研究、井田和宗法制度研究、中国古代典章制度研究、中国古代文献研究、中国古代思想文化研究等古史研究的许多领域都有突出创获，自成特色，学开一派。晚年侧重于形上之学，把主要精力转到了对《周易》与孔学两大主题的研究上，形成了学术研究的又一个高峰。

在孔子研究方面，先生堪称当代大家和巨匠。自 1954 年由东北图书馆调入吉林大学历史系任教起始，几十年独立思考，被打成"孔教徒"受到批判仍不改初衷，坚持不懈地研究孔子，老而弥笃。20 世纪 50 年代至 60 年代初期有多篇孔子研究的文章问世，"文革"后陆续在境内外一流刊物发表了孔子研究专题论文 20 余篇，并由助手吕绍纲与学生吕文郁协助完成《孔子新传》。以上论著集中体现先生的孔学思想，从研究孔子的方法、所依据的史料，到孔子学说的思想内容、历史贡献以及孔子思想的现代意义、孔学在历代的流传等方面，都进行了系统探究和全面评价，提出了一系列精辟的见解，形成了先生别具特色的孔学研究体系。今天看来，这些研究成果是站在唯物史观高度对 2000 多年来孔子及孔学研究的高度集成，将孔子研究推进到了一个前无古人的崭新阶段。正如詹子庆先生所评："金老的孔子研究代

---

① 罗继祖：《金晓邨教授九五寿言》，载《金景芳全集》第 10 册，上海古籍出版社，2015 年，第 5175 页。

金景芳与二十世纪孔子研究——纪念金景芳先生120周年诞辰

表了20世纪后期中国学者的研究新水平。"① 作为先生的亲传弟子，在先生120周年诞辰之际，有责任把先生孔子研究的基本方法、突出贡献与卓越成就加以总结并介绍给学界，期待借以助力孔子研究的新突破，并寄托对先生的永久思念。

一、金先生孔子研究的方法论特点

金景芳先生非常看重治学方法，曾经不厌其烦地多次对我们几个在读的博士生讲过，搞古史，既要看重史料和理论，还要有正确的方法。如何做到史料与理论相结合，在具体方法问题上先生特别强调两点。一是用发展的观点看问题：历史不断发展变化，我们研究历史也要反映这种变化。例如君子和小人这一对概念，最初无疑是代表两个阶级的，如《国语》讲"君子务治而小人务力"，《左传》讲"君子劳心，小人劳力"。但是后来这两个概念又属于道德修养的范畴，如《论语》讲"君子和而不同，小人同而不和"就是。可见君子、小人这两个概念是变化的，不可用固定的眼光看待。二是用全面的观点看历史：历史的发展是普遍联系的，不可孤立地看问题。例如《诗经》中"普天之下，莫非王土"这句诗，有人引用它证明全天下的土地都归周天子一人所有，以为这句诗反映土地所有制问题。但是如果联系《仪礼》《孟子》《荀子》《韩非子》诸书对照看，就会知道这句诗反映的不是土地所有制问题，而是主权问题，是说周天子拥有全天下土地的最高主权。

当然，金景芳先生这里所强调的治学方法，不是专门针对孔子研究讲的，对整个历史和哲学研究都要重要的指导意义。具体到孔子研究方面，先生又与其早年纯经学的研究大不相同，在方法论上是具有创造性贡献的。

首先，重视文献学研究和孔子思想研究的结合。金景芳先生弱冠嗜书，博通群籍，具有深厚的历史文献学功底，同时又力求避免前人研究文献的偏颇。在中国学术史上，汉代学者和清代的汉学家特重训诂与考据之学，对文献的思想内涵发掘不够，理解不深，总是把问题搞得七零八碎；宋学则又偏

---

① 詹子庆：《展现金老学术思想的轨迹——读〈知止老人论学〉》，载《金景芳教授百年诞辰纪念文集》，吉林大学出版社，2002年，第9页。

经史求识录

重义理方面的发挥，对文献中好多基本概念与范畴的解释偏离了其本来意义，往往造成郢书燕说，"六经注我"。金景芳先生则采汉学、宋学之长，力避其短，将文献学的求实求是精神和理论上的探索融而为一，从而提出了孔子研究方面的许多新见解。我们看金景芳先生的研究成果便可知道，他没有陷入细枝末节的考据之中，做的不是寻章摘句的学问，展现的是真正思想史大家的思考和结论。金景芳先生在《关于孔子研究的方法论问题》中说："孔子所使用的概念，诸如仁、义、礼、天命、中庸等等，到底应怎样理解？就已发表的批孔文章来看，了解得也很不够。"[①] 对当时社会从政治概念出发，靠断章取义和曲解误解甚至丑化谩骂来批判孔子的做法提出严厉批评。认为对孔子的所有评价，都应当注重方法论问题，即从历史文献出发，实事求是，建立在充分了解孔子其人以及中国古代社会的真实内容与面貌的基础之上。我们读金景芳先生的《孔子的这一份珍贵的遗产——六经》（《吉林大学社会科学学报》1991年第1-2期）、《孔子思想有两个核心》（《史学集刊》1999年第4期）、《中国古代思想的渊源》（《社会科学战线》1981年第4期）等力作，不仅可以看出他深厚精通的历史文献功底，更可体会到将传世文献的史实与理论探索有机结合的高明方法。我们今天要进一步研究孔子及其思想，仍需向金景芳先生学习，避免那种缺乏文献依据的假大空学问和只会寻章摘句的雕虫末技。

其次，通过研读"六经"全面了解和评价孔子其人及其思想。金景芳先生反复强调"六经"对于研究孔子的重要性，认为如果忽视了孔子和"六经"的关系，势必将孔夫子变成"空夫子"。他说："孔子是儒家之祖，而儒的本义在'以道得民'，即司马谈所说的'儒者以六艺为法'。所以，要了解孔子，不能不了解六艺，即不能不了解《诗》《书》《礼》《乐》《易》《春秋》六经。而今日批判孔子的，多株守《论语》一书，这显然是很不够的。"[②] 金景芳先生认为："六经是孔子竭尽毕生之力学习先代历史文化，经选择整理并加进自己的见解而著成的。"[③] 因而，研究孔子及其思想最珍贵的资料，

---

① 《金景芳全集》第8册，上海古籍出版社，2015年，第4194页。
② 《金景芳全集》第8册，上海古籍出版社，2015年，第4194页。
③ 《金景芳全集》第9册，上海古籍出版社，2015年，第4316页。

金景芳与二十世纪孔子研究——纪念金景芳先生120周年诞辰

"我认为主要是'六经'和《论语》,七十子后学的记述及《孟子》《荀子》二书的一部分,也应包括在内。在上述著述中,最能反映孔子思想的,首推《易传》,其次是《春秋》,再次则是《论语》。其余诸书亦时有精语,不宜忽视"①。金景芳先生把孔子看作中国传统思想文化的继往开来者,孔子思想已经不属于他个人,而是整个中国古代全部优秀思想文化的集成。而这些极其珍贵的遗产,就保留在"六经"之中。基于这种认识,金景芳先生在孔子研究的过程中首重"六经"。下文将论述的金景芳先生关于孔子研究的突出成就,无一不与他对"六经"的精深研究相关。早在20世纪中叶,金景芳先生的业师马一浮先生在谈起"国学"这一名称时就曾指出:"今先楷定国学名义。举此一名,该摄诸学,唯六艺足以当之。六艺者,即是《诗》《书》《礼》《乐》《易》《春秋》也。""吾国二千余年来普遍承认一切学术之原皆出于此,其余都是六艺之支流。故六艺可以该摄诸学,诸学不能该摄六艺。今楷定国学者,即是六艺之学,用此代表一切固有学术,广大精微,无所不备。"②马先生认为,"六经"乃中国学术之本。"国学"虽然涵盖广大,但无论是哲学、历史还是文化的各个门类,都由"六经"所统摄,都是由"六经"为代表的中国传统学术精神发展演变而来的。"六经"可谓中国文化的思想武库,马先生的论断高屋建瓴,发人深省。如果再往前追溯,自司马迁以降的历代大学者和思想家,也无不从各种角度强调和推崇"六经"无与伦比的重要地位。由此可知,从方法论的角度看,金景芳先生特殊看重"六经"的意义已经远远超出了孔子研究的领域,对于中国历史文化的研究都有非常重要的指导价值。

再次,将孔子研究和中国社会史研究紧密结合,强调历史地看待问题。张岂之先生总结金景芳的思想史研究方法时曾指出:"思想史研究和中国社会史研究的结合,这是金老学术研究中的另一个注意焦点。在历史上,任何一种有体系的思想理论都根植于一定的社会历史土壤。因此,思想史研究的难点就是科学地揭示历史演变和逻辑演变的一致性。"③金景芳先生关于孔

---

① 金景芳、吕绍刚、吕文郁:《孔子新传》,湖南出版社,1991年,第3页。
② 《马一浮集》第1册,虞万里校点,浙江古籍出版社,1996年,第10页。
③ 张岂之:《金老与中国思想史研究》,载《金景芳九五诞辰纪念文集》,吉林文史出版社,1996年,第17页。

及其思想的若干观点确实都与他的社会史观点密切联系着，形成了一个整体。他自己也曾强调："孔子生在春秋后期。孔子思想的产生和形成也同其他思想家一样，不能脱离当时的历史条件。"① 以孔子思想为例，孔子讲仁义，强调亲亲尊尊，这一点学术界都认可。可是孔子为什么特殊看重仁义？仁义思想是如何形成和发展的？这就要联系春秋时期特定的历史条件来考察。依据金景芳先生在《中国奴隶社会史》一书中的阐述和论断，孔子生平所处的历史环境有两个特点：其一，人与人之间的阶级关系渐次居于主导地位；其二，原始社会以来占主导地位的血族关系已降居次要地位，但在社会生活和政治生活中，还具有强大力量。在这个历史背景下，孔子针对礼坏乐崩的社会现实才提出仁义的主张，以图挽救世道人心。"孔子所讲的仁，实质上是反映当时存在的血族关系，孔子所讲的义，实质上是反映当时存在的阶级关系。仁的亲亲为大，义的尊贤为大，就是它们在实质上反映当时存在的这种关系的确凿证据。"② 因而，孔子思想以仁义为核心，也就有了坚实的基础。"仁"是处理血缘关系的准则，从亲亲为大进而达到"凡爱众"；"义"是对待社会关系的标杆，从尊贤为大进而达到各安其位遵纪守法。金景芳先生在中国社会史研究方面做出了很大成绩，关于孔子研究的众多成果，也充分显示了他是一位有系统社会史理论的古史专家。

二、孔子研究的基石是确认孔子删定六经

在孔子与六经关系问题上，金景芳先生以确凿证据恢复和确认了自《史记》以来孔子删定六经的说法。关于孔子和六经的关系，《史记·孔子世家》记述得非常清楚：

> 孔子之时，周室微而礼乐废，诗书缺。追迹三代之礼，序书传，上纪唐虞之际，下至秦缪，编次其事。曰："夏礼吾能言之，杞不足征也。殷礼吾能言之，宋不足征也。足，则吾能征之矣。"观殷夏所损益，曰：

---

① 《金景芳全集》第 9 册，上海古籍出版社，2015 年，第 4285 页。
② 《金景芳全集》第 9 册，上海古籍出版社，2015 年，第 4286 页。

"后虽百世可知也,以一文一质。周监二代,郁郁乎文哉。吾从周。"故书传、礼记自孔氏。

孔子语鲁大师:"乐其可知也。始作翕如,纵之纯如,皦如,绎如也,以成。""吾自卫反鲁,然后乐正,雅颂各得其所。"

古者诗三千余篇,及至孔子,去其重,取可施于礼义,上采契后稷,中述殷周之盛,至幽厉之缺,始于衽席,故曰"关雎之乱以为风始,鹿鸣为小雅始,文王为大雅始,清庙为颂始"。三百五篇孔子皆弦歌之,以求合韶武雅颂之音。礼乐自此可得而述,以备王道,成六艺。

孔子晚而喜易,序彖、系、象、说卦、文言。读易,韦编三绝。曰:"假我数年,若是,我于易则彬彬矣。"……

子曰:"弗乎弗乎,君子病没世而名不称焉。吾道不行矣,吾何以自见于后世哉?"乃因史记作春秋,上至隐公,下讫哀公十四年,十二公。据鲁,亲周,故殷,运之三代。约其文辞而指博。故吴楚之君自称王,而春秋贬之曰"子";践土之会实召周天子,而春秋讳之曰"天王狩于河阳":推此类以绳当世。贬损之义,后有王者举而开之。春秋之义行,则天下乱臣贼子惧焉。

孔子在位听讼,文辞有可与人共者,弗独有也。至于为春秋,笔则笔,削则削,子夏之徒不能赞一辞。弟子受春秋,孔子曰:"后世知丘者以春秋,而罪丘者亦以春秋。"

大抵是说,由于多年的社会动乱,到孔子时代已经"礼乐废,诗书缺"了,幸赖孔子掇拾爬梳,使得《诗》《书》《礼》《乐》广为传布。《易》本卜筮之书,《春秋》不过朝报邸抄一类,二者并不为世所重。孔子韦编三绝、幽显阐微以成《易传》;上明三王之道、下辨人事之纪而著《春秋》。遂使《易》与《春秋》成为六经中最高深的典籍流传于世。

司马迁之后,西汉的经学家以及后来的今文学派几乎都相信儒家六经皆经孔子手定,有孔子然后有六经。东汉之后的古文经学家大都依据孔子"述而不作,信而好古"的学术自述,推断孔子作为史学家,不过是把前代已有的史料加以系统整理使之传之后世而已,谈不到更深的微言大义或理论构建。但不管怎么说,孔子据已有旧典整理为六经,却是一个没有争议的共

经史求识录

识。然而到了近代，特别是随着疑古学派的崛起，学界开始对司马迁的记载有所怀疑，逐渐有人甚至从根本上否认孔子与六经的关系。认为孔子并无删述或制作六经之事，《乐经》本无此书，其余《诗》《书》《礼》《易》《春秋》就是各不相干的五部书，其配成当在战国之末。在20世纪疑古思潮下，正常的孔子研究已经达到无法进行的程度。金景芳先生认为孔子与六经的关系问题涉及孔子研究的最基本问题，不能不予以充分的重视。他在多篇论文中都集中谈了这个问题，从根本上拨乱反正，对六经与孔子无关的说法持严肃的批判态度，用令人信服的证据证明孔子与"六经"的联系，"六经"是孔子留给后人的最珍贵遗产。金景芳先生认为，司马迁说孔子"论次诗书，修起礼乐"，作《春秋》，赞《易》都是有根据的。"孔子编著六经的方法是不一样的。他对《诗》《书》是'论次'；对《礼》《乐》是'修起'；对《春秋》是'作'；对《易》则是诠释。"①

先说《诗经》，三百有五篇是孔子为教学而编选的诗歌总集，分为《风》《雅》《颂》三部分。"论"是去取即取舍之意，"次"是编排之意。"《史记·孔子世家》说'古诗三千余篇，孔子去其重，取可施于礼义'，这就是所谓'论'。同书又说'故曰《关雎》之乱以为《风》始，《鹿鸣》为《小雅》始，《文王》为《大雅》始，《清庙》为《颂》始'，这就是所谓'次'。"② 在取舍和编排的过程中，当然是加入了孔子的思想，这是毫无疑问的。具体说，所谓"六义""四始""二南""正变"和十五国风的次序，都是有深刻意义的。

次说《尚书》，孔子的编著方式仍是"论次"。《书》之篇什原本有很多，虽未必如《纬书》所言有3240篇，孔子当时所能看到的想必也不会太少。孔子经过用心良苦地取舍，重新编定了一个本子。经过秦火，我们已无法确知孔子当时编定的有多少篇，据说是百篇。从《今文尚书》二十九篇内容来看，肯定都是精心挑选的。《尚书大传》曾记孔子自述所谓"七观"之义："'六誓'可以观义，'五诰'可以观仁，《甫刑》可以观戒，《洪范》可以观度，《禹贡》可以观事，《皋陶谟》可以观治，《尧典》可以观美。"即可作为注脚。另外从编定篇什的时间断限来看，也是经过深思熟虑的。《史记·五

---

① 《金景芳全集》第9册，上海古籍出版社，2015年，第4318页。
② 《金景芳全集》第9册，上海古籍出版社，2015年，第4318页。

帝本纪》说:"学者多称五帝,尚矣。然《尚书》独载尧以来,而百家言黄帝,其文不雅驯,荐绅先生难言之。"① 孔子不像百家之说那样将有关黄帝的传说记载都一并收入,而是十分审慎严谨地只编定尧以后的历史。

再说《礼》,孔子对礼、乐的功劳是"修起"。"'修起'则是由于'礼坏乐崩',孔子努力搜讨,把他们修复起来。《礼记·杂记下》说:'恤由之丧,哀公使孺悲之孔子学士丧礼,《士丧礼》于是乎书。'"② 证明孔子确曾修礼。孔子修起的《礼》不是后世"十三经"中的《周礼》和《礼记》,而是《仪礼》,汉人名《士礼》。《论语·八佾》载孔子曰:"夏礼吾能言之,杞不足征也。殷礼吾能言之,宋不足征也。文献不足故也,足则吾能征之矣。""周监于二代,郁郁乎文哉!吾从周。"可知《仪礼》所记载的都是周代之礼。《仪礼》今文经十七篇,对礼的八大类冠、昏、丧、祭、朝、聘、射、乡之仪节制度都有所反映,对后世的影响十分深远。历代礼典的制定,大都以《仪礼》作为重要依据,民间的冠婚丧祭各种礼节一般也都由此承袭而来。

《乐经》虽已不存,孔子对周乐有修起之功却不可否认。孔子和《乐经》的关系,除前引《孔子世家》的说法之外,《论语》中也有大体相同的记载可资证明:"子曰:吾自卫反鲁,然后乐正,雅颂各得其所。"(《论语·子罕》)"子语鲁太师乐:乐其可知也。始作,翕如也;纵之,纯如也,皦如也,绎如也,以成。"(《论语·八佾》)金景芳先生认为:"《礼记·乐记》或言是公孙尼子所作,言乐事甚详,当是孔子遗说之仅存者。"③ 其中论及乐的起源及声、音、乐之异,音乐与政治的关系,音乐与礼的关系等,都非常重要。

孔子对《易》的贡献是"诠释",指的是孔子作《易传》专门用以解释《易》。司马迁《孔子世家》认为是孔子作了《易传》暨"十翼",汉唐学者并无异词。到北宋,欧阳修始提出《系辞传》恐非孔子所作,清代崔述又进一步对《彖传》和《象传》的作者提出怀疑。1920 年代以后疑古派学者蜂拥而起,许多人受到影响,不相信孔子作《易传》的说法。金景芳治《易》逾

---

① 司马迁:《史记》,中华书局,1982 年,第 46 页。
② 《金景芳全集》第 9 册,上海古籍出版社,2015 年,第 4318 页。
③ 《金景芳全集》第 9 册,上海古籍出版社,2015 年,第 4344 页。

经史求识录

七十年，始终坚信《易传》为孔子所作。早年所著《易通》有"周易与孔子"章，认定"故虽谓《易》为孔子作，亦无不可也"。① 1980年代发表的《关于周易的作者问题》《孔子对〈周易〉的伟大贡献》及《周易讲座》绪论等诸多论著中都有论及。简单说，金景芳先生的论据有如下几条：《易传》的内容构成情况证明《易传》应属于孔子，基本上是孔子作的，也有些是孔子讲的，弟子记的；马王堆帛书《周易》的研究成果以新的考古文献材料佐证了孔子作《易传》的传统说法；《易传》思想内涵与孔子思想的高度一致，是《易传》出于孔子的内证。孔子对《周易》的伟大贡献是作了《易传》，通过《易传》对《周易》所蕴含的思想进行了全面深入的阐发，《周易》经传密不可分，没有《易传》后人就无法理解《周易》。金景芳先生的观点十分明确，毫无含糊，在学界尤其是孔子和经学研究领域产生了极大影响。张岱年先生曾评价说："金景芳先生独抒己见，坚持认为孔子作《易传》是历史事实，表现了独立不惧的勇气。""孔子撰写《易传》，从历史条件来说是完全可能的。古代史的许多历史事实，不可能有百分之百的证据，但是也不容百分之百地加以否定。肯定《易传》系孔子所著，还是有一定根据的。"②

最后说《春秋》。《春秋》乃孔子据鲁史而作，除《孔子世家》记载昭昭，《孟子》《庄子》《荀子》等典籍也都言之凿凿，此事再无疑义。"春秋"本泛指各国编年史，将当时重大事件按一年的春、夏、秋、冬四季记录下来，按照习惯便简称一年四季为"春秋"。孔子《春秋》的本质特点按司马迁的说法是"《春秋》以道义"。（《史记·滑稽列传》）先生说："什么是'道义'呢？据我看，这就是《中庸》所说'仁者人也，亲亲为大。义者宜也，尊贤为大。亲亲之杀，尊贤之等，礼所生也'的义。因此《史记·自序》说'《春秋》者礼义之大宗也'，《庄子·天下》说'《春秋》以道名分'也是对的。因为'礼义'当然是义，'名分'也是义。因为'义'讲'尊贤之等'，与'道名分'一样，说到底都是崇尚等级制度。"③ 所谓《春秋》以道义，在《春秋》的具体表现，就是"据鲁，亲周，故殷"，"所见异辞，所

---

① 《金景芳全集》第1册，上海古籍出版社，2015年，第69页。
② 张岱年：《祝贺金景芳先生九五寿辰》，载《金景芳九五寿辰纪念文集》，吉林文史出版社，1996年，第2页。
③ 《金景芳全集》第9册，上海古籍出版社，2015年，第4358-4359页。

闻异辞,所传闻异辞","内其国而外诸夏,内诸夏而外夷狄","为尊者讳,为亲者讳,为贤者讳"这几条写作纲领。《春秋》文约义丰,难于理解,故有传世之"三传"。《左传》以记载与《春秋》相关的史实为主,当然也是解《春秋》的传。《春秋》与《易》讲的都是理论,不同点是《易》讲哲学而《春秋》讲政治。

总而言之,金景芳先生在孔子与"六经"关系问题上力排众议,确认孔子删定"六经",为后世保留了自尧舜时代以来的古代思想文化的主干,这是最为珍贵的文化遗产。而金景芳先生孔子研究的全部成就,都是建立在这一基石之上的。

三、金景芳孔子研究的突出成就

金景芳先生的孔子研究涉及孔子、孔学的方方面面,这里不能全部予以摘要和述评,只能择要概述其主要和突出成就。

第一,首次提出孔子思想有两个核心的观点,开拓了从哲学角度研究孔子的新领域。

孔子思想的核心是什么,过去学界一直存有争议,大抵不外乎"仁"和"仁义"或"礼"这几种说法。金景芳先生经过多年审慎研究,于1990年代初提出孔子思想有两个核心的观点,发表在《历史研究》上,后来又写入《孔子新传》,在学术界引起较大反响。金景芳先生说:"据我看,孔子的思想,如果说得全面、具体些,不妨说它有两个核心:一个是'时',另一个是'仁义'。第一个核心是基本的,第二个核心是从属的。第一个核心偏重在自然方面,第二个核心偏重在社会方面。孔子又特别重视'中',实际上'中'是从'时'派生出来的。孔子还特别重视'礼',实际上'礼'是从'仁义'派生出来的。"[①]

金景芳先生认为,孔子思想中最重要最基本的核心和灵魂就是"时"。所谓"时",就是变化的意思。世间一切事物无不处于随时随地的变化之中,人们认识和处理事物也必须依时而动,与时偕行,随着变化而变化。孟子称

---

① 《金景芳全集》第9册,上海古籍出版社,2015年,第4294页。

经史求识录

赞孔子是"圣之时者也",依据是"孔子之去齐,接淅而行。去鲁,曰:'迟迟吾行也,去父母国之道也。'可以速而速,可以久而久,可以处而处,可以仕而仕,孔子也"(《孟子·万章下》)。孟子真正抓住了孔子思想的关键,和夫子自道"我则异于是,无可无不可"(《论语·微子》)有异曲同工之妙。但仅只重视"时"还不够,还要掌握变化的分寸和节点,避免"过"和"不及",这就是"中"。"时"这个范畴包含着"中",所以又叫"时中"。"中"也可称作"中庸",《礼记·中庸》引孔子曰"君子之中庸也,君子而时中",即可证明。"中庸"即是取两端之中,恰到好处,及而不过,指的是认识和处理事物能够选取合乎时宜的最佳办法。追求中庸,还需行"权"。还是孟子对时中思想理解得最深刻,他说:"子莫执中,执中为近之。执中而无权,犹执一也。所恶执一者,为其贼道也,举一而废百也。"(《孟子·尽心上》)"权"的本义是秤砣,称量物体重量时秤砣须前后移动找到平衡点,因此"权"字便有了随时变化亦即时中之含义。《孟子·离娄上》说"男女授受不亲,礼也。嫂溺援之以手者,权也",说的就是权变,要随时变化,不可执一。真正做到中庸,是十分难能可贵的。

孔子"时"的思想偏重自然即哲学方面,表现孔子的宇宙观,其渊源盖出于《易》。金景芳先生多年精研《周易》,老而弥笃,愈来愈相信《易传》出于孔子,《易传》充分发掘出了《周易》本身固有的思想精华。《周易》是模拟宇宙运行秩序与规律的哲学体系,用"象"与"数"把世界模拟成变化不止的过程。所以《系辞上》说:"易与天地准,故能弥纶天地之道。"但《周易》讲天地之道的目的是推天道以明人事,故而《系辞下》说:"易之为书也,广大悉备,有天道焉,有人道焉,有地道焉。兼三才而两之,故六,六者非它也,三才之道也。"《说卦传》也说:"是以立天之道曰阴与阳,立地之道曰柔与刚,立人之道曰仁与义。兼三才而两之,故易六画而成卦。分阴分阳,迭用柔刚,故易六位而成章。"《周易》的本质内容是讲天地人三才的,自然规律与人类社会的运行规律有着本质上的一致性。"天地变化,圣人效之"(《系辞传上》),就是要利用卜筮的形式把所掌握的自然规律或法则应用于人类社会。将宇宙秩序转换为家庭秩序和社会秩序,《周易》的全部秘密即在于此!孔子老而好《易》,学《易》、研《易》、释《易》、传《易》,都是历史事实。正因为通过《易》不断加深对自然和社会规律的认识,他所作的《易传》才对"时"予以特殊的重视。《周易》是讲变化的书,认为世界的变化是绝对的,但所有变化都离不开"时"。王弼《周易略例·明卦适变通爻》说:"卦者时也,爻者适时之变者也。"六十四卦三百八十四爻是一个大的周期,每一卦是一个小的周期,一卦中的六爻则分别是小周期包含的一个时点。离开了时这个观念,变化也就无从谈起。由此可以说,时的观念是《周易》哲学的核心问题,贯穿着整个《周易》经传。《易传》对时之意义的挖掘和发挥更是通篇随处可见,有人统计《周易》中有五十三处出现"时"字,如时中、时行、时变、时义、时用、随时等等。其实无论是否出现"时"字,时的观念都存在,六十四卦每一卦都离不开时,实质上讲的都是时的问题。孔子贵时,来于《周易》,也高于《周易》。孔子的伟大,孔子高于其他圣人的根本之处,就在于他真正掌握了这个"时"字。

金景芳先生认为仁义也是孔子思想的核心之一,但和"时"相比则是从属的。因为仁义学说是从人群方面即血缘与社会伦理方面来思考问题的,表现的是孔子的政治观和历史观。"人类社会与自然界来比较,不能不处于第二位。"①

说孔子思想的核心是仁,这没有问题,一部《论语》谈到仁的地方非常多,《吕氏春秋·不二》也曾指出"孔子贵仁"。不过孔子讲"义"的时候也不少,只是《论语》中未见"仁义"二字连用而已。从其他文献看,孔子也是常常将仁义放在一起来讲的,仁义相连不可分,比如《说卦传》中的"立人之道曰仁与义"即是。最为典型的,则是《中庸》所记孔子对哀公的一席话:"仁者人也,亲亲为大;义者宜也,尊贤为大。亲亲之杀,尊贤之等,礼所生也。"将仁、义、礼三者的内涵和相互关系阐述得十分准确。仁是处理血缘关系的原则,义是解决政治关系的原则,共同构成人与人之间的全部关系。礼则是由仁的"亲亲之杀"("杀"是递减的意思)和义的"尊贤之等"衍生出来的亲疏远近等级不同的差别,是仁义的外在表现。所以,《孟子·离娄上》说:"仁之实,事亲是也。义之实,从兄是也。智之实,知斯二者弗去是也。礼之实,节文斯二者是也。"孟子也认为仁、义、礼三者是一体,仁义是内容,礼是表现形式。如此说来,与其说孔子思想的另一个核

---

① 《金景芳全集》第 9 册,上海古籍出版社,2015 年,第 4303 页。

心是仁，还不如说是仁义，或者说是仁义礼。因为礼是仁义派生出来的，和仁义密不可分。人们常常说孔曰成仁，孟曰取义，荀子重礼，用来比较三位儒家大师的区别还是可以的。但硬要把仁义礼三者拆开分别派给三人，则不符合历史事实和逻辑。我们承认孔子在仁义中更重视仁，因为表现政治关系的义，是从表现血缘关系的仁推广而来的，孔子所处的时代更看重血缘关系。随着时代的发展，孟子更看重义，荀子更强调礼，都是可以理解的。用《周易》或孔子解释变化的惯用语词，是由于"时"的不同，侧重点必然也不同。

先生关于孔子思想有两个核心的观点，确实使人耳目一新。证明"时"在孔子思想中占最主要地位的历史证据，则大都来自《周易》。《周易》是讲哲学的书，孔子《易传》对《周易》哲学诠释得最为清楚透彻，充分反映了孔子的宇宙观和方法论。这一点，不能不再次提请各位同人注意。

第二，强调孔子历史观的进步意义和深远影响。

孔子是卓越的历史学家，除了作有《春秋》之外，还对中国古史进行了全面深入的研究，从有史以来直到他所生活的春秋晚期。古书上记载有孔子涉及历史问题的许多言论，反映孔子进步历史观的主要观点包括以下五个方面。

其一，人类历史发展存在连续性和继承性。《论语·为政》载，子张问："十世可知也？"子曰："殷因于夏礼，所损益可知也；周因于殷礼，所损益可知也。其或继周者，虽百世，可知也。"金景芳先生认为："这话有深刻的理论意义。他认定历史是发展的，是连续有序的，因而是可知的。就是说，历史有继承性，不能割断。后代对前代势必要因、要损、要益。因、损、益与今日常语批判继承实无根本的不同。"[1] 传统不能消失，历史不能割断。所谓传统，是在一个系统中渐变而流传下来的，不会永远保留原样。循历史的轨迹即可知道过去，也就能知道未来。周文化也是要变的，将来的历史演变，百代以后的变化也是可以知道的，不过是对前代有所损益的批判继承而已。《论语·八佾》还记孔子说"周监于二代，郁郁乎文哉！吾从周"，与前引那段话意思相近。周文化是在对夏殷二代文化因、损、益的基础上形成

---

[1] 《金景芳全集》第 9 册，上海古籍出版社，2015 年，第 4372–4373 页。

的，我们对三代文化当然要主要继承周代的。今天看来，孔子的观点是对的，对我们如何批判继承民族传统文化仍有借鉴意义。

其二，一夫一妻的个体婚制是诞生人类文明的前提和基础。由七十子后学所记反映孔子思想的《礼记·昏义》说："男女有别，而后夫妇有义；夫妇有义，而后父子有亲；父子有亲，而后君臣有义；故曰昏礼者，礼之本也。"孔子《序卦传》说："有天地然后有万物，有万物然后有男女，有男女然后有夫妇，有夫妇然后有父子，有父子然后有君臣，有君臣然后有上下，有上下然后礼义有所错。"金景芳先生认为："这段言论的正确性和深刻性，夸张一点说，简直可抵一部社会发展史。""实质上就是说文明社会的所有社会关系都起源于个体家庭。"① 金景芳先生还深入分析说，由所引上述材料为代表的孔子很多相关论述可以看出："第一，说明了个体婚制是文明社会时代开始的标志。第二，说明由个体婚制而产生夫权，由夫权而产生父权，由父权而发展为君权，一句话，夫权、父权和君权是文明社会的特征。"② 文明社会的一切礼义法度都是从个体婚制开始的，孔子的认识和恩格斯"个体婚制是文明社会的细胞形态"③ 这一论断，表现出了惊人的一致性。

其三，财产私有制的确立是原始社会与文明社会的区别所在。《礼记·礼运》说："大道之行也，天下为公。选贤与能，讲信修睦。故人不独亲其亲，不独子其子……是谓大同。""今大道既隐，天下为家。各亲其亲，各子其子，货力为己……是谓小康。"孔子把夏商周三代和三代以前看作截然不同的两种社会形态：三代以前是大同社会，三代以下是小康社会，两者相比有着明显的不同。金景芳先生分析这两段文献后指出："这大同社会的特征概括起来不外乎两条，一是前一夫一妻制的婚姻形态，一是财产公有制。说明孔子知道在三代之文明社会之前有过不文明的原始社会，君臣礼义并非从来就有。小康的特征……概括起来也不外乎两条，一是一夫一妻的个体婚制的产生，一是财产私有制的存在。两方面的共同结果是礼义制度。说明孔子知道文明社会与原始社会根本不同，知道它们的不同表现在什么地方。"④ 大

---

① 《金景芳全集》第 8 册，上海古籍出版社，2015 年，第 3845－3846 页。
② 《金景芳全集》第 8 册，上海古籍出版社，2015 年，第 4171 页。
③ 《马克思恩格斯全集》第 21 卷，人民出版社，1995 年，第 78 页。
④ 《金景芳全集》第 9 册，上海古籍出版社，2015 年，第 4374 页。

经史求识录

同和小康的根本区别，就是财产公有和私有不同。孔子赞颂禹、汤、文、武、成王、周公的盛德，弘扬礼义文明，说明他并不想把历史拉回到大同时代去。他讲大同和小康，是讲历史，符合中国古代历史的实际。

其四，夏商周三代社会思想的不同特点是夏道尊命，殷人尊神，周人尊礼尚施。孔子精研夏商周三代的历史，认为禹、汤、文、武、成王、周公虽然处于同一个历史时代，但夏商周三代在思想文化上又呈现出各自不同的特点。最明显的表达是《礼记·表记》中孔子的一段话。"子曰：'夏道尊命，事鬼敬神而远之……殷人尊神，率民以事神……周人尊礼尚施，事鬼敬神而远之。'"金景芳先生认为，殷人尊神是对夏道尊命的否定，周人尊礼尚施是对殷人尊神的否定，即对夏道遵命的否定之否定。"孔子所揭示的夏商周三代思想发展的轨迹，无疑是符合辩证的逻辑的，因而是可信的。"[①]"尊命"就是尊从天命即自然规律，其实质是不相信有鬼神，至少是不认为鬼神可以主宰人们的命运，所以才可以对其敬而远之。殷人尊神，则是殷商一代思想的最大特征，这在传世文献中可以得到充分的证明。周人尊礼尚施，这个礼当然是周礼，它的本质特征是亲亲尊尊即以"仁义"为核心内容。亲亲表现血缘关系，尊尊表现政治关系，这两种关系表现出的等级差别就是"礼"。"礼尚往来"，则是周人将"尚施"与尊礼并提的观念依据。周人的"事鬼敬神而远之"，也并非对夏道的简单恢复，而是重新赋予了新的思想内涵，那就是"以神道设教"，利用鬼神为他们的政治服务。孔子一生"不语怪力乱神"（《论语·述而》），主张"敬鬼神而远之"（《论语·雍也》），正是对周人思想的继承。金景芳先生高度评价周公、孔子的历史地位，说："周人否定殷人的尊神，改为尊礼尚施，强调人事。人们的思想自此已从缥缈的天空，回到大地上来。后此，孔子又把这个思想推向前进。这一点对中华民族传统精神的形成，实起着巨大的影响和作用的。"[②] 殷周之际巨大的思想变革，是从神到人的全面回归，人文精神正式落地生根，奠定了中国礼乐文明的基础和发展走向，其意岂可小视。

其五，春秋时期的政治特点是权力不断下移。孔子研究西周和周室东迁

[①] 《金景芳全集》第8册，上海古籍出版社，2015年，第3876页。
[②] 《金景芳全集》第8册，上海古籍出版社，2015年，第4232页。

后的历史，看到王纲解纽，五霸迭兴和礼坏乐崩的种种现实，得出了当时政治特点是权力不断下移的结论。《论语·季氏》记孔子曰："天下有道，则礼乐征伐自天子出；天下无道，则礼乐征伐自诸侯出。自诸侯出，盖十世希不失矣；自大夫出，五世希不失矣；陪臣执国命，三世希不失矣。天下有道，则政不在大夫；天下有道，则庶人不议。"这里的"天下有道"，指的自然是西周时期。按西周旧制，征伐必出于周天子，《国语·鲁语下》记载："天子作师，公帅之，以征不德；元侯作师，卿帅之，以承天子；诸侯有卿无军，帅教卫以赞元侯；自伯子男，有大夫无卿，帅赋以从诸侯；是以上能征下，下无奸慝。"礼乐亦必出于周天子，史籍也有明证："先王之乐以节百事也。"（《左传》昭公元年）这里的"天下无道"，无疑指的是平王东迁后的春秋时期，周王大权旁落，礼乐征伐开始出于诸侯。金景芳先生说："孔子在西周与春秋之间，划定了一个分界线。……这个分界线只是前者是礼乐征伐自天子出，后者礼乐征伐自诸侯出的不同，即不是一种社会制度被另一种社会制度所代替，而是一种社会制度的内部由上升变为下降的问题。"① 权力降至各个诸侯，事情并未止息，仍在继续下移。"自诸侯出，盖十世希不失矣"，金景芳先生认为"十"当为"七"，因形近而误。鲁国自隐公至于宣公，鲁君失国，政归季氏，恰好七世，变成了礼乐征伐自大夫出。"自大夫出，五世希不失矣"，大夫执政亦好景不长，便出现了"陪臣执国命"的现象，如鲁国阳虎，以季氏家臣而窃取鲁国国政达三年之久。总之孔子认为，西周与春秋不同，社会发生了深刻变化，这一变化的标志便是由"礼乐征伐自天子出"降为"礼乐征伐自诸侯出"。春秋以来权力进一步下移，礼乐征伐经历了自诸侯出、自大夫出和陪臣执国命的不同阶段。金景芳先生评价说："孔子研究了春秋时期的历史，不但看出春秋与西周不同，同时并看出春秋的各个发展阶段也不同……从其划分历史阶段及其所应用的标准，则是符合实际的、正确的。"②

第三，剖分孔学与儒学的不同，还孔学以本来面目。

金景芳研究孔子，十分强调区别"孔学"与"儒学"，明确反对"今人

---

① 《金景芳全集》第 8 册，上海古籍出版社，2015 年，第 4235 页。
② 《金景芳全集》第 9 册，上海古籍出版社，2015 年，第 4234 页。

经史求识录

习称孔学为儒学，往往把孔学与儒学并为一谈"的做法，说："今人所谓儒学，实际上包括汉儒和宋儒之学。据我看来，汉儒、宋儒虽然打的都是孔子的旗号，实际上他们所传承的多半是孔子学说中的糟粕，至于精华部分，他们并没有传承，反而肆意加以歪曲和篡改。因此，今日应把真正孔子之学正名为孔学，以与汉儒之学、宋儒之学相区别。"① 孔学和儒学的区别，金景芳先生谈过很多，这里只能略摘其要。早在先秦，儒家大师孟子、荀子的某些观点，既已与孔子有所径庭。比如人性论问题，孔子认为"性相近也，习相远也"（《论语·阳货》），"性"指人的共性即人的自然性，"习"则指人的个性即人的社会性，是后天习染的结果。然而孟子、荀子谈人性，一个标榜人性之善，一个力陈人性之恶，共同错误是将后天的"习"作为先天的"性"来看待，把人的自然属性和社会属性混为一谈。这且不谈，人们讲儒学，主要指的是汉儒之学和宋儒之学，其实它们离孔学已经越来越远了。

兹先说汉学，已经严重地背离了孔学。汉儒之学以大儒郑玄为代表，他学问很大，名气极高，注"三礼"非常到位。但他注《周易》，却谬误颇多，流毒很深。例如释《周易·系辞传》"大衍之数五十，其用四十有九"说："天一生水于北，地二生火于南，天三生木于东，地四生金于西，天五生土于中。阳无耦，阴无配，未得相成。地六成水于北，与天一并。天七成火于南，与地二并。地八成木于东，与天三并。天九成金于西，与地四并。地十成土于中，与天五并。"金景芳先生怒批："这种解释纯属不知妄作，违离传文原意甚远。"② 郑玄注未解孔子《易传》大义，无端将五行五方之说拉扯进来，不但未能解决问题，反为后世伪造河图洛书的妄人和江湖术士开了方便之门，影响很坏。郑玄尚有如此疏离孔子之妄说，汉学与孔学渐行渐远的一般状况可想而知。

宋学兴起的过程，恰与孔学衰落的过程相始终。尽管宋学打着孔子的旗号，以复兴儒学为宗旨，但事实上往往搞的是另一套。以宋明理学的最高代表、"万世宗师"朱熹为例，其整个学术体系与孔子相去甚远。即以对六经之首《周易》的认识和评价而言，孔子《易传》本已说得非常清楚明白：

---

① 金景芳、吕绍刚、吕文郁：《孔子新传》，湖南出版社，1991年，第3页。
② 金景芳、吕绍刚、吕文郁：《孔子新传》，湖南出版社，1991年，第11页。

金景芳与二十世纪孔子研究——纪念金景芳先生 120 周年诞辰

"夫《易》何为者也？夫易开物成务，冒天下之道，如斯而已者也！"（《系辞上》）"自荀子、庄子、董仲舒、司马迁以至王弼、程颐以来，无数学者，无不承认孔子的说法，以为《易》是讲思想的书。"① 朱熹著《周易本义》，力主恢复《周易》作为卜筮之书的本来面目，从卜筮的角度来解说《周易》，不讲其卜筮外壳下所包含的哲学思想，留下了极坏的影响。不仅南宋朱熹，北宋五子中先生也特别提到过周敦颐和程颢。程颢的《识仁篇》和《定性书》，歪曲和背离了孔、孟对"仁"和人性人情的经典表述，所承传的绝不是孔学。尤其周敦颐的《太极图说》，不管和《周易》有没有关系，将无极、太极、阴阳、五行、动静这些古老的观念一股脑拉入《周易》中来，完全违背了孔子的原意。

总之，金景芳先生认为宋学根本未能继承孔学，多次告诫万勿错把宋学当作孔学。行文至此，想起五四运动的反传统，其实反对的主要是宋明理学，礼教吃人。但板子却打到"孔家店"身上，就是没分清孔学和宋学，没找准真正的批判对象。这一实例也可说明，区分孔学和儒学是必要的。

第四，阐释孔子思想超时代性的人类文化意义。

金景芳在《孔子思想述略》中说："中国之有孔子，毋宁说，是中华民族的光荣。"② 为什么呢？因为孔子给后人留下了极其丰富的历史文化遗产，是当之无愧的思想宝库。金景芳在多篇文章中都深入地谈过孔子的思想成就，简略地说包含以下几个方面。孔子的哲学思想以"时""中"为主，它来源于《周易》，代表了古代最高思辨的宇宙观；孔子的政治思想以德治为核心，把礼让和正名作为实行德治的具体办法，其中包含着许多民主性的精华；孔子的教育思想包含极广，在教育原则、教育理念、教育目的、教育和教学方法、教育态度等方面都有明确的主张和具体的实践，影响十分广远；孔子的道德思想以仁义为标准，用以处理血缘关系和社会关系即个人与人类社会的全部关系，最后目的是要使整个人类相亲相爱，反映了孔子客观而进步的历史观。金景芳先生认为，孔子是中国文化史上承先启后的最伟大的思想家，他"祖述尧舜，宪章文武"，中国自氏族社会而来的所有优秀的思想

---

① 金景芳、吕绍刚、吕文郁：《孔子新传》，湖南出版社，1991年，第12页。
② 《金景芳全集》第8册，上海古籍出版社，2015年，第4216页。

文化都经过他的整理、继承并传播给后人。从这个意义上来说，孔子的思想已经不属于他个人，而是我们整个民族的宝贵财富。所以，孔子思想对中华民族乃至全人类都有极其深远的影响，其重要意义绝不可低估。

那么，20世纪从"五四"到"文革"对孔子的批判，应不应该影响我们今天对孔子的评价呢？先生认为，评价孔子要与时俱进，按《周易》"随时之义"去不断加深理解。他在《孔子新传序》中说："应该看到，中国自孔子生时起，一般说，凡是治世都尊孔，凡是乱世都反孔。其道理在于孔子的学说对维护社会安宁秩序有利，对破坏社会安宁秩序不利。而社会当革命时期重在破，不破除旧秩序，不能建立新秩序。社会当建设时期，也就是建立新秩序的时期重在立，不能再破了，再破，旧的新的将同归于尽，不会有好的结果。"据此，"五四"批孔是可以理解的，也是对的；而"文革"在和平时期继续批孔则显然是错误的。孔子思想具有超时代的意义，在今天和将来都有其存在和发扬的必要。从终极意义上说，孔子思想是具有提高人类道德水准之超时代价值的。

第五，清算"儒法斗争"邪说，为孔子和儒家正本清源。

众所周知，所谓"儒法斗争""评法批儒"，是指在20世纪70年代中期，史学学术领域发生的一场对于中国历史发展模式的论争。个别学者揣摩领袖意志，提出儒法斗争的概念。认为早在春秋战国时代，儒法两家分别代表没落的奴隶主贵族和新兴的地主阶级开展了剧烈的阶级斗争，在秦始皇统一中国后这种斗争还在继续，并且一直持续到现在，今天还有尊孔反法的儒家。一些人打着研究儒法斗争史的幌子，不惜杜撰史实对孔子进行莫须有的批判。不久，论争便远远超出了学术界的范围，形成了一场全国性的思想政治运动——批林批孔运动。

金景芳先生对"文革"中种种毁灭学术毁灭文化的倒行逆施极为愤慨，"文革"甫一结束即写出重磅论文《论儒法》，发表在《历史研究》1977年第5期。文章从儒法两家名称的由来谈起，追根溯源，论证儒和儒家、法和法家的区别与联系。接着对一些假学术权威划分儒法两家的标准提出批评：

"说法家是爱国主义的，儒家是卖国主义的；法家是维护统一的，儒家是主张分裂的；法家是唯物的，儒家是唯心的；法家是前进的，儒家是倒退的，等等。这不但违反辩证法，把一些暂时的、历史的东西说成是永恒的，不变的，而且有些提法根本与历史事实相抵触。"进而对春秋时期有没有儒法斗争提出了明确的回答："我的看法，春秋时期不存在儒法斗争，因为这时法家还没有产生。"有人把管仲、邓析、少正卯都列入法家，其实是可笑的。"法家作为一个政治派别来说，不是自古就有，也不是继续到现在，而是我国在战国这个特定的历史时期的产物。"[①] 文章最后部分讲秦汉以后的儒法问题，严厉批判虚构历史共识，将中国历史简化为儒家与法家斗争历史的所谓儒法斗争史，指出："儒法斗争是我国战国时期特有的现象，在战国以前或以后都是不存在的。"金景芳先生的这篇文章主要目的是以自己的学术专长来完成应尽的社会责任，不仅在学术界起到正本清源的作用，对整个社会解放思想、清肃"文革"遗毒亦大有助力焉。

限于学力，可能对先生的学术体系理解不够深刻，不知道能否如愿全面总结出先生孔子研究方面的成就。谨以此献给先生120周年诞辰，也献给从事孔子研究的同行和后学。

（原载《社会科学战线》2022年第十期）

[①] 《金景芳全集》第4册，上海古籍出版社，2015年，第2358页。

史学编

哲 学 史

论孝观念形成于父系氏族公社时代

孝的观念最初形成于原始社会，这是大多数学者都承认的。但是它究竟形成于原始社会的哪一具体阶段？目前尚未有人做出明确而合理的解说。我认为，孝观念的形成当具备两个条件，一是基于血缘关系而产生的亲亲之情，二是个体婚制的建立，而这两个条件的成熟，当在原始社会晚期，即父系氏族公社时期。以下拟由三个方面论证上述观点。

一、孝观念形成的前提条件具备于父系氏族公社时期

原始人群时期有没有孝的观念呢？答案当然是否定的。因为当时人类刚刚从动物界走出来，还未能使自己同周围的自然界分开，个体社会同自然界处于混沌状态。而群中的每一成员也未能与其他成员分开，更谈不到社会结构了。母系氏族社会以血缘关系为基础，人本身生产的社会结构已经明显，并在社会中起着决定性的作用，因而，当时的亲（母）子关系是明确的。这样说来，人类已经有了亲子之情，似乎应该出现孝的观念了。其实不然，因为亲亲之情只是孝观念产生的前提条件之一，何况这时的亲亲之情仅是在母子之间。原始共产制是建立在物质资料相对贫乏的基础上的，劳动成果由全体社会成员平均享受，人们在分配生活资料时，不允许在对待亲人与其他氏族成员上存在厚此薄彼的区别，不能有亲亲的私爱。否则，必将为风俗和传统习惯所不容，正如达尔文所言，"起初只有严格的社会性的一些德行才受重视"[1]。在"天下为公"的情况下，人们只能"不独亲其亲，不独子其子"（《礼记·礼运》），赡养老人也是氏族全体成员的事，子女对父母并没有特

---

[1] 达尔文：《人类的由来》中译本，商务印书馆，1983年，第170页。

经史求识录

殊的责任与义务。

孝观念形成的前提条件具备于父系氏族社会。马克思、恩格斯在两种生产理论的基础上所提出的两种生产的社会结构原理，对于研究一定社会历史阶段中的某一意识形态或经济基础状况，都有着普遍的指导意义。而孝观念本是伴随着人类自身再生产而产生的，它与其他社会意识相比更具有特殊性，所以，研究孝的产生，是离不开对当时两种生产的社会结构的考察的。我们将通过对父系氏族公社两种生产的社会结构及其相互关系的简略分析，来说明本节的论点。

从物质资料生产的社会结构来看，父系社会较之母系社会有了很大变化。由于社会生产力的发展，带来了男女在家族经济中所处地位的变化，男子成了农业及畜牧业生产的主要承担者，而妇女却被排挤到次要地位了。这一生产方式的变革，规定了生产关系的变化，在人与人之间的社会关系中，男子为主而女子为从。作为生产关系的权利意志形式的所有制关系，也因之发生了变化，生产所得的产品主要归于男子，妇女的经济地位完全降到男子之下了。在母权制时代，氏族成员死后其财产必须留在氏族之内。即归母方的血缘亲属所有，子女不能够继承自己父亲的财产，因为他们不属于父亲的氏族。到了父权制时代，由于男子在物质生产的社会结构中居于主导地位，就必然要求继承制度的改变，以有利于自己的子女。正如恩格斯在《家庭、私有制和国家的起源》中所论述的那样："随着财富的增加，它便一方面使丈夫在家庭中占据比妻子更重要的地位；另一方面，又产生了利用这个增强了的地位来改变传统的继承制度使之有利于子女的意图。但是，当世系还是按母权制来确定的时候，这是不可能的。因此，必须废除母权制，而它也就被废除了。这并不像我们现在所想象的那样困难，因为这一革命——人类所经历过的最激进的革命之一，并不需要侵害到任何一个活着的氏族成员。氏族的全体成员都仍然能够保留下来，和以前一样。只要有一个简单的决定，规定以后氏族男性成员的子女应该留在本氏族内，而女性成员的子女应该离开本氏族，而转到他们父亲的氏族中去就行了。这样就废除了按女系计算世系的办法和母系的继承权，而确立了按男系计算世系的办法和父亲的继承权。"[①]

---

① 《马克思恩格斯选集》第四卷，人民出版社，1972年，第51页。

论孝观念形成于父系氏族公社时代

从人本身生产的社会结构来看，父系社会较之母系社会也有了极大的变化。

先说婚姻形式。由于男子在物质生产的社会结构中所处的主导地位所决定，不可避免地会改变原来的妻方居住的婚姻形式。在以男子为主从事生产的情况下，原来母系公社里长大的本氏族的男子，越来越不愿"嫁"婚盟氏族去、到外公社参加生产和组织家庭，而是把外公社的女子娶回到本公社里组成个体家庭；而本公社长大的女子，则嫁到婚盟氏族去，成为外公社男人的妻子。要之，当时的婚姻形式，就是由对偶婚、非排他性的个体婚向排他性的个体婚——一夫一妻制过渡。为什么要向一夫一妻制过渡？恩格斯回答得十分清楚：就是"为了保证妻子的贞操，从而保证子女出生自一定的父亲"[1]，"它是建立在丈夫的统治之上的，其明显的目的就是生育确凿无疑的出自一定父亲的子女，而确定出生自一定的父亲之所以必要，是因为子女将来要以亲生的继承人的资格继承他们父亲的财产"[2]。"它决不是个人性爱的结果，它同个人性爱绝对没有任何共同之处，因为婚姻和以前一样仍然是权衡利害的婚姻。一夫一妻制是不以自然条件为基础，而以经济条件为基础。即以私有制对原始的自然长成的公有制的胜利为基础的第一个家庭形式。丈夫在家庭中居于统治地位，以及生育只是他自己的并且应继承他的财产的子女，——这就是希腊人坦率宣布的个体婚制的唯一目的。"[3]

再说亲属关系。婚姻形式的变化具有划时代的意义，由一夫一妻制所规定的人与人之间的社会关系——亲属关系也当然与母权制时代迥然不同。首先看婚姻关系（这是亲属关系的首要环节），它不仅规定着结婚男女双方的两性关系和产生下一代新人，而且还规定着结婚双方的经济关系。一夫一妻制的个体婚姻，最初一般是夫妻经济平等，但财产却往往分开。随着阶级关系的产生和发展，妻子则逐渐沦为丈夫的财产，变成生孩子的简单工具了。正如恩格斯所说："最初的阶级压迫是同男性对女性的奴役同时发生的。"[4]其次看狭义亲属关系（血亲）和姻亲关系（这是亲属关系的重要组成部分）。

---

[1]《马克思恩格斯选集》第四卷，人民出版社，1972年，第53页。
[2]《马克思恩格斯选集》第四卷，人民出版社，1972年，第57页。
[3]《马克思恩格斯选集》第四卷，人民出版社，1972年，第60-61页。
[4]《马克思恩格斯选集》第四卷，人民出版社，1972年，第61页。

经史求识录

从理论上说，它们由婚姻关系所决定，同时又从肯定或否定的方面来规定着婚姻关系。在父权制时代，这两种关系的变化是明显的。例如，父女、母子、兄弟姊妹间不准通婚，这是从否定的方面规定着婚姻关系；而表兄弟与表姊妹之间可以优先通婚（这是有许多文化人类学方面的实例的），即是从肯定的方面规定着婚姻关系。更为重要的变化是，这两种亲属关系还规定着一部分人与人之间的物质变换关系。例如，当一个人因老、病等原因失去劳动能力而退出物质生产领域后，他就得借助于狭义亲属关系和姻亲关系，通过这些关系所规定的人与人之间的物质变换来生存下去，这就产生了所谓的"供养关系"，血缘亲属之间有了供养的义务。这种义务的产生并不是一件简单的事，它是和私有观念密切相关，而与原始的公有制格格不入的。

最后说亲属制度。亲属制度中每一个亲属称谓的内涵与外延都是相应的亲属关系规定着的，这些亲属称谓明确地反映亲属关系所规定的人与人之间的物质变换关系，正如恩格斯所说："父亲、子女、兄弟、姊妹等称谓，并不是简单的荣誉称号，而是一种负有完全确定的、异常郑重的相互义务的称呼，这些义务的总和便构成这些民族的社会制度的实质部分。"[①] 亲属制度作为亲属关系的权利意志形式一旦确定下来，就会以社会的名义保障亲属关系的实现。在父权制之下，父权是社会制度的"实质部分"，男性为主女性为从的一夫一妻制家庭是社会结构的细胞，各种亲属关系间的相互义务都是由此派生出来的。由此可知，父亲对子女的养育义务和子女供养双亲的义务，都是父权制确立之后的产物。

以上对父系氏族公社两种生产的社会结构做了大略分析，归结起来说就是，由于生产力发展的最终决定作用，带来了男女在家族经济中所处地位的变化，这是母权制向父权制过渡的根本原因。随着劳动产品的剩余，社会财富的增加，私有观念产生了，这就必然要求继承制度的改变，以有利于自己的子女。由对偶家庭向一夫一妻制家庭的转变是父权制确立的标志，女子嫁到男方来，这就有了明确的父子关系，使财产的继承不至于流向外人。与个体家庭经济的形成相联系，家庭中的权利与义务出现了，夫妻及其子女构成一个独立的经济单位，父母有抚养子女的义务，并有要求子女奉养的权利，

---

① 《马克思恩格斯选集》第四卷，人民出版社，1972年，第24页。

子女则有奉养父母的义务。与此相关，作为家长的父亲享有绝对的权威，可以支配子女，而子女有尊敬与服从的义务。因此，个体婚制的确立，实为孝观念产生的重要前提条件。

由上面的分析我们还可以看出，在当时两种生产的社会结构中，人本身生产的社会结构仍占主导地位，亲属关系在社会制度中起着决定性的作用，当时物质资料生产的社会结构中的生产关系，主要反映的还是人本身生产的社会结构中的亲属关系，而不是阶级关系。因之，血缘关系是当时人们的经济关系的基础，基于血缘关系而产生的"亲亲"之情，到此时才发展完备，后来成了维系孝观念的感情纽带。这样，在父系氏族社会，孝观念形成的两个前提条件都粲然大备了，孝观念的发生自是瓜熟蒂落、水到渠成的事。

二、关于中国父系氏族公社的年代范围

以上我们论述了孝观念产生的前提条件具备于父系氏族社会，这就产生了一个新的问题：中国的父系氏族公社应从何时算起？怎样划定它的年代范围？解决了这个问题，才能运用具体材料来论证孝观念的产生时间。

中华文明源远流长，中国人常常喜欢说"自从盘古开天地，三皇五帝到如今"。但盘古开天地渺不可寻，而三皇的传说也历来众说纷纭，莫衷一是，实难探求。因而，中国传说时代的历史，还是从五帝时开始为比较可靠，《尚书》记史"独载尧以来"，《史记》则上溯至"五帝"，都是有其道理的。

《国语·晋语四》说："昔少典氏娶于有蟜氏，生黄帝、炎帝。黄帝以姬水成，炎帝以姜水成。成而异德，故黄帝为姬，炎帝为姜。"少典氏娶有蟜氏的女子为妻，既言"娶"，当是女方嫁到男方来，似乎少典氏与有蟜氏为两个可以通婚的父系氏族。但还不能就此视为定论，也有可能是记载者用后人眼光来看待古代事物才这么说的，后来黄帝、炎帝由少典氏族分出，分别迁徙到姬水与姜水之滨定居，逐渐强大起来，过渡到父系氏族公社，又发展到部落以致部落联盟，这就是所谓"成而异德"。黄帝、炎帝同出于少典氏，这种"血缘亲属关系是联盟的真实基础"[①]，从黄帝时开始的不断的战争，也

---

① 《马克思恩格斯全集》第21卷，第109页。

经史求识录

显然是原始部落联盟间的战争。在历史上，黄帝、炎帝之前没有称为"帝"的，所谓"帝"，实际上是中国原始社会部落联盟时期军事首长的称谓。① "五帝"是一个特定的历史时代的称谓，黄帝代表这个时代的初期，大概已经进入了氏族社会的部落联盟和军事民主制时期。

那么，黄帝时的世系是否已由女系计算过渡到按男系计算了呢？即是否已完全进入父权制时代了呢？目前还没有直接的材料可做证据。业师金景芳先生在《中国古代思想的渊源》②一文中，通过马克思主义理论的说明和古文献材料的论证，断言"由颛顼开始，已过渡到按男系计算即已进入父系氏族公社，是没有问题了"。据我的理解，金老将这个断限定于颛顼时代，是说至少颛顼之时已完全进入父系氏族公社了，而颛顼之前则无法确定。所以，金老的结论言之有据而不含揣测之辞，足可信据。长于传说时代古史研究的徐旭生先生认为，帝颛顼时代是我国古史上第二个巨大变化的时期，他说："大约帝颛顼以前，母系制度虽然已经逐渐被父系制度所代替，但尊男卑女的风习或尚未大成。直到帝颛顼才以宗教的势力明确规定男重于女，父系制度才确实地建立。"③这种看法与金老的研究结论是一致的，颛顼实在是一位划时代的重要人物。《国语·楚语》说，在颛顼之时，就"使名姓之后，能知……氏姓之出而心率旧典者为之宗"，氏是男子的族系标志，只有世系按男系计算才会有族系之分。

为充实和印证上面的结论，这里有必要再补充一些考古学上的材料。

我们知道，大汶口文化的遗址遍布于黄河中下游南岸和淮河北岸的广大地区，它所概括的时间大约为公元前4000年到公元前2000年。从其墓葬来看，大抵可分为三期。早期墓葬的葬式有单人葬、同性合葬、集体多人合葬和母子合葬，反映的是典型的母系氏族的葬俗。④ 至于随葬品，"一般墓葬都有数量不多、质地相近的少量随葬品，主要是陶器和装饰品等生活用品，很

---

① 金景芳：《中国奴隶社会史》，上海人民出版社，1983年，第2页。
② 《社会科学战线》1981年第四期。
③ 徐旭生：《中国古史的传说时代》，文物出版社，1985年，第85页。
④ 黎家芳：《从大汶口文化葬俗演变看其社会性质》，载《大汶口文化讨论文集》，齐鲁书社，1979年，第191页。

少用生产工具随葬"①。这说明当时已有了生产工具，而随葬品已不再有半坡遗址与姜寨遗址那种普遍地女高于男的状况，似可说明随着生产的发展，男子的社会地位已经有所提高。但不管怎么说，早期墓葬反映的是母系氏族公社的情况，则毋庸置疑。

中期墓葬反映公元前 3000 年以近的情况，与早期墓葬大不相同。葬式上的最明显变化是"出现了年龄相若的成对成年男女合葬的习俗，而早期的同龄合葬墓和集体多人合葬墓已消失"②。这一变化具有极其重要的意义，同性合葬墓与集体多人合葬墓的消失，似可表明母系氏族已经不复存在，至少也可说明母系氏族已向父系制转变。而年龄相若的成对成年男女合葬，实可看作父系氏族也已形成的重要标志，至少也可说明在多数情况下父系氏族已经产生。比较典型的成年男女合葬墓如大汶口 13 号墓：

> 成对男女合葬墓"均按男左女右排列，随葬品多放在男性一边"，如大汶口 13 号墓"男性 40 岁左右，女性 30 余岁"，"随葬器物 40 余件，包括鼎、豆、壶、罐、盉、鬶、盔形器等陶制生活器皿和石铲、鱼镖、骨镞、骨镰以及象牙雕刻物、猪头等"。14 个猪头单独放在靠近女性一边的小坑内。③

这对男女很像是一对夫妻，不仅"年龄相若"，而且女性身边也有随葬品——14 个猪头，不像是妾奴。夫妻合葬，或者说妻随夫葬，说明当时已实行个体婚制，女人已归属于丈夫的世系，这是父系氏族已经形成的确证。此外，男女合葬墓还明显地表现出男女地位的差异，由女尊男卑变成了男尊女卑，如大汶口 1 号墓：

---

① 黎家芳：《从大汶口文化葬俗演变看其社会性质》，载《大汶口文化讨论文集》，齐鲁书社，1979 年，第 191 页。

② 黎家芳：《从大汶口文化葬俗演变看其社会性质》，载《大汶口文化讨论文集》，齐鲁书社，1979 年，第 194 页。

③ 黎家芳：《从大汶口文化葬俗演变看其社会性质》，载《大汶口文化讨论文集》，齐鲁书社，1979 年，第 194 页。

"坑长 2.5、宽 1.4、深 0.4 米。北壁有一向外扩出的小坑，长 1.8、宽 0.2 米，底部略高，女性即葬于这一小坑内。男性处于坑的中央。"而 40 多件"随葬品集中男性一边，女性仅颈部佩一玉管，右腰间放一龟甲"。①

这位女子不像是男性之妻，不仅葬式较男性低下，而且随葬品只有一点点装饰物。但不管是不是妻子，这里所表现的男女尊卑的不同，也从另一角度反映着父系氏族公社才有的特点。

晚期墓葬反映公元前 2000 年左右的情况，此时已进入夏代，父权制的确立是没有问题的。值得注意的是，本期墓葬与中期相比，在葬式上并没有什么区别。这种情况，不是恰恰反证了中期墓葬的年代已经进入父系氏族了吗？

大汶口墓葬中期所代表的年代，大抵与历史传说中的五帝时代相重合。考古学的成果证明了，我们将五帝时代，尤其是自帝颛顼以后看作是父系氏族公社阶段，是有道理的。

当然，由母系向父系的过渡，各个氏族的发展是不平衡的。金老说："商周二代的祖先，从契和后稷才开始进入父系氏族公社，而虞夏则较早。虞始于颛顼，……夏则也应是始于颛顼。"② 所以，我们说中国自颛顼时代已完全进入父系社会，当是指活动于中原的虞部落及夏人祖先崇部落，至于活动于北方的商人及西方的周人，进入父系氏族公社阶段的时间，大约要到尧舜时代。

夏后启建立夏王朝，可看作是中国父系氏族公社解体的标志。但氏族公社的解体也是不平衡的，夏王朝的建立表明了国家的部分出现，在代表奴隶制的夏王朝权力所及的范围内，还存在正向国家转化的部落，整个夏代四百多年，都具有从氏族制度向奴隶制国家过渡的性质。

综上所论，中国的父系氏族公社，当产生于古代传说中的五帝时代前

---

① 黎家芳：《从大汶口文化葬俗演变看其社会性质》，载《大汶口文化讨论文集》，齐鲁书社，1979 年，第 195 页。

② 金景芳：《中国古代思想的渊源》，《社会科学战线》1981 年第四期。

期，而以颛顼时代为完全成熟的标志，发展于尧舜禹时代，至夏朝的建立开始解体。这一时期在原始社会发展史上可称为部落社会时期或原始社会衰亡期，属于部落联盟和军事民主制时期。相当于原始考古学上的新石器时代末期到铜石并用时代，亦即考古学上的大汶口文化、龙山文化及齐家文化时期。

三、孝观念产生于父系氏族社会的文献证据

从理论上讲，说孝观念形成于父系氏族公社时期，是完全符合于马克思主义的。我们在第一部分已经多次引用恩格斯的论断，来说明个体婚制对于人类文明所起的巨大作用，恩格斯在《家庭、私有制和国家的起源》中还进一步明确地指出：一夫一妻制家庭"是在野蛮时代的中级阶段和高级阶段交替的时期从对偶家庭中产生的；它的最后胜利乃是文明时代开始的标志之一"①。"在历史上出现的最初的阶级对立，是同个体婚制下的夫妻间的对抗的发展同时发生的，而最初的阶级压迫是同男性对女性的奴役同时发生的。个体婚制是一个伟大的历史的进步，但同时它同奴隶制和私有财富一起，却开辟了一个一直继续到今天的时代，在这个时代中，任何进步同时也是相对的退步，一些人的幸福和发展是通过另一些人的痛苦和受压抑而实现的。个体婚制是文明社会的细胞形态，根据这种形态，我们可以研究文明社会内部充分发展着的对立和矛盾的本来性质。"② 恩格斯的这一论点，在中国古代文献中竟也有着鲜明的反映，兹举数例为证：

> 有天地然后有万物，有万物然后有男女，有男女然后有夫妇，有夫妇然后有父子，有父子然后有君臣，有君臣然后有上下，有上下然后礼义有所错。（《周易·序卦》）
>
> 夫礼始于冠，本于昏，重于丧祭，尊于朝聘，和于射乡，此礼之大体也。（《礼记·昏义》）

---

① 《马克思恩格斯选集》第四卷，人民出版社，1972年，第57页。
② 《马克思恩格斯选集》第四卷，人民出版社，1972年，第61页。

经史求识录

> 男女有别，而后夫妇有义；夫妇有义，而后父子有亲；父子有亲，而后君臣有正。故曰昏礼者，礼之本也。（同上）
>
> 男女有别，然后父子亲；父子亲，然后义生；义生，然后礼作；礼作，然后万物安。无别无义，禽兽之道也。（《礼记·郊特牲》）
>
> 君子之道造端乎夫妇，及其至也，察乎天地。（《礼记·中庸》）
>
> 夫妇之道，不可不正也，君臣父子之本也。（《荀子·大略》）

这些言论集中说明了一个道理，即都认为父权制是文明社会一切礼义法度的起点，人类所有文明都发生于个体家庭建立之后。这里所反映的观点，与恩格斯所说的"个体婚制是文明社会的细胞形态"这一伟大论断有着实质上的一致性。金老认为，这些言论组成了一个思想体系，代表了儒家对于历史文化的总体认识，他说："这种观点绝不是偶然涉及，而是真正认识了它，并且用它作为整个思想体系的核心。我们研究中国奴隶社会乃至封建社会的思想，将会看到有许多亲亲、尊尊、仁义、礼法等等概念，这绝不是杂乱无章的，而是有体系的。如果探讨这个体系的根源或起点，很自然就要追溯到原始时代的父权制。"[①] 确乎如此，即以我们现在所研究的孝道而论，要探讨它的起源，也非追溯到原始社会的父权制时代不可。你看，"有夫妇然后有父子"，"夫妇有义而后父子有亲"，"男女有别然后父子亲"，这岂不都是说，有了男尊女卑的父权制家庭以后，才产生了父子间的亲情和权利义务吗？"有父子然后有君臣"，"父子有亲而后君臣有正"，这岂不是说，有了家庭中父子间的尊卑上下之后，才出现了国家，并将父子间的关系扩展到君臣关系之中吗？按照这个说法，孝的观念的形成，当然应该是在父权制确立之后，国家出现之前，还有什么不明确的呢？这些古文献材料是十分宝贵的，关键在于我们如何去认识它，只有做到融会贯通，才能领悟其深邃的思想内涵，并获得认识事物的门径。

中国古文献中不仅有对于孝观念产形成时代的理论说明，而且有着孝观念形成于父系氏族公社的事实证据。帝喾之前难以找到这方面的记载，而尧舜禹时代的史料就比较多了，我把它们大体分成四类，兹分述之。

---

① 金景芳：《中国古代思想的渊源》，《社会科学战线》1981年第四期。

第一类，尧舜之时已有了以孝化民的事实。《尚书·舜典》说：

> 帝曰：契！百姓不亲，五品不逊，汝作司徒，敬敷五教，在宽。

这里讲的"五教"指的是什么呢？《左传》文公十八年说：

> 举八元，使布五教于四方：父义、母慈、兄友、弟共（恭）、子孝。

《孟子·滕文公上》说：

> 人之有道也，饱食暖衣，逸居而无教，则近于禽兽。圣人有忧之，使契为司徒，教以人伦：父子有亲，君臣有义，夫妇有别，长幼有序，朋友有信。

对比《左传》与《孟子》对"五教"的解说，当以前者为确，《史记·五帝本纪》采用的就是《左传》的说法。"父义母慈兄友弟恭子孝"，是谓"五教"，这符合于当时的历史情况。《国语·郑语》说："商契能和合五教，以保于百姓者也。"舜之时尚无国家，当然没有君臣，五教亦即五礼，讲的全是家庭内部的行为规范。《孟子》以"五伦"解之，不符合原意，当为孟子所改，以符合当时的政治状况，具有了明显的阶级内容。《荀子·成相篇》说：

> 契为司徒，民知孝弟、尊有德。

这些史料都说明，尧舜时代已将孝作为家庭之礼来推崇，用以教化百姓，使家庭和睦稳定。

第二类，父系氏族公社时期已有宗庙。《尚书·甘誓》说：

> 用命，赏于祖；弗用命，戮于社。

这是启灭有扈氏的战前誓命，是夏初已有宗庙的确证。但宗庙之产生肯

经史求识录

定在此之前，起源于父系氏族公社时期。《国语·鲁语上》引展禽曰：

> 有虞氏禘黄帝而祖颛顼，郊尧而宗舜。夏后氏禘黄帝而祖颛顼，郊鲧而宗禹。商人禘舜而祖契，郊冥而宗汤。周人禘喾而郊稷，祖文王而宗武王。

"禘"，是宗庙祭名，"有虞氏禘黄帝而祖颛顼"，说明尧舜之时已行此庙祭之礼。《释名·释宫室》说："庙，貌也，先祖形貌所在也。"可知宗庙实为祖先崇拜的一种表现形式。金老在《中国古代思想的渊源》[①]一文中对父系氏族公社时期的宗庙问题有过专门论述，认为尧舜禹时代"作为团结血缘亲属关系的精神中心，已有宗庙"，其结论是符合于历史实际的。作为祖先崇拜的产物，宗庙的作用不会超出有血缘亲属关系的家族范围。而祭祖所表现的"报本反始"、不忘其初的情感意向，正是孝观念产生的契机之一，而在孝观念形成以后，它又不断地启示和强化人们的这种意识。

第三类，尧舜禹之时已行养老之礼。《礼记·王制》说：

> 有虞氏养国老于上庠，养庶老于下庠。夏后氏养国老于东序，养庶老于西序。……有虞氏皇而祭，深衣而养老，夏后氏收而祭，燕衣而养老。（并见于《礼记·内则》）

《礼记·祭义》说：

> 昔者有虞氏贵德而尚齿，夏后氏贵爵而尚齿，殷人贵富而尚齿，周人贵亲而尚齿。虞、夏、殷、周，天下之盛王也，未有遗年者，年之贵乎天下久矣，次乎事亲也。

敬老养老本是原始社会的一种美德。物质资料的再生产，使人们逐渐重视文化的代代传递，对具有丰富经验的前辈产生敬重与爱戴之情；而人类自身的

[①] 《社会科学战线》1981年第四期。

再生产，又使人们从血缘上崇敬长者，产生"报本反始"的意向。所以，敬老养老本是生产力发展到一定程度后自然产生的社会习俗，它在母系氏族公社时即已形成，所谓"人不独亲其亲"（《礼记·礼运》）是也。但从上引材料中可知，尧舜禹时代的提倡养老尚齿，实已超出了自然习俗的范围，而成了一种礼仪形式和教化手段，它不是要求对于传统美德的简单恢复，而是具有了新的深刻含义。这种养老之礼的目的何在？在以一夫一妻制家庭为主要生产单位的父系氏族公社时代，它的目的当然在于劝化人们敬养老人，以此协和家庭关系，使部落稳定和生产发展。"庠""序"为当时学校之名，《礼记·王制》陈澔注曰："行养老之礼必于学，以其为讲明孝弟礼义之所也。"《白虎通义》更一语道破了养老之礼的实质目的，在于"陈孝弟之德以示天下"。由此可知，养老之礼实可看作孝观念产生以后才实行的一种礼仪，尧舜禹时代既已有了行养老之礼的事实，孝观念的早已形成自是没有问题的了。

第四类，关于虞舜孝行的传说。传说虞舜是一位孝亲的典型，《尚书·尧典》说：

> 虞舜……瞽子，父顽、母嚚、象傲。克谐以孝，烝烝乂，不格奸。

依据这条材料，参照《孟子》《史记·五帝本纪》等文献的记载可知，舜的家庭极为复杂与不幸：父亲是个顽固而不知好坏的老头子[①]，后母是个自私自利的老太婆[②]，异母弟象又是个倨傲不悌的家伙[③]，他们觊觎舜的财产与妻室[④]，甚至多次合伙谋害他[⑤]。在如此家庭环境中，舜能够奉行孝友，极

[①] 《尚书》伪孔传："无目曰瞽，舜父有目不能分别好恶，故时人谓之瞽。"又曰："心不则德义之经为顽。"

[②] 《史记·五帝本纪》："舜母死，瞽叟更娶妻而生象。"贾谊《道术篇》："亲爱利子谓之慈，反慈为嚚"，"弟敬爱兄谓之悌，反悌为敖。"

[③] 同上。

[④] 《孟子·万章》："象曰'……牛羊父母，仓廪父母，干戈朕，琴朕，弤朕，二嫂使治朕栖。'"

[⑤] 见《孟子·万章》《史记·五帝本纪》。

经史求识录

尽人子人兄之道①，使家庭关系日益趋于正常，终未出现相互残害的恶果。正因如此，舜的孝行成了他作为尧的继承人的重要条件之一。《孟子》的很多篇都谈到虞舜，把他作为孝子的标兵，尤其《万章》上篇，全篇通过孟子与万章讨论虞舜孝行的谈话，展示了一位丰满生动的孝子形象。孟子甚至认为："尧舜之道，孝弟而已矣"（《孟子·告子下》），《荀子·大略篇》也曾谈到过"虞舜、孝己孝而亲不爱"的史实。据此，我们有理由认为，虞舜孝亲的传说是历史中确乎存在的。疑古派的学者们不肯相信这些传说，但却提不出什么过硬的否定证据。在地下史料尚极为缺乏且不成系统的今天，我们研究传说时代的历史，当然理应以文献为主。诚然，关于虞舜孝亲的众多传说，不一定全是事实，很可能含有一些理想化的成分，为了现实需要而粉饰古人。但运用唯物史观来客观地分析这些传说，则不难看出，其中终究还是表现出了真实的历史进程的轨迹，不可能完全是编造的。

综上所述之文献证据，已足资证明，孝的观念在父系氏族公社时期已经形成了。但还应明确，此时的孝观念还远远不同于后世作为德目之一的孝道，因为阶级和国家尚未产生，这时的孝观念只是一种敬亲爱亲的感情，并未超出自然之性，尚不具有阶级性。

（原载《松辽学刊》1992年第二期，人大复印资料《伦理学》1992.7转载）

---

① 《史记·五帝本纪》：舜"顺事父及后母与弟，日以笃谨，匪有懈"。

简论老庄的孝道观

　　随着东周礼乐文化的日趋瓦解，由三代而来的传统孝道也日益走向了式微。但是，孝道的衰微并非其自身的灭亡，而是发生了结构的转化，开始由奴隶制的观念向封建型伦理转变。在人类的精神生产进步中，最活跃的是知识文化的增长，假若将孝道看作一个独立系统的话，这个观念系统如不能增进和吸收新的知识信息，则必然要逐渐沉寂和枯竭，这就像一个生命系统，如果不和外界进行物质交换而不断摄入新的能量，也就必然会走向无序和死寂。孝道作为一种道德，由其本身的特质来看，它也绝不是一个封闭自足的理论体系，它要向前发展，就需要生长和补充新的文化与思想内容。而用以充实和修正传统孝道的新的文化与思想内容，则主要来自春秋战国思想界。因此，考察先秦诸子对传统孝道的认识与发展，对于全面认识孝道发展演变的历史，实具有重要意义。关于儒、墨、法各家对传统孝道的认识，我已有专文论述，这里准备单独谈谈以老子、庄子为代表的道家孝道观。

　　从整个思想体系来看，先秦道家是要从根本上超越道德，主张返归于"无名之朴"的。所以，他们认为所谓"孝"，无论其名称或现象都是人类堕落之后所产生的一种不祥的东西，应该和仁、义、礼、乐、圣、智等等同归于毁灭。这便是道家对孝道的总体认识，以下拟通过对老、庄论孝道之有关问题的简略分析，来论证上述论点。

　　老子是道家之祖，他所以称为道家，主要在于他把"道"作为其整个思想的基础和核心，他认为"非常道"是由"常道"产生的，并从而建立起一套独步千古的唯心主义形而上学体系。这里不准备对老子哲学的本身多加探讨，其哲学思想表现在政治上是主张倒退，回到"小国寡民"的原始社会去，这一点也是众所周知的。他说："小国寡民，使有什伯之器而不用，使民重死而不远徙，虽有舟车，无所乘之，虽有甲兵，无所陈之。使人复结绳

经史求识录

而用之,甘其食,美其服,安其居,乐其俗,邻国相望,鸡犬之声相闻,民至老死不相往来。"① 怎样才能回到"小国寡民"的理想国去呢?老子主张尊任自然,无为而治,他认为举凡仁、义、礼、智等文明社会才产生的东西,都是败坏道德,伤害人性的,只有排除这些人为的因素,"绝仁弃义""绝圣弃智",才能回复人类纯朴的德性,社会才能变好。《老子》说:

> 圣人不仁,以百姓为刍狗。(第五章)
> 大道废,有仁义;慧智出,有大伪;六亲不和,有孝慈。(第十八章)
> 绝圣弃智,民利百倍;绝仁弃义,民复孝慈。(第十九章)
> 失道而后德,失德而后仁,失仁而后义,失义而后礼。礼者,忠信之薄而乱之首也。(第三十八章)

很明显,在老子看来,仁、德、义、礼、智包括孝、慈的出现,并非社会的进步,而是社会倒退的表现,是人类日益堕落的结果,所以都在应当销毁之列。由上述观之,在对待孝的问题上,老子比墨子走得更远:墨子虽不承认孝在哲学上的地位,但还承认其伦理上的地位,老子则认为孝是文明社会中因"六亲不和"才产生的虚伪的束缚自然人性的东西,根本不承认它在哲学或伦理上的地位,不承认它对社会的作用。

不过,这里还应着重指出,老子所反对的"孝",只是阶级社会中作为一种观念、一种道德规范或人为礼法的"孝道",绝不是不承认亲子之情。《老子》一书中曾反复强调重母的观点,如:"而我独顽似鄙,我独异于人,而贵食母","无名万物之母","可以为天下母","天下有始,以为天下母。既得其母,以知其子;既知其子,复守其母,没身不殆"等等,老子为什么重母?业师金景芳先生有多篇文章谈到这个问题,认为老子重母性、重柔弱的观点,当渊源于殷易《归藏》,《归藏》又叫《坤乾》,以其六十四卦排列首坤次乾而得名。《周易》重父统,重"尊尊",反映周代社会的特点,《归藏》重母统,重"亲亲",反映殷以前社会母权制的残余。② 老子继承了《归

---

① 《老子》第八十章,《诸子集成》第三册,中华书局,1954年,第46-47页。
② 金景芳:《中国奴隶社会史》第四章第五节,上海人民出版社,1983年。

藏》重坤道的思想，所以对于以重父统为思想基础和表现特征的周代礼乐文化包括典章制度都十分不满，而向往重母统的母权社会。正由于重母统坤道，所以老子常常赞美人间慈母的无私的爱心，他说：

> 我有三宝，持而保之。一曰慈，二曰俭，三曰不敢为天下先。①

自谓其生命中的三宝，首先就在于其母德之慈。又说：

> 道生之，德畜之，长之育之，亭之毒之，养之覆之，生而不有，为而不恃，长而不宰，是谓玄德。②

人间慈母的爱，与"道"的生成长养万物一样，是最无条件的。慈母不会因为自己的爱而拘牵子女，而是以放任自然的方式来使他们成长。在老子看来，"慈"是母体天生的自然之爱，"孝"则是子女自觉的反哺之情，这些都不是人为的，唯其天生自然，故为可贵。若用仁、孝、礼、慈等道德教条去匡正它，那反倒是削其本性。所以，亲子之间不应相互拘累，不可用人为的反自然的"孝"一类东西去负担，无为才是真正的孝。也就是说，阶级社会所标榜的"孝道"从根本上剥夺了人性中最美好的东西，只有排除它，才可能回复到那种原始的真正意义上的孝，而真正的孝也不一定非要有个"孝"的名称，这是一种"无名之朴"。看来，老子对孝道的论述，其观点与儒、墨两家都存在着根本的对立。

战国时期道家最著名的人物是庄周，他基本上祖述老子的思想，同时又有所发展，进一步完善了道家学派的理论。在政治上，庄子向往"至德之世"，他认为当时社会之所以千疮百孔，坏就坏在人们总是想方设法来医治这个社会。即是说，天下之所以乱的病根就在于治，越治越乱，只有任其自然，回到太古洪荒时代去，才能真正大治。《庄子·胠箧》说："子独不知至德之世乎？昔者容成氏、大庭氏、伯皇氏、中央氏、栗陆氏、骊畜氏、轩辕

---

① 《老子》第六十七章，《诸子集成》第三册，中华书局，1954年，第41页。
② 《老子》第五十一章，《诸子集成》第三册，中华书局，1954年，第31-32页。

氏、赫胥氏、尊卢氏、祝融氏、伏羲氏、神农氏，当是时也，民结绳而用之，甘其食，美其服，乐其俗，安其居，邻国相望，鸡狗之声相闻，民至老死而不相往来。若此之时，则至治已。"可见，庄子憧憬的所谓"至德之世"，实际是原始社会的早期。由于崇尚"自然""无为"，庄子在人性问题上也继承老子"复归于朴"的主张，提倡"求复其初"，他认为人性就是"天下有常然"，任其自然才是最完美的人性，这叫作"性命之情"①。而"不以心捐道，不以人助天"②，一切任其自然，就成了庄子人性论的纲领。《缮性》篇说："缮性于俗学，以求复其初；滑欲于俗思，以求治其明；谓之蔽蒙之民。"这里提出的所谓"求复其初"，即主张使人性复归于蒙昧时代。既然庄子认定自然纯朴的人性是最圆满的，所以他反对文明社会以来的所有人为的礼仪，认为仁义道德之类并不是什么美好的德性，而恰恰是伤害完美人性的败坏道德的东西。《庄子》一书继承老子"绝仁弃义"的思想精神，极力排斥仁义，如：

> 自虞氏招仁义以挠天下也，天下莫不奔命于仁义，是非以仁义易其性欤？故尝试论之，自三代以下者，天下莫不以物易其性矣。（《骈拇》）
> 请问仁义之性耶？……夫子亦放德而行，循道而趋，而至矣！又何偈偈乎揭仁义，若击鼓而求亡子焉！意夫子乱人之性也。（《天道》）

此言仁义那一套与人性是绝不相容的，它是文明社会以来"以物易性"的结果。但是，人们为什么要创造和推行仁义礼智这些东西呢？《大宗师》篇说："泉涸，鱼相处于陆，相呴以湿，相濡以沫，不如相忘于江湖。""鱼相忘乎江湖，人相忘乎道术。"按此说法，则人世间之大倡礼义道德，恰反映了人们缺乏礼义道德，如果礼义道德并不稀罕，人们还提倡它做什么呢？这就好比泉涸而鱼类相处于陆地，才觉得了相呴以湿、相濡以沫之可感，假使纵游于江湖之中，这点可怜的湿、沫又怎会引起重视！正所谓"道德不

---

① 《庄子·骈拇》，《诸子集成》第三册，中华书局，1954年，第54页。
② 《庄子·大宗师》，《诸子集成》第三册，中华书局，1954年，第37页。

废，安取仁义？性情不离，安用礼乐？……毁道德以为仁义，圣人之过也"[①]。看来，只有"攘弃仁义"，回到"至德之世"去，人的德性才能与"大道"混而为一。

既然仁义道德有悖于自然的人性，那么作为伦理道德的"孝"呢？按照庄子的理论，它当然也是人性堕落扭曲之后才出现的观念，人们提倡孝，恰恰表明这个社会已经道德蝉蜕，六亲不和了。所以，孝也应与仁义礼智一同除掉。关于这一观点，《庄子·天运》篇有较为透彻的阐发：

> 商大宰荡问仁于庄子。庄子曰："虎狼，仁也。"
> 曰："何谓也？"
> 庄子曰："父子相亲，何谓不仁？"
> 曰："请问至仁？"
> 庄子曰："至仁无亲。"
> 大宰曰："荡闻之，无亲则不爱，不爱则不孝。谓至仁不孝，可乎？"
> 庄子曰："不然，夫至仁尚矣，孝固不足以言之。此非过孝之言也，不及孝之言也。夫南行者至于郢，北面而不见冥山，是何也？则去之远也。故曰：以敬孝易，以爱孝难；以爱孝易，以忘亲难；忘亲易，使亲忘我难；使亲忘我易，兼忘天下难；兼忘天下易，使天下兼忘我难。夫德遗尧舜而不为也，利泽施于万世，天下莫知也，岂直太息而言仁孝乎哉！夫孝悌仁义、忠信贞廉，此皆自勉以役其德者也，不足多也。故曰：至贵，国爵并焉；至富，国财并焉；至愿，名誉并焉。是以道不渝。"

这段对话集中表达了庄子对于仁、孝的具体看法，其中讲出了三个重要问题。

第一，虎狼仁也。虎狼是凶狠残忍的猛兽，因为它是靠残杀其他动物来谋生的，所以最为凶恶不仁。但这只是从世人的角度来看的，如果能够超离以人类利益为出发点的狭隘立场和视角，则不难看出，虎狼也是"仁"的，因为它"父子相亲"，残杀别的动物也常常是为了养活后代，这也不能不谓

[①] 《庄子·马蹄》，《诸子集成》第三册，中华书局，1954年，第57-58页。

仁爱，只不过虎狼无心去表现什么仁爱而已。如此说来，像虎狼这种纯然出于天籁的不加雕饰的亲子之爱，才是至慈至爱，无愧于仁。反之，像人类的父子间加上许许多多的礼文，甚至由此淹没了人的本性，倒不一定是什么真正的仁爱，只是起了个"仁""孝"的名目而已。

第二，至仁无亲。至仁是最崇高无上的仁，孝道根本说明不了它，因为孝道不可能达到至仁的境界。人有亲疏之分本是一种狭隘的世俗之见，泯灭亲疏之别才符合于"道"，"无亲"也就是忘亲，忘亲忘孝才可通达至理，爱得广普和泛全。因为最高的道德是超离于名言之外的，任何名词都不足以概括它，任何语言都不能够表现它，爱和孝等德目若一旦点出，便会滞于名言的畛域，不能够远超方外，当然达不到至高境界的仁。所以庄子又说："有亲，非仁也。"[①] 在庄子看来，用亲爱行孝要难于用恭敬行孝，因为现于外表的恭敬不一定是出于内在的爱心，保不定是虚情假意或矫伪做作，所以内在的爱心比外在的恭敬更为难能可贵；以恭敬和爱心来实践孝道也还不难，常人可以做得到，更难得的便是忘记，忘胜于爱。只有忘却父母，并使父母忘却我，各自去掉人文而还其本来面目，才能实现自我，也实现他人的真实生命。这里表现了儒道两家对于人的价值实现的完全相反的理解：儒家将人完全局限于社会的"五伦"之中，个体生命存在一天，便要以道德实践去开发生命价值的无限；道家则主张解放人的个体，人生价值的实现，并不是去投入和负担责任，而是要超越，要放开，以放开来实现自我，这同时也正是使他人能够实现自我。

第三，至礼不人。与"至仁无亲"相联系，庄子进一步认为，孝悌仁义、忠信贞廉等道德教条，都是用来勉强、改造和劳役人们的天性的，因此不值得赞美和推许，而应该超越道德礼文的限制，以返璞归真。所谓"夫孝悌仁义、忠信贞廉，此皆自勉以役其德者也，不足多也"，说的就是这个意思。关于这一点，《庄子·庚桑楚》篇说得更明确些：

  蹍市人之足，则辞以放骜，兄则以妪，大亲则已矣。故曰，至礼有不人，至义不物，至知不谋，至仁无亲，至信辟金。

[①]《庄子·大宗师》，《诸子集成》第三册，中华书局，1954年，第38页。

假若不慎而踩了市上陌生人的脚，那么必须向人家致歉和解释，说自己放纵傲慢，以希求对方的原谅；若不小心而踩了兄弟的脚呢？则不必怎样自责和道歉，只需抚慰一番也就是了；若果父踏子足，由于父子至亲，那便连抚慰也用不着，因为对于父亲的无心之失，为子者是决不会责怪的，根本无须词费。由此例可知，人际关系越近，礼便越是简约；反之，礼越繁厚，则表明人越疏远。因为对方陌生则易致误会，礼貌文饰必须周到，双方关系近则彼此信任，礼貌文饰便用不着。以此理推之，简约到了无礼的程度，其实反倒是至礼，只是貌似无礼而已。所谓"至礼有不人"，即是说最高境界的礼是不分人与我的，超越言文的。既然已经分不开人与我的界限，还要那形式化的礼文何用？看来，礼的客观效用便是表现人际距离的，而礼所表现的孝悌仁义、忠信贞廉之类的道德，也只能是道德沦丧之后才产生的用以限制人们天性的精神枷锁，不但不值行赞美，而且理应予以扫除。

　　总而观之，由于老、庄道家主张超越道德，不承认孝在哲学和伦理、政治上的地位，所以孝道在其学说中并不受到如何的重视。在传统孝道向封建伦理转化的过程中，道家所起的作用并不大，用以充实和修正传统孝道的新观念，主要当来自儒家。但是，老、庄孝道观重视亲子间的精神感通，讲求莫逆于心，反对繁文缛节，却是具有一定意义的，对于中国孝文化的最终形成是有影响的。此外，老、庄的"绝仁弃义"之说对法家韩非的影响也比较直接。

（原载《松辽学刊》1993年第二期，人大复印资料《伦理学》1993.7转载）

经史求识录

论孔子对西周传统孝道的继承和发展

早在殷周之际，伦理道德思想就已取代了宗教思想，形成了中国传统文化的基础。在这样的文化背景下，孝道作为维护宗法奴隶制血亲关系的一种观念，很快在西周得以盛行，成为礼乐文化的重要内容之一。然而，在春秋战国之世，随着宗法奴隶制度的日趋瓦解，西周传统孝道也日益走向衰微，开始向封建伦理转化和过渡。在这一转化过程中，孔子起了相当大的作用，他对西周传统孝道的继承与发展，巩固了西周以来所形成的中国文化的伦理道德的发展方向，至西汉方始完成的以孝为核心的新型的封建伦理秩序，其中心的内容即来源于孔子。

孔子生活在春秋末叶，距西周初已有 500 年之久，周初形成和确立的那些道德观念与政治制度已出现了明显的颓败之势，如司马迁所说，这是一个"周室既衰，诸侯恣行，……礼废乐崩"[1] 的时代。孔子出身于贵族家族，他所生活的鲁国又是周公旦后人的封地，保存着大量的西周文化典籍。他是在周文化熏陶下成长起来的，对西周传统的思想和制度极为赞成与拥护。在孔子看来，当时社会之所以乱，其主要原因即在于周礼的崩溃。所以，他一生致力于挽救西周传统思想和制度的崩坏趋势，而他所提出的挽狂澜于既倒的方法，就是"复礼"。"复礼"，实即恢复西周的礼乐文化。孔子的"复礼"，首先讲"正名"，即用礼所规定的等级名分来约束诸侯的僭越行为。其次讲"克己"，即用礼的要求来约束自己的行为。这表明，孔子对于西周传统的伦理道德观念是持完全继承态度的。而孝道在西周礼乐文化中占有极其重要的地位，很多道德观念和制度，都是以孝为中心而展开的。所谓"孝，礼之始也"[2]，"孝，文之本

---

[1] 《史记·太史公自序》，《史记》卷一百三十，中华书局，1959 年，第 3310 页。
[2] 《左传》文公二年，《十三经注疏》下，中华书局，1980 年，第 1839 页。

也"①，都说明孝是礼（包括整个政治，人文）所表现的重要内容。如此推论，孔子对周初以来所大力提倡的孝道，是持完全肯定的态度的这一点无须多加论证。

事实上，孔子对西周传统孝道不仅仅是全盘肯定和继承，而且予以了极大的发展。孔学的重要特点是以孝悌伦理为基础，孔子所有思想包括仁、礼、政等等，都是建立在伦理道德基础之上的，而孝悌伦理正好比孔学大厦的基石，也是中国传统文化的基石。

那么，孔子对于西周传统孝道有哪些重要的发展和贡献呢？这可以由以下四个方面来认识。

首先，孔子为传统孝道的合理性找到了人性的根基，解决了孝道存在的哲学前提。周公制礼作乐，孝道成了礼乐文化所表现的重要内容之一，但礼坏乐崩之后，传统礼制的内在精神已经失去，即宗法奴隶社会的血缘亲亲之情已逐渐丧失，所以在春秋末叶，孝道已经失去了原有的地位而日益走向式微②。在这种情形下，孔子要挽救孝道以正世道人心，实为难为之事。孔子高明之处在于，他不再致力于由王室和诸侯的小圈子中去重建宗法的亲和力，而是转向了广大人群所共有的人心之仁，为孝道的合理存在找到了更普遍更坚实的根基。他说："仁远乎哉？我欲仁，斯仁至矣。"③又说："人而不仁，如礼何？人而不仁，如乐何？"④认为仁爱之心是人类所共有的，而礼乐的内在根源就是人心之仁。这样，他就将处理血缘关系的孝的道德扩大了，由适应宗法制度的需要的贵族风扩大为每一个人所必备的起码德行，《论语·学而》说，"子曰：弟子入则孝，出则悌"，即表明了这样的认识。不仅如此，孔子还将孝道由建立家庭间秩序的行为约束力转而为每一个人内心的天性之爱。如《论语·阳货》记载："宰我问：'三年之丧，期已久矣，君子三年不为礼，礼必坏，三年不为乐，乐必崩。旧谷既没，新谷既升，钻燧改

---

① 《国语·周语下》，上海古籍出版社，1988年，第96页。
② 详说见拙著《先秦孝道研究》第五章，台湾文津出版社，1992年。
③ 《论语·述而》，《论语正义》，《诸子集成》本第一册，中华书局，1954年版，第150页。
④ 《论语·八佾》，《论语正义》，《诸子集成》本第一册，中华书局，1954年，第44页。

火，期可已矣。'子曰：'食夫谷，衣夫锦，于女安乎？'曰'安。''女安则为之。夫君子之居丧，食旨不甘，闻乐不乐，居处不安，故不为也。今女安则为之。'"孔子认为，人子之孝父母，全出于内心之安否，而并非来自外在的制约。由此可知，孔子的"仁"的概念提出，由人性的哲学高度为传统孝道找到了根基，将上下等级转而为人人内在平等的人性之仁的显发。这就冲淡了西周传统孝道的贵族色彩，使之士民化，使得行于上层社会具有政治效用的孝道转为全民普遍自觉的行为规范，大大地开拓了孝道的作用范围。

其次，与上一点相联系，孔子提出了"孝为仁之本"的命题。孔子思想的核心之一是"仁"，儒家思想就是以仁为中心的道德思想。所以《吕氏春秋·不二》说"孔子贵仁"，一部《论语》中有58章谈到仁，"仁"字出现了105次之多。那么什么叫"仁"呢？孔子自己语及这个词时多是随方施教，并没有正面做出确切的解释，乃至后人众说纷纭，莫衷一是。如韩愈说"博爱之谓仁"，朱熹说仁是"心之德爱之理"，但都没有说对。最符合于孔子立说之本义的解释，是《礼记·中庸》所说的"仁者人也，亲亲为大"和《孟子·告子上》所说的"仁人心也"。"仁者人也"，是说仁的产生和适用范围都只限于人类，这与庄子所说的"虎狼，仁也"[1] 不同，因为虎狼虽然也是父子相亲，但却不能把这个相亲推广于整个同类。而"仁"则不然，孔子说："君子笃于亲，则民兴于仁。"[2] 此言人类能够将"父子相亲"的"亲"推广于整个人类。所以《吕氏春秋·爱类》说："仁于他物，不仁于人，不得为仁；不仁于他物，独仁于人，犹若为仁。仁也者，仁乎其类者也。"可见，孔子所说的"仁"，其范围只限于人类，并非博爱天地万物。而"亲亲为大"，则是说仁的适用范围尽管是整个人类，但"亲亲"最重要，它是仁的根本。《论语·学而》正式提出了"孝为仁之本"的命题：

> 有子曰：其为人也孝悌，而好犯上者，鲜矣；不好犯上而好作乱

---

[1] 《庄子·天运》："商太宰荡问仁于庄子。庄子曰：'虎狼，仁也。'曰：'何谓也？'庄子曰：'父子相亲，何谓不仁？'"

[2] 《论语·泰伯》，《论语正义》，《诸子集成》本第一册，中华书局，1954年，第156页。

者，未之有也。君子务本，本立而道生。孝悌也者，其为仁之本与！

为什么孝是仁之本？有人说，孔子既讲"泛爱众"，同时又强调笃于亲，这是一种矛盾现象。其实，这里毫无矛盾可言，孔子学说中的"爱人"，是一种由近及远，推己及人的等差之爱，一个人只有先爱其亲，才能推衍于爱人，由父母和血缘亲人推广开去，一直到爱一切人。反之，不爱父母而爱其他人，则是所谓"其所厚者薄，而其所薄者厚，未之有也"[①]。孝为仁之本这一命题，并不是偶然的提及，而是与孔子的整个思想体系密切关联的。这一学说的精神实质是至为深刻的。因为它最符合于人性，它与那种违反人的本性、脱离社会实际道德水准而空唱"专门利人"高调的宗教狂热不能同日而语。同时，其中所包含的深沉博大的人文主义思想和人道主义精神，也要比西方近代思想家所提倡的"博爱"要更自然、更真诚。另一方面，孔子把孝作为仁的根本还有一个重大意义，那就是把社会伦理和个性道德品质修养这两个方面紧密地结合起来，把社会伦理的实现和个人道德修养的完成完全地统一起来，深化和提高了西周传统孝道的实践意义。孝的本义是指子女善事父母，这是每一个人都应该做到而且能够做到的一般行为，但孔子却把它与人生最高原理的"仁"连到了一起，而使之成了"为仁之本"。在孔子看来，"仁"（此指个性品质修养）的实践完全是个人自觉的行为[②]。而奉行孝道（即践履社会关系中的伦理）就是"为仁"的起点。假若每个人都能做到孝悌，则"犯上作乱"者就少，甚至完全见不到了。那么，社会的道德风尚就好了，社会秩序就安定了，也就能够恢复到西周盛世，达到"天下归仁焉"。由此可见，孔子把孝的地位和作用抬到了何等的高度！周予同先生曾将孔子所论的仁孝关系归结为"由孝修仁说"，或称之为"仁孝因果论"而予以特别的重视[③]。这也说明孝为仁之本的命题在孔子学说中所占的地位是多么重要。

再次，孔子把行孝与为政联系在一起，可看作孝为政治服务之原则的最

[①] 《礼记·大学》，《十三经注疏》本下册，中华书局，1980年，第1673页。
[②] 《论语·述而》："为仁由己，而由人乎哉？"
[③] 参见周予同：《"孝"与生殖器崇拜》，载《古史辨》第二册中编。

早提出。《论语·颜渊》说:"齐景公问政于孔子,孔子对曰:'君君、臣臣、父父、子子。'"《论语·为政》又记载:"或谓孔子曰:'子奚不为政?'子曰:'《书》云,孝乎惟孝,友于兄弟,施于有政。是亦为政,奚其为为政?'"孔子认为,践履和推行孝道,这也是为政。这一孝道为统治者政治服务的思想,对后世影响甚大。《吕氏春秋·孝行览》说:"凡为天下,治国家,必务本而后末。……务本必贵于孝。"《孝经》一书更是将孝治天下作为中心思想,反复强调孝是治理天下、国家的根本。这些,无疑都是孔子的孝即"为政"思想的发展。

又次,孔子对传统孝道的内容也多有发挥,概括起来有下述五点。

第一,把"孝"与"悌"结合起来,更好地发挥其政治功能。西周孝道讲究孝慈合一和孝友结合,却不曾把孝与悌联在一起,而《论语》中则多次以孝悌联用,如:"弟子入则孝,出则悌,谨而信,泛爱众,而亲仁。"(《学而》)"其为人也孝悌,而好犯上者,鲜矣。"(同上)"孝悌也者,其为仁之本与!"(同上)"宗族称孝焉,乡党称弟焉。"(《子路》)孝悌相连,表明了"悌"的地位的提高,此事看似平常,其实并不简单。悌就是敬兄,而敬兄的实质,则是要求人们将家庭血亲中的等级推广到社会关系中去,所谓"出则悌",讲的就是这个意思。所以,"悌"字所包含的意义绝不仅仅限于血缘兄弟之间,它主要表现的是处理社会关系的准则。对孔子孝悌合一思想理解得最透彻的人是孟子,他对悌的阐发十分深刻。孟子认为,敬兄,就是敬长,它要包括由弟对兄关系推衍而得的一般对待长上的原则。他把这个处理社会关系的原则又叫作"义"。所以,《孟子·尽心上》说:"亲亲,仁也;敬长,义也。"在孟子看来,悌也是一种天赋的良知良能,由敬兄可以推广为敬长,而敬长也就是"义"。按照儒家的一贯说法,所谓"义",其实质就是"尊尊",讲的是社会等级原则。如《礼记·中庸》说:"仁者人也,亲亲为大;义者宜也,尊贤为大。亲亲之杀,尊贤之等,礼所生也。"不难设想,只要人人都能由悌而修成义,各自安于本分,遵从长上,社会秩序就不会紊乱,等级制度就不致破坏,恢复西周盛世也便易如反掌了。这就是孔子孝悌结合思想的实质。在传统孝道向封建伦理的转化过程中,孔子的这一思想极具影响力,经过孟子等人的阐发,最终成了封建孝道的一个组成部分。

第二,强调孝要建立在"敬"的基础上。孔子认为,孝敬父母要真心实意，如单纯在物质上满足父母，尚不足以为孝，更重要的是要"敬"，使父母得到人格的尊重和精神的慰藉。《论语·为政》载："子游问孝。子曰：'今之孝者，是谓能养。至于犬马，皆能有养，不敬，何以别乎？'"正因为敬亲为重，所以孔子要求为人子者要做到，父母有事，主动"服其劳"①。"父母在，不远游，游必有方"②。父母的年纪要时时记在心中，一则为其高寿而"喜"，一则为其年迈而"惧"③。此外如"孟懿子问孝，子曰'无违'"，④ "事父母几谏，见志不从，又敬不违，劳而不怨"⑤，"父为子隐，子为父隐"⑥ 等等，也都贯穿着一个"敬"字。将孝养提高到孝敬，这是孝道观念上的一个重大进步，它成为后世孝道中永不能缺少的一部分，对于封建孝道伦理的形成有着重要意义。

第三，提出"几谏"的原则，以协调父子关系。孔子认为，父母若有错误，为子者可以用婉转的语气进行劝谏，以免陷父母于不义，这就是他所说的"事父母几谏"。这里强调的是注意观察时机和讲求方式，不要违背"敬"的原则，但又不能盲目服从。孔子的主张和《礼记·内则》所谓"父母有过，下气怡色柔声以谏，谏若不入，起敬起孝，悦则复谏。不悦，与其得罪于乡党州间，宁孰谏"的说法是一致的，虽然要注重方式方法，但在关系到违反社会公论的大是大非问题面前，即使父母再不高兴也得极力劝阻。"几谏"的原则兼顾到孝敬与社会群体利益这两个方面，与后世"天下无不是的父母"这种说法全然异质，它具有一定的民主精神。

第四，把行孝与守礼结合在一起，重视丧葬之礼。《论语·为政》记载：

---

① 《论语·为政》："子夏问孝。子曰：'色难，有事弟子服其劳。'"
② 《论语·里仁》，《论语正义》，载《诸子集成》本第一册，中华书局，1954年，第84页。
③ 《论语·里仁》，《论语正义》，载《诸子集成》本第一册，中华书局，1954年，第84页。
④ 《论语·为政》，《论语正义》，载《诸子集成》本第一册，中华书局，1954年，第25页。
⑤ 《论语·里仁》，《论语正义》，载《诸子集成》本第一册，中华书局，1954年，第83页。
⑥ 《论语·子路》，《论语正义》，载《诸子集成》本第一册，中华书局，1954年，第291页。

经史求识录

孟懿子问孝，子曰"无违。"樊迟御，子告之曰："孟孙问孝于我，我对曰无违。"樊迟曰："何谓也?"子曰："生，事之以礼；死葬之以礼，祭之以礼。"这里强调的是，无论父母生前或死后，都应按照礼的规定来行孝。孔子所说的"礼"，当然是指由西周传下来的规矩，所谓"无违"，就是不要违背周礼。正因为孔子恪守周礼，所以主张实行三年之丧，宰我认为三年太久，只需一年就行了，孔子便不高兴，责备宰我不仁，说："子生三年，然后免于父母之怀。夫三年之丧，天下之通丧也。予也，有三年之爱于其父母乎?"①孔子重礼，当然有他自己的道理，因为他一贯主张恢复周礼。但就丧期过长有碍人类正常社会活动这一弊害而言，坚持三年丧制实有些保守食古，不但当时受到宰我的怀疑，后来更受到墨家的强烈抨击。不过，在后世长期的封建社会中，孔子的这一主张基本上还是占据了统治地位，依礼服丧的做法长久得到延续，影响十分深远。

第五，将孝与忠相联系，进一步扩大孝的社会意义。"忠"字的"忠君"意义出现较晚，大概最早不会早于周初。据《尚书·蔡仲之命》记载，当成王分封蔡叔之子蔡仲为蔡侯时，周公曾以成王的名义训诫蔡仲说："尔尚盖前人之愆，惟忠惟孝。"这里不但提出了"忠"，而且忠孝连用，不过，一般认为《蔡仲之命》是伪古文，不足信据。即使如此，东周之时已经惯于用"忠"来表现卿大夫和国君之间的联系，则是毫无疑义的。如"失忠与敬，何以事君"②，"子之能仕，父教之忠，古之制也"③，"吾为先君谋也，则忠"④ 等等言论，即可充分说明。《论语》中有15篇共17处提到"忠"，其中讲"忠君"的有两处，"忠"与"孝"相连的有下列一处：季康子问："使民敬，忠以劝，如之何?"子曰："临之以庄，则敬；孝慈，则忠；举善而教不能，则劝。"（《为政》）孔子认为，以孝慈之道化民，可以导致臣民忠顺于国君。这实际是讲，孝父是忠君的前提，在家孝父，可以推导出在外忠君。孔子虽然很少谈忠君，但他将忠与孝联系起来，却具有不容忽视的意

---

① 《论语·阳货》，《论语正义》，载《诸子集成》本第一册，中华书局，1954年，第382页。

② 《左传》僖公五年，《十三经注疏》下，中华书局，1980年，第1794页。

③ 《左传》僖公二十三年，《十三经注疏》下，中华书局，1980年，第1814页。

④ 《左传》成公二年，《十三经注疏》下，中华书局，1980年，第1897页。

义。后世儒家大讲"忠孝一本",法家将忠与孝相混同,都可看作是对孔子观点的发展和改造。

由上述观之,孔子对于西周传统孝道的承接和延续,确是起了极其重要的作用。最为难能可贵的是,他并非完全恪守西周的东西,而是有发展、有更正、有补充,所以他并非只是一个"述而不作"的述者,而是一位能够承先启后、熔铸创新的伟大思想家。徐复观教授曾称赞孔子的"述"有三大特征:一是从过去特定的事项中,找出富有普遍性的共同准则;二是把外在的形式,转化而为内心德性,使其成为人格成长的表征,并使形式因受到德性的批判而不至归于僵化;三是通过他个人的人格上的体验与成就,而把传统的观念推进并提高为高深的根本原则。[①] 以此来对照孔子对孝道的承述,可以说是完全适当的。西周孝道本是为适应宗法奴隶制的政治需要而被统治者抬高起来成为礼乐文化的重要内容的,孔子则使其成为每一社会成员所必须遵守的行为准则;传统孝道本是为维护家庭秩序而发展的,孔子则将这种外在的规范转化为人们内心的天性之爱;孝道本是行之于血缘家族内部的一般道德,孔子则把它通向社会和人生最高原理的"仁",以孝为仁之本。由此看来,孔子在对西周传统孝道的"述"的过程中,赋予了孝道以新的精神和活力,并使之发生了某些本质性的变化,而成为后世儒家孝道观的基本内容。由这一意义来说,孔子实为传统孝道向封建伦理转化过程中承先启后、继往开来的关键人物。

从政治思想和文化传统的角度看,孔子对西周传统孝道的继承与发展还具有三个重要意义。

其一,孔子注重广大人群所共有的仁爱之心,并把它作为理论前提来论证孝道存在的合理性,这就从哲学的高度肯定了"凡人"与"圣人"具有共同的人性。此外,孔子强调以敬为孝,主张合理谏诤等等,也都十分看重个人人格。民主性内容的生发,可谓孔子孝道观的根本趋向。孔子的这种观点,只要逻辑上稍加延伸,就可以得出人与人在本质上平等的思想。由此可以说,孔子的孝道思想对于中国思想史上平等民主思想的形成,是具有一定的作用的。

---

① 徐复观:《中国思想史论集》,台湾学生书局,1983年,第185页。

其二，孔子将推行孝道与统治的行政联系在一起，将孝作为其仁学的基础，进而崇尚以仁德和礼制治国的"人治"，这就把政治与道德的范畴归到了一起，并以道德作为政治的原则和价值之所在。由此，他开创了中国哲学的由人性引入政治原则而肯定人生价值的传统。重要的是，这一传统一直为后世长期的封建社会所继承，成就了中国伦理型政治的特点。

其三，孔子强调孝为仁之本，扩大孝道的实践意义，其目的固然是用以挽救当时那日益瓦解的宗法奴隶制度。但是，孔子所开创的孝道思想就其纯粹的、本质的意义来说，是符合人性且能提高人性的，它成了中国传统文化的一个精神基础。所以，孔子的孝道观既不是奴隶主阶级也不是地主阶级的属性，而是反映了由农村公社而来的看重血缘关系的传统所生发出来的由近及远、以己推人的真诚爱心。这种爱心所反映的博大精神弥漫于整个中国文化之中，成为我们民族宝贵的精神遗产。

（原载《东北师大学报》1994年第六期）

论三代传统孝道向封建伦理的转化

孝观念形成于父系氏族公社时代，而兴盛于西周奴隶制全盛时期，是中国所特有的礼乐文明的重要内容，但是，随着东周宗法奴隶制度的日趋瓦解，由三代而来的传统孝道也日益走向了衰微，不再为社会所重视了。[①] 然而，孝道的衰微却并非其自身的灭亡，而是一种"转构"，即结构发生了转化，这是一个由奴隶制下的观念向封建伦理的转构过程。从理论上看，任何一种观念的现实性基础只能是它赖以生存和确立的社会经济基础。因此，社会经济条件的变化，将会导致两种可能的情形：其一，一种观念被另一种观念所取代，但原有的观念并未被送进坟墓、销声匿迹，而是以历史观念（传统）的形式，作为社会的文化心理结构和个人的行为规范而存在。其二，社会经济基础的变更，使更新的观念得以充实和修正原有的观念，使得原有的观念自身发生"转构"，这是一种更常见的情形。在我看来，孝道的命运当属于后一种情形。根据历史观念的转构与重构理论，我们可以为传统孝道的转构过程做一个大体的描述。

孝道作为宗法奴隶制下礼乐文化的重要内容之一，作为一种传统的观念形态，它向封建伦理观念的转构过程，当与中国历史的走向封建化的过程相始终，所以，这种转构当始于春秋，变于战国，最后完成于西汉。在这一过程中，对传统孝道予以不断充实和修正者，主要是春秋战国时代的思想界和汉代地主阶级政治家。在传统孝道向封建伦理转构的过程中，儒家做出了决定性的贡献，由孔子、曾子而至孟子、荀子，孝的伦理发展为一套完整的体系。《孝经》的成书，即标志着孝道转构在理论上的基本完成。封建社会的孝道，其基本内容大都出于儒家。而法家对孝道的最大修正，便是忠孝混同，以忠作孝，将儒家以仁爱之心为出发点的孝道观变为以权威利害为中心，以配合

---

① 详说拙著《先秦孝道研究》第一章，台湾文津出版社，1992年。

经史求识录

其集权专制的政治主张，其所开创的孝道为专制政治服务的传统，同样为汉代及历代统治者所继承。至于墨家和道家，对孝道转构的贡献则远不如儒家，但其个别认识仍较有影响，后来也成了封建孝道的组成部分。

上述诸子百家对孝道转构所起的作用是非常大的，但有两个问题需要澄清。

第一，诸子的孝道观虽然都属政治和伦理（二者密不可分）主张，但大抵只是理论上的探讨，在当时并未能付诸实践，其成果只表现为观念性的道德教条。所以，无论尊崇或反对孝道，都对当时孝道的衰微起不到多大的作用。而孝道在实际社会政治生活中的衰微，也并不是由于韩非及道家人物的反孝道言论，而是先有了孝道动摇乃至衰微的历史事实，才有他们的言论。总之，春秋战国时代孝道衰微的根源，是新生的封建制度冲击着古老的奴隶制度所引起的，我们切不可将责任误算到个别学派或思想家个人的头上。第二，就当时孝道转构的总体趋向来说，大抵包括如下两个方面：其一，孝道进一步社会化，由个人的行为规范上升为社会的政治伦理道德规范，这一点在儒家论孝的言论中表现得尤其明显；其二，孝道由具体的行为上升为抽象的观念，自发的情感被淹没于人文的雕饰之中。孝道的这种转化，使其内涵变得模糊了，多义了，更具有了普遍性和抽象性，从而也更符合于"道"的要求了。如此看来，春秋战国思想界使传统孝道空前理论化了，汉代能够很快将孝制度化，使其成为治国之本，实有赖于此。

秦国以倡导耕战而致富强，以武力统一六国，一匡天下。但是，这个统一的封建王朝一反西周奴隶制下的礼乐文明，企图以法的精神建立起新的社会秩序，其结果却导致了社会矛盾的空前激化，很快走向了灭亡之路。短命的秦王朝无视礼义，不讲孝悌，因而，传统孝道转向封建伦理的过程，只能最后完成于西汉。

西汉统治者建立自己的统治思想，是从总结秦亡的教训开始的。汉初的政治家和思想家，几乎公认强秦覆亡的一个重要原因是"弃仁义""尚苛政"，因而都强调"德治"和教化对于维护统治的极端重要性。陆贾和贾谊，就是汉初力图复兴儒家"仁政德治"思想的代表。陆贾说"弃仁义必败"，"尚酷刑必亡"，"薄德者位危，去道者身亡"。[①] 把亡秦的教训总结为"用刑

---

① 见陆贾《新语·术事》，载《诸子集成》第七册，中华书局，1954年，第4页。

论三代传统孝道向封建伦理的转化

太极"和"不并仁义"。贾谊也认为，亡秦的教训在于"违礼义""弃伦理""灭四维"，并一语中的地将强秦的灭亡归结为"仁义不施，而攻守之势异也"。①贾谊主张依据"仁义"来订立汉家的制度，用忠孝伦理来维护和巩固封建的尊卑等级秩序，他说：

> 夫立君臣，等上下，使父子有礼，六亲有纪，此非天之所为也，人之所设也。……今四维犹未备也，故奸人冀幸，而众下疑惑矣。岂如今定经制，令主主臣臣，上下有差，父子六亲各得其宜，奸人无所冀幸，群众信上而不疑惑哉。此业一定，世世常安，而后有所持循矣。若夫经制不定，是犹渡江河无维楫，中流而遇风波也，船必覆矣。②

这里强调"父子有礼，六亲有纪"，"父子六亲，各得其宜"，表明地主阶级有亡秦的教训，终于重又重视家庭血亲关系，重视孝悌等家庭伦理了。

我们说传统孝道向封建伦理的转化完成于西汉，至少有两方面的证据。

首先，西汉孝道观念的发展变化表明了传统孝道向封建伦理转化在理论上的完成。

西汉统治者经过一段时间的摸索和酝酿，终于选择了以儒家思想为主干同时兼采各家思想的适用部分作为自己的统治思想。其中，维护家族血缘关系的孝的伦理思想是其重要组成部分。而标志着以孝治天下思想的形成，则是《孝经》经学地位的确立。《孝经》的成书年代说法不一，我认为它当成于战国末年。汉武帝时立有五经博士，以后增《论语》而为六经，再增《孝经》为七经。这样，孝的思想通过《孝经》立为经典而成为统治者的指导思想之一，这在汉代思想史上具有重要意义。既然汉人尊奉《孝经》，那么，虽然它成书于先秦，却也无可置疑地反映了汉初的孝道观。由《孝经》与先秦其他典籍的对比中可以看出，汉初孝观念在理论上的变化主要有两个方面：其一，实现了孝从家庭道德观念向社会道德观念的理论转变。《孝经》第一章《开宗明义章》就说：孝是先王的"至德要道，以顺天下，民用和

---

① 贾谊《过秦论》上，《史记·秦始皇本纪》，中华书局，1959年，第282页。
② 贾谊《新书·俗激》，《汉魏丛书》，吉林大学出版社，1992年，第474－475页。

睦，上下无怨"，明确提出宣扬和推行孝道的目的便是把孝作为建立新型社会秩序的指导思想，以孝治理天下。贯穿全书的基本思想，也无非是"孝顺天下""孝治天下"，孝道已完全不被看作家庭的道德观念了，它已属于其他道德规范之上，孝的意义空前地扩大了。其二，忠孝一体，孝父与忠君一理。《孝经》把家庭关系和社会关系混为一理，认为家是缩小了的国，国是扩大了的家，家庭是治国平天下的出发点，从而将君主与社会成员的关系说成是父子关系，强调"君子之事亲孝，故忠可移于君；事兄悌，故顺可移于长；居家理，故治可移于官"（《广扬名章》）。这种观念使孝的意义有了新的引申，不仅成书在前的《孝经》如此说，汉初人确已接受了此种观念。例如陆贾说："在朝者忠于君，在家者孝于亲。"① 又如《汉书·严助传》说："臣事君，犹子事父母也。"② 上述两点理论上的变化虽然不能属于汉人的创见，但却反映了汉人不同于前人的新观念，这在汉代文献中有相当多的证明。

　　真正能反映汉人对孝道予以理论深化的代表性观点，当首推董仲舒提出的三纲学说。本来，法家韩非已经从政治统治的角度，把"臣事君，子事父，妻事夫"作为"天下之常道"③，董仲舒发挥这一思想，并根据他阴阳五行学说中"阳尊阴卑"的理论，更明确地提出了君为臣纲、父为子纲、夫为妻纲的三纲说。三纲说深化了前人的孝道观，强调新型社会伦理标准的权威，至此，孝道乃正式成了助长封建专制主义的工具。所以，三纲说之提出，为儒家人伦思想及传统孝道观的一大变化。我认为，它可以作为传统孝道向封建伦理转化在理论上最后完成的标志。

　　其次，汉代以孝治天下的史实表明了传统孝道向封建伦理转化在实践上的完成。

　　有汉一代，最重孝道，故史家称"汉以孝治天下"。汉代孝治天下的历史事实毋庸置疑，此处可随意举出几例以概见之。

　　汉代帝王重视孝道超过历代，西汉共历十三帝，除高祖及在位仅有四年的第三代少帝恭和第四代少帝弘而外，其余十位的帝号，都冠有"孝"字。

---

① 《新语·至德》，《诸子集成》第七册，中华书局，1954年，第14页。
② 班固：《汉书》卷六十四上，中华书局，1962年，第2790页。
③ 《韩非子·忠孝》，《诸子集成》第五册，中华书局，1954年，第358页。

论三代传统孝道向封建伦理的转化

东汉亦然,除光武帝及在位仅一年的第七代少帝懿之外,其余十一位的帝号也都冠有"孝"字。它表明汉代统治者是把孝看作保证刘姓王朝长治久安的法宝,其目的不外是要通过世代不绝的尊祖敬宗来善继祖先之志,以求血亲统治权的万世延续。

汉代孝治天下的另一个明显标志,是在整个社会中提倡孝道,褒奖孝悌,以孝行来选拔人才。《汉书·文帝纪》载文帝诏曰:

> 孝悌,天下之大顺也;力田,为生之本也;三老,众民之师也;廉吏,民之表也,联甚嘉此二三大夫之行。

这表明早在汉初即已开始提倡孝道了。随着统治权术的成熟,国家政策逐渐浸透了孝的精神,褒奖孝悌之行也成了国家和地方政府的常见日程。两汉时期,全国性的表彰孝悌就达几十次之多,地方性的褒奖更无从详记。[1] 汉代还重视以孝行来选拔人才,据《汉书·高后记》,高后元年,初置孝悌、力田各一人,禄二千石。这个"孝悌"当为新置的官名,大约只能以孝行素著者任之。汉代还有一种"举孝廉"制度,《汉书·武帝纪》载:"元光元年冬十一月,初令郡国举孝廉。"这是由郡守从所辖境内挑选孝悌清廉者推荐给中央政府,由中央政府任用授官,被推荐者便称作"孝廉"。以后这种"举孝廉"之法遂成定制,成了汉代重要的仕进途径之一。

汉代孝治天下还突出地表现在向整个社会进行孝的教育。在汉代,尤其是武帝之后,《孝经》被推崇到至高无上的地位,它成了政治思想和意识形态的精神支柱之一,也是全社会通行的教科书。汉代皇帝要读《孝经》[2],并把《孝经》作为教育太子的必读之书[3]以深入体会孝的思想实质,更好地继承和运用孝治天下的家传统治方法。不仅如此,《孝经》还是官办学校的必

---

[1] 孙筱:《汉代"孝"的观念的变化》,《孔子研究》1988年第三期。

[2] 《汉书·昭帝纪》载昭帝诏书云:"朕以眇身获保宗庙,战战栗栗,夙兴夜寐,修古帝王之事,通《保傅传》《孝经》《论语》《尚书》,未云有明。"

[3] 《汉书·景十三王传·广川惠王刘越传》:"后数月,下诏曰:'广川惠王于朕为兄,朕不忍绝其宗庙,其以惠王孙去为广川王。'去即缪王齐太子也,师受《易》《论语》《孝经》皆通,好文辞、方技、博弈、倡优。"

167

经史求识录

修课，平帝时"立官稷及学官。郡国曰学，县、道、邑、侯国曰校。校、学置经师一人。乡曰庠，聚曰序，序、庠置《孝经》师一人"①。这说明孝的教育已普及到了乡村，而京师学校更不必说，平帝元始五年，"征天下通知逸经、古记、天文、历算、钟律、小学、史篇、方术、《本草》以及《五经》《论语》《孝经》《尔雅》教授者，在所为驾一封轺传，遣诣京师"②，看来《孝经》又是朝廷培训官员的基本教材。此外，汉代统治者还通过养老活动及法律规定等措施，向全社会宣传和强化孝的意识，限于篇幅，这里没有必要再去详论了。

综上所论可知，西汉王朝不仅在理论上对三代以来的传统孝道予以修正和改造，使之适应于封建的经济基础与上层建筑，而且使孝道与社会政治密切结合，建立起了以孝为核心的新型的封建伦理秩序。因此，传统孝道向封建伦理的转化，至西汉已告完成。

这篇小文简单考察了三代传统孝道向封建伦理转化的一般历史过程。笔者认为，弄清这个问题，对于全面认识孝道发展演变的历史，对于继承传统文化中的优秀遗产，都具有重要的意义。

（原载《辽宁教育学院学报》1994年第四期，人大复印资料《伦理学》1995.3 转载）

---

① 《汉书·平帝纪》，《汉书》卷十二，中华书局，1962年，第355页。
② 《汉书·平帝纪》，同上，第359页。

论"孝"与墨家思想

传统孝道代表了以儒家学派为主的关于"孝亲"的一系列思想、主张以及道德伦理规范,是中国传统思想文化的最重要内容之一。在先秦诸子中,除儒家之外,墨家思想中亦"以孝视天下",[①] 探讨墨家思想与传统孝道的联系有助于全面完整地认识传统孝道。笔者拟以墨家思想与传统孝观念及与《孝经》的关系两方面加以探讨。

一、传统孝道与墨家思想的关系

墨家在先秦诸子中占有重要地位,《韩非子·显学》说"世之显学,儒墨也",《孟子·滕文公下》说"杨朱、墨翟之言盈天下",此足证墨家学派影响之大。

墨家学派的创始人是墨子。从墨子的思想体系来看,其最主要的组成部分是以"兼相爱,交相利"为纲的政治思想和伦理学说,"兼爱"既是墨子的政治理想,又是他所追求的最高道德境界。所谓"兼爱",即不分人我、不别亲疏、无论贵贱、无所差别地爱一切人。由"兼爱"的原则出发,墨子并不反对孝道,在《墨子》一书中,表现出了对于君惠、臣忠、父慈子孝兄友弟悌的理想社会的向往,如:"君臣不惠忠,父子不慈孝,兄弟不和调,此则天下之害也";(《墨子·兼爱中》,下引只注篇名)"人君之不惠也,臣者之不忠也,父者之不慈也,子者之不孝也。此又天下之害也";(《兼爱下》)"为人君必惠,为人臣必忠,为人子必孝,为人兄必友,为人弟必

[①] 班固:《汉书·艺文志》,《汉书》卷三十,中华书局,1983年,第1738页。

悌。"（同上）看来，墨子确实也认为孝是要讲的。

不过，墨家虽然也讲孝，却又与儒家所讲的传统孝道大不为同。

儒家提倡"爱人"，但这个爱不是泛爱，而是"以己推人"，"爱己及人"，是等差之爱，所以肯定"亲亲之杀，尊贤之等"。孔子讲"亲亲而仁民，仁民而爱物"，孟子讲"老吾老以及人之老，幼吾幼以及人之幼"，都是以己推人，由近及远，要点全在一个"推"字。因之，孝在儒家学说中至关重要，它是"仁"的根本，爱心的本源，具有哲学上的地位。儒家所推崇的孝道，其本身即极讲差等，按血缘关系之远近表现出种种差别，如丧服制度就最为明显。而墨家提倡"兼爱"，主张"爱无差等"和"不辟亲疏"。所谓"爱无差等"，即君臣、父子、诸侯与臣之间，乃至全体人与人之间，不分上下贵贱，都要相亲相爱。《墨子·兼爱中》说："诸侯相爱，则不野战；家主相爱，则不相篡；人与人相爱，则不相贼。""君臣相爱则惠忠，父子相爱则孝慈，兄弟相爱则和调，天下人皆相爱，强不执弱，众不劫寡，富不侮贫"，诚如是，则"凡天下祸篡怨恨，可使毋起者"。所谓"不辟亲疏"，即爱人与用人不能以"亲亲"标准，而应完全消除亲与疏的差别，真正做到一视同仁。由"兼爱"的原则出发，墨子认为，"孝"不仅仅限于爱自己的双亲和长上，还应包括爱民利众之意，"亲贫，则从事乎富之；人民寡，则从事乎众之；众乱，则从事乎治之"。不仅如此，墨子还进一步认为，利亲应先从他人之亲考虑，只有"先从事乎爱利人之亲"，人才能"报我以爱利吾亲也"（《兼爱中》）。看来，墨子的观点刚好与儒家相反，变等差之爱为爱无差等，变由近及远为由远及近，先施而后求报。所以他又说，"夫爱人者，人亦从而爱之"，"恶人者，人亦从而恶之"（《兼爱下》），希望人们爱人之父若其父，爱人之身若自身，爱人之家若自家，处处先为他国、他家、他人着想。由上述基本思想所决定，孝道在墨家思想体系中并不占有怎么重要的地位，它作为社会的普通伦理之一，只不过是在"兼爱"之下的一个小的德目，是"兼爱"表现于亲子之间的一个名词而已。墨子说："爱人若爱其身，犹有不孝者乎？"（《节葬下》）试想，如果人人都能做到兼爱、爱他人如爱自己，那还哪有什么孝与不孝的区别了？按照墨子的兼爱之说，具有血缘关系的亲子之间，也并不比其他的人际关系近，所以孟子才据以攻击说："杨氏为我、是无君也；墨氏兼爱，是无父也。无君无父，是禽兽也。"①

与上述对孝道的总体认识相联系，墨子强烈反对厚葬久丧。儒家是主张重于丧祭之礼的，孔子认为"三年之丧"不可更改，孟子也曾力劝滕文公恢复三年丧制，认为这是符合仁义和孝道的。墨子则主张薄葬短丧，因为在兼爱的原则之下已经不复存在亲疏之别，厚葬久丧等关于孝道的措施自然是多余的了。况且，厚葬久丧需大量浪费社会财富，损害人民健康，破坏正常生产，又影响人口的增殖，实不利于"富贫众寡，定危治乱"，"以厚葬久丧为政，国家必贫，人民必寡，刑政必乱"。另一方面，厚葬久丧会使当事人"出则无衣也，入则无食也"，其结果必然造成"为人弟者，求其兄不得不弟弟，必将怨其兄矣；为人子者，求其亲而不得不孝子，必是怨其亲矣；为人臣者，求其君而不得不忠臣，必且乱其上矣"（《节葬下》）的局面，那还有什么孝道可言呢？所以，厚葬久丧的确"非仁非义，非孝子之事也"。墨子说古代圣王"制为葬埋之法，曰：棺三寸足以朽体，衣衾三领足以覆恶。以及其葬也，下毋及泉，上毋通臭"（《节葬下》），这也就是墨子本人对待丧葬的态度。

墨子死后，其后学分为所谓"相里氏之墨""相夫氏之墨"和"邓陵氏之墨"三派，② 称为后期墨家。现存《墨子》一书中有六篇——《经上》《经下》《经说上》《经说下》《大取》《小取》——和其他诸篇不同，一般认为，这六篇乃是上述墨家诸后学的著作。由此六篇之内容来看，墨子后学对于墨子兼相爱，交相利的政治和伦理思想有所继承与发展，这里不拟予以全面分析，只讲与孝道有关的一个问题。墨子学说"贵义""重利"，爱与利并举而又以爱作为利的基础。后墨则在义与利、爱与利的关系中更强调利的重要性，认为义和爱的内容就是利。《经上》说："义，利也。"《经说上》说："义，志以天下为芬（爱），而能能（善）利之，不必用。"此言能以天下人为爱而又能善利天下人，善利天下人而又不必为己用，这才是利人，才是义。如此说来，所谓爱和义，其本身不过是利而已。既然有利就是爱，后墨

---

① 《孟子·滕文公下》，《孟子正义》，载《诸子集成》第一册，中华书局，1954年，第269页。

② 《韩非子·显学》，《韩非子集解》，载《诸子集成》第五册，中华书局，1954年，第351页。

便把这个"利"字贯彻到各个方面,他们所谓的"孝",也便以父母的获得实利为要素,完全成为功利主义的了。《经上》说:"孝,利亲也。"《经说上》说:"孝,以亲为爱,而能能(善)利亲,不必得。"《大取》也说:"智(知)亲之一利,未为孝也。亦不至于智(知)不为己之利于亲也。"看来,所谓孝,就是要"利亲","爱亲"就在于能够善利亲。对孝的这种解释确是新鲜的,它和儒家的"养志",以敬为孝等观念完全异质,从中可看出儒墨两家对于孝之根本含义的理解的差异。

总之,从传统孝道向封建伦理转化的历程来看,墨家的贡献并不大。但是,由于墨家讲究"兼爱",所以总是将孝与慈并提,从不把"孝"抬到重于"慈"的地位,在墨者看来,无论父慈或子孝,都不过是兼爱的表现而已。这种孝慈并重而不片面强调孝的特点,实反映了墨家对等级差别的否定,它对于孝道中民主性内容的增长是具有一定意义的。此外,墨家反对厚葬久丧,也是有着进步的历史意义的,对后世较有影响。

二、《孝经》与墨家思想的关系

从内容上看,《孝经》系广泛采摘儒家学派自孔子、曾子至孟子、荀子等大师论孝道的言论,以孔子与曾子问答的形式加以穿连,缀辑在一起而成篇的。由此看来,该书实为先秦儒家论孝道的总汇,是对先秦儒家孝道思想的集成和总结。但是,关于《孝经》的作者,却是聚讼纷纭,迄无定论,有孔子说、孟子说、七十子后学说、孟子弟子说、汉儒说等。

近年来河北定县八角廊四十号汉墓出土的竹简《儒家者言》以及郭店楚简及上博简的出土与研究为《孝经》的作者及成书提供了一些新的参考系,结合一些学者的有关论述,认为《孝经》非伪书,成篇于战国中晚期的七十子后学之手应是较为公允之论。[①] 那么,《孝经》与墨家思想的联系就有了逻辑上的可能。笔者认为《孝经》与墨家思想是有一定的联系的。

---

① 参考李学勤:《简帛佚籍与学术史》,江西教育出版社,2001年;姜广辉:《中国经学思想史》中国社会科学出版社,2003年;郭沂:《郭店竹简与先秦学术思想》,上海教育出版社,2001年。

（一）儒墨同源，均以孝视天下

《淮南子·要略训》云："墨子学儒者之业，受孔子之术，以为其礼烦扰而不悦，厚葬靡财而贫民，久服伤生而害事，故背周道而用夏政。"这里一是说明儒墨同源，二是说墨家尚夏道。就此有的学者认为《孝经》本于"夏法"，与墨家有很大关系：章太炎先生在其《孝经本夏法说》中说："《孝经·开宗明义》章曰：'先王有至德要道。'《释文》引郑氏《说》云'禹，三王最先者。'斯义最宏远。余以郑氏综撮全经，知其皆述禹道，故以先王属禹，非冯臆言之也。禹书不存，当以《墨子》为说。《墨子》兼爱，《艺文志》序墨家者流云：'以孝视天下，是以尚同。'……以《墨子》明大义，以《书》《礼》《春秋》辨其典章，则《孝经》皆取夏法，先王为禹，灼然明矣。"[①]《孝经》是否本于夏法，笔者不敢断言，但墨家"以孝视天下，是以尚同"，与《孝经》的"孝治天下"却有较大的联系。《孝经》将"孝"作为贤圣之治和君子终身躬行的"至德要道"，认为孝既是人类最普遍的情感，又是社会伦理的核心和最高境界。孔子说，"天地之性人为贵，人之行莫大于孝"，[②]把孝看作是道德的渊源、治化的纲领，用孝统德，教以敬，教以爱，使人人日增美善之心，最后达到天下大顺。在孔子看来，以孝治国，最为便捷，最易收效，也最可靠，所以《圣治章》说："圣人之教不肃而成，其政不严而治，其所因者本也。""孝治"思想受到历代帝王的认同，故多以之为标榜。

而墨家之"尚同"也是基于天下百姓相残相害而不相爱，父子兄弟、天下百姓彼此怨恨、残害的"多歧义"而提出的。"尚同"是以"孝""顺"为根基的，进而认为"尚同之为说也，尚用之天子，可以治天下矣；中用之诸侯，可而治其国矣；及用之家君，可而治其家矣"，实际与《孝经》所述的思想多有相同之处。

（二）墨家博爱的思想在《孝经》中亦有体现

《孝经·三才章》曰"先之以博爱，而民莫遗其亲"，提出了"博爱"这

---

① 中国现代学术经典：《蒙文通卷》，巴蜀书社，1995年。
② 《孝经·圣治章》，《孝经注疏》，载《十三经注疏》下，中华书局，1980年，第2553页。

一观念。那么《孝经》又是如何解释的呢？《孝经·感应章》曰："故虽天子，必有尊也，言有父也，必有先也，言有兄也。"《援神契》释以"尊事三老，兄事五更"。《汉书·艺文志》序墨家曰："养三老五更，是以兼爱。"可见，这里的"博爱"与墨家之"兼爱"是有一致之处的。

《孝经·广至德章》说："教以孝，所以敬天下之为人父者也。教以悌，所以敬天下之为人兄者也。"《孝经》提倡孝父、爱兄，并不局限于狭隘的小家庭，而是希望将孝父、敬兄作为培养善端的基础，推广到天下所有人的父兄。所以，《广要道章》说："教民亲爱，莫善于孝。"当然，《孝经》的博爱有儒家的"推爱"之意，但墨家的兼爱思想在这里有更多的体现。所以著名学者蒙文通论道："倘自儒取于墨，墨非乐而儒者不言《乐经》，墨尚同而儒者亟尊《孝经》欤？《淮南》谓墨子学儒者之业，受孔子之术。夫儒墨同为鲁人之学，诵《诗》《书》，道仁义，则《六经》固儒墨之所共也。"[①]

另外，《孝经》中的鬼神观念亦较为突出，与儒家思想有一定冲突，如：《孝经》曰："子曰：宗庙致敬，不忘亲也；修身慎行，恐辱失也。宗庙致敬，鬼神著矣；天地明察，神明彰矣。孝悌之至，通于神明，光于四海，无所不通。"孔子素来是"子不语怪力乱神"，《孝经》中的鬼神观念是否与墨家思想中的"明鬼"观念有联系也尚待进一步探讨，但上述思想在墨家鼎盛时代出现也不是偶然的，二者间存在取舍关系也说不定。

总之，传统孝观念以及《孝经》与墨家思想的联系是多方面的，换句话说，传统孝道不应少了包括墨家思想在内的各家的有关思想主张，这是我们进一步研究先秦孝道所要注意的。

(原载《社会科学战线》2004年第四期)

[①]《中国现代学术经典·蒙文通卷》，巴蜀书社，1995年。

儒家孝道的历史命运
——两汉至晚清中国传统孝道的演变

中国的孝观念产生于以血缘关系为纽带的父系氏族公社时期，由于阶级和国家尚未产生，这时的孝观念只是一种敬亲爱亲的感情，并未超出自然之性。中国的文明史是由夏商周三代开始的，但对三代又不能等量齐观。孝道作为产生于孝观念之上的行为规范，在夏商时期只是初步形成，还主要处于一种自发的、伦理的状态之下，到西周则不然，它已经超越了自然之性，而成了一种社会化的、具有强烈政治色彩与阶级内容的东西。中国的孝道始盛于西周，西周贵族改造传统孝道并使之成为礼乐文化所表达的重要内容。西周以礼乐制度治理社会，很快出现了"成康盛世"，达到了为后世无限向往的中国历史前所未有的全盛时期。然而，西周统治不过二百多年，平王东迁后很快出现了"礼坏乐崩"的局面。周礼的主要内容是所谓"亲亲"和"尊尊"，"亲亲"指父子之亲，"尊尊"指由父子之亲推衍而来的君臣之义，孝道正是"亲亲"和"尊尊"的伦理基础，是周礼最本质的东西。而周礼的崩溃，最明显而最中要害的，恰是孝道的破坏，即上下等级的破坏。

孔子生活在春秋末叶，距西周初已有五百年之久，司马迁所谓"孔子之时，周室微而礼乐废"[①]的说法，正表明了当时礼乐文化已彻底崩坏的真实情况。如何挽回世道人心，坚持西周以来所形成的中国文化的伦理道德的发展方向，孔子及其所开创的儒家学派是起了相当大的作用的。他们给现实病痛开出的药方，是通过大力弘传孝道来"复礼"，即使社会恢复到君君臣臣父父子子的西周盛世。然而，战国纷争，讲求耕战，儒家学术被视为不合时宜，孝道伦理未得深入普及，只是孝道理论渐趋完善而已。在巨大的社会经

---

① 《史记·孔子世家》，《史记》卷四十七，中华书局，1959年，第1935页。

济、政治变革面前，传统孝道所面临的命运，只能是受到冲击和涤荡，乃至一蹶不振。

秦国起于西陲，俗尚功利，非诗书而毁礼乐，弃仁义而蔑孝悌，终致短祚。汉兴，陆贾为高祖陈古今治乱之迹，儒家孝道又重新得到重视。汉初几代帝王倡行孝悌，化成天下，遂奠定汉代"以孝治天下"之格局。西汉中期以后君主察孝廉、举力田，养三老、敬五更，使三代养老敬亲的礼乐传统渐次得以恢复，并影响了中国后世两千年历朝政治制度的走向与特点，此乃两汉前中国传统孝道发生发展之大观。

一、两汉：儒家孝道伦理的社会化

随着礼坏乐崩和东周封建宗法制度的瓦解，由夏商周三代而来的传统孝道也日益走向衰微，不能够继续担当其在意识形态方面的使命。但是，孝道的衰微却并非自身的灭亡，而是一种"转构"，即结构的转化，这是一个由封建宗法制的观念向专制帝国新型伦理的转构过程。孝道作为宗法制下礼乐文化所表达的重要内容，它向新型伦理观念的转构过程，当与中国历史的走向专制帝国化的过程相始终。即是说，这种转构当始于春秋开始的礼坏乐崩，迅速发展于战国，最后至西汉方告完成。在这一过程中，不断充实和修正传统孝道的新观念，主要来自春秋战国思想界和汉代政治家。

先秦时期百家争鸣各抒己见的结果，使得孝道成了一种纯观念形式的伦理哲学，脱离了礼乐形式而孤立出来成为道德教条。其中儒家学派对中国传统孝道的总结与发挥，使孝的伦理发展为一套完整的体系，儒家经典《孝经》的成书，即标志着孝道转构在理论上的基本完成，汉代以后盛行的孝道，其基本内容大都出于儒家。

学者谈到周秦之变，往往都从秦朝焚书坑儒到汉朝独尊儒术的变化谈起。汉初的政治家和思想家，非常重视总结秦亡的教训。秦王朝为何短命？一个极其重要的原因就在于它反传统太过。陆贾常常在刘邦面前称颂儒家经典，刘邦却大骂："乃公居马上得之，安事《诗》《书》！"陆贾反驳说："居马上得之，宁可以马上治之乎？且汤、武逆取而以顺守之，文武并用，长久之术也。昔者吴王夫差、智伯极武而亡，秦任刑法不变，卒灭赵氏。乡

儒家孝道的历史命运——两汉至晚清中国传统孝道的演变

(向)使秦已并天下,行仁义,法先圣,陛下安得而有之?"① 刘邦有悔惭之意,乃命陆贾总结古代及秦汉成败的历史教训。陆贾著成《新语》十二篇,每一篇宣读之后,刘邦"未尝不称善",而且"左右呼万岁"。《新语》反复讲"薄德者位危,去道者身亡"的道理,认定"弃仁义必败","尚酷刑必亡",将秦亡的原因归结为"用刑太极"和"不并仁义"。② 贾谊的《过秦论》是总结秦亡教训的名篇,文章认为"违礼义""弃伦理""灭四维"是使强秦昙花一现的主要原因,最后结论是"仁义不施,而攻守之势异也"。③ "攻守之势异也",是说历史条件有了变化,革命时期所极力反对的仁义孝悌,在取得政权之后就不宜再批,而应加以改造利用。贾谊主张依据儒家的仁义孝悌学说来建立汉家的统治思想,张四维,明上下:

> 夫立君臣,等上下,使父子有礼,六亲有纪,此非天之所为也,人之所设也。……今四维犹未备也,故奸人冀幸,而众下疑惑矣。岂如今定经制,令主主臣臣,上下有差,父子六亲各得其宜;奸人无所冀幸,群众信上而不疑惑哉。此业一定,世世常安,而后有所持循矣。若夫经制不定,是犹渡江河无维楫,中流而遇风波也,船必覆矣。④

强调"父子六亲各得其宜",即是认定孝悌伦理可以维护尊卑等级秩序,使汉王朝长治久安。叔孙通也算得上汉初一位通达时变的大儒,他和弟子们为刘邦制定朝廷礼仪,使得粗俗的功臣名将们知晓了上下礼仪,在仪式中"自诸侯王以下莫不振恐肃静",高祖大喜:"吾乃今日知为皇帝之贵也。"⑤叔孙通的贡献在于,以儒家的精神解决了统治者的"当世之要务",让统治

---

① 《史记·郦生陆贾列传》,《史记》卷九十七,中华书局,1959年,第2699页。"赵氏":秦之国姓,即嬴氏。《史记索引》引韦昭曰:"秦伯益后,与赵同出非廉,至造父,有功于穆王,封之赵城,由此一姓赵氏。"
② 陆贾:《新语·道基》,《诸子集成》第七册,中华书局,1954年,第3页。
③ 贾谊:《过秦论》上,《史记》卷六,中华书局,1959年,第282页。
④ 贾谊:《新书·俗激》,《汉魏丛书》,吉林大学出版社,1992年,第474-475页。
⑤ 《史记·刘敬叔孙通列传》,《史记》卷九十九,中华书局,1959年,第2723页。

经史求识录

者看到了儒学的价值,推动了儒学的复兴。

经过汉初一段时间的探索和实践,人们逐渐认识到儒家思想最适应当时专制政治的需要,汉王朝选择了以儒家学说为主干建立起新的统治思想。而新的统治思想的成型,是在汉朝建国七八十年后的汉武帝时代。所谓"独尊儒术",并非只是重用儒生治理天下,更重要的是把儒学作为治国理政的指导思想,所以,汉武帝将儒家经学正式确定为官学。维护家族血缘关系的孝悌伦理,是儒学大厦的基石,汉儒毫不犹豫地继承了孔子以来"以孝为教"的儒家教义,并发展为"以孝治天下"的治国理念。经学的产生是独尊儒术的结果,《孝经》经学地位的确立,可看作孝治天下思想最后形成的标志。

独尊儒术之后才有经学,汉武帝时置《诗》《书》《礼》《易》《春秋》五经博士,后增《论语》而为六经,再增《孝经》为七经。但《孝经》的复出必在汉惠帝以前,因文帝时既已设置《孝经》等"传记博士",[①] 令天下诵习,当然必须有《孝经》的文字文本。武帝后的儒生在接受五经教育之前,都必须诵习《论语》和《孝经》。结合《孝经》的传播过程和汉代孝观念的发展历史来考察,可明显看出《孝经》对"孝治天下"基本国策之确立的理论基点作用。在先秦儒家传统的伦理理论中,君臣、父子、夫妇、兄弟、朋友五种人伦关系叫作"五伦",讲究的是"父子有亲,君臣有义,夫妇有别,长幼有序,朋友有信"(《孟子·滕文公上》),人际关系基本是双向的,对双方皆有道德要求:父义、母慈、兄友、弟恭、子孝,"君使臣以礼,臣事君以忠"(《论语·八佾》)。但在《孝经》的理论体系中,却发生了两个明显的变化。

首先,是把忠孝混同起来,用孝的内容解释忠的意义,使忠孝合一。《广扬名章》说:"君子之事亲孝,故忠可移于君;事兄悌,故顺可移于长;居家理,故治可移于官。"《开宗明义章》也说:"夫孝,始于事亲,中于事君,终于立身。"汉儒对此多有认同,如陆贾就说:"在朝者忠于君,在家者

[①] 元代黄潽《项霦孝经述注序》:"帝王之治,孰有加于孝乎?汉文置《孝经》博士,几致刑错。"见影印文渊阁《四库全书》第182册,上海古籍出版社,1987年,第143页。

孝于亲。"① 又如《汉书·严助传》引严助上书曰："臣事君，犹子事父母也。"② 相同的言论在汉代文献中相当多，到了董仲舒则集其大成。《春秋繁露·五行对》说："忠臣之义，孝子之行，取之土。土者，五行最贵者也，其义不可以加矣。"③ 不仅用阴阳五行之说解释孝，使之神秘化，而且把孝与忠结合起来。先秦法家韩非在《韩非子·忠孝》中提出，"臣事君，子事父，妻事夫，三者顺则天下治，三者逆则天下乱，此天下之常道也"，董仲舒在此基础上进一步提出了三纲学说，即君为臣纲、父为子纲、夫为妻纲。他在《春秋繁露·基义》中说：

> 君臣父子夫妇之义，皆取诸阴阳之道。君为阳，臣为阴；父为阳，子为阴；夫为阳，妻为阴。阴道无所独行，其始也，不得专起；其终也，不得分功。
>
> 是故仁义制度之数，尽取之天。天为君而覆露之，地为臣而持载之；阳为夫而生之，阴为妇而助之；春为父而生之，夏为子而养之，秋为死而棺之，冬为痛而丧之。王道之三纲，可求于天。④

这里肯定了君臣、父子、夫妇之间的尊卑从属关系，并将这种关系说成是出于上天的，无所更改的。不仅于此，他在《春秋繁露·阳尊阴卑》中还说：

> 丈夫虽贱皆为阳，妇人虽贵皆为阴。阴之中亦相为阴，阳之中亦相为阳。诸在上者，皆为其下阳；诸在下者，各为其上阴。⑤

值得注意的是，此处强调凡"在上者，皆为其下阳"，"在下者，各为其上阴"，将尊卑等级名分规定得死死的，单方面要求下对上的义务，以强化家长的权力。总而言之，三纲说是集权社会的伦理准则，孝道至此正式成了

---

① 陆贾：《新语·至德》，《诸子集成》第七册，中华书局，1954年，第14页。
② 《汉书》卷六四，中华书局，1962年，第2790页。
③ 《汉魏丛书》，吉林大学出版社，1992年，第130页。
④ 《汉魏丛书》，吉林大学出版社，1992年，第135页。
⑤ 《汉魏丛书》，吉林大学出版社，1992年，第131页。

经史求识录

助长专制主义的工具。三纲说之提出，为儒家人伦思想及传统孝道观的一大变化。三纲说对后世影响甚远，如宋代理学便特重视纲常，而对三纲说的批判和清算，则要等到近代的五四运动时期。

其次，是明确提出"明王之以孝治天下"（《孝治章》）的命题和治国纲领。先王治理天下，最高的德和最重要的道就是孝，孝为德之本，既是道德的渊源，又是教民向善的出发点，孝乃"教之所由生"。在《孝经》的语境中，以孝治国乃先王治理天下的"至德要道"，最为合乎人情，因而也最为简捷和有效。所以《圣治章》又强调："圣人之教不肃而成，其政不严而治，其所因者本也。"《孝经》明确提出，推行孝道的目的便是把孝作为建立社会秩序的基础，在全社会贯彻孝的精神，以孝治理家国天下。所谓"孝顺天下""孝治天下"，正是贯穿全书的中心思想。在这里，孝道绝不再仅仅是属于家庭血缘内部的道德观念了，而具有了极其广泛的社会政治意义，孝道伦理空前地扩大化社会化了。

所谓"汉以孝治天下"，就是将孝道转化为治国的基本理念和具体方略。有汉一代，最重孝道，深刻地影响到了整个社会生活的方方面面，我们可以从以下几个方面的历史事实来具体说明。

汉代皇帝以"孝"为谥号，这是皇家重视孝道的最明显标志。除西汉高祖刘邦、东汉光武帝刘秀外，谥号皆标以"孝"字（西汉在位仅有四年的第三代少帝恭和第四代少帝弘，及东汉在位仅一年的第七代少帝懿不算）。其中惠帝和文帝都有"仁孝"之名，东汉章帝侍母至孝，明帝躬行养老之礼，都受到史家的称赞。另外汉室宗亲亦多以孝闻名，据舒大刚先生统计，两汉谥号中有"孝"字的诸侯便有二十四位，"如果有不孝行为，即使贵为王侯也有可能被夺爵失位，甚至弃世"[1]。为什么皇家要特别推崇这个"孝"字？《汉书·惠帝纪》"孝惠皇帝"句下颜师古注曰："孝子善述父之志，故汉家之谥，自惠帝已下皆称孝也。"[2] 看来此事绝非偶然，汉代统治者标榜孝道，其目的不外是无改于父之道，通过世代不绝的尊祖敬宗来善继祖先之志，以求一族一姓血亲统治权的万世延续。

---

[1] 《中国孝经学史》，福建人民出版社，2013年，第71页。
[2] 《汉书》卷二，中华书局，1962年，第86页。

儒家孝道的历史命运——两汉至晚清中国传统孝道的演变

在全社会鼓励孝道，褒奖孝行，提倡养老敬老风气，是汉代孝治天下的另一个明显标志。《汉书·文帝纪》载文帝诏曰：

> 孝悌，天下之大顺也；力田，为生之本也；三老，众民之师也；廉吏，民之表也。朕甚嘉此二三大夫之行。①

可见在汉初即已看重孝悌了，随着孝治天下思想的发展成熟，孝的精神浸润了帝国文化和各项国策，对孝行的褒奖也便成了政府工作的常态。据两《汉书》所记，汉代全国性的孝悌表彰就有数十次，地方政府的褒奖更无从详计。这种对孝道的提倡，其目的当然是为了以孝化民，以建立前所未有的新的社会伦理秩序，即集权制帝国的社会伦理秩序。重视养老敬老则是对家庭孝养的扩大，目的是在全社会造成风气，以稳定家庭和社会。汉代养老敬老的具体措施，一是物资赏赐，如文帝曾颁布养老令，规定对八十和九十岁以上老人每年赐以一定的米、肉、酒、帛。二是减免租税和徭役，汉代规定年高者种田可以免租，为市可以免赋。三是赐予官爵，汉代保留西周制度，在郡、县、乡三级设有"三老"之位。四是刑律方面的宽免政策，对年满八十的老人，只要不是杀人首犯或诬告，可以免于追究刑责。五是礼遇和旌表，西汉对高年老人赐以王杖，上有鸠饰，俗称"鸠杖"，持杖者可入官府不趋，百姓见之则避让礼敬如见官员。②

确立"举孝廉"制度，以孝行来选拔人才，这是汉代推行孝治天下方针在官僚制度方面的创新。据《汉书·高后纪》，高后元年，初置孝弟力田各一人，禄二千石。这个"孝弟力田"当为新置的官名，大约只能以孝行素著者任之。《汉书·武帝纪》载："元光元年冬十一月，初令郡国举孝廉。"③ 令天下各郡推荐孝悌清廉者入京为官，称被推荐者为"孝廉"。元朔元年，武帝下诏督促各地广推孝廉："深诏执事，兴廉举孝，庶几成风，绍休圣绪。"并严厉责成中二千石、礼官、博士等合议地方推举不力之罪。"有司奏议曰：

---

① 《汉书》卷四，中华书局，1962年，第124页。
② 关于历代王朝的养老推行机制，可参看康学伟《中华民族养老传统的历史内涵及现实意义》，《吉林师范大学学报》2018年第3期。
③ 《汉书》卷六，中华书局，1962年，第160页。

经史求识录

不举孝,不奉诏,当以不敬论。不察廉,不胜任也,当免。"[①] 在武帝的强力推行下,"举孝廉"之法遂成定制,成了汉代重要的仕进途径之一。据《汉书》本传,孟喜、京房、王吉、师丹等著名人物,入仕之初均以举孝廉为郎。这种制度为东汉所继承,后世亦多沿用,隋唐时曾一度废止,至宋、明复旧,清代改称"孝廉方正",可见其影响之深。以孝行选拔人才并非一时的心血来潮,它是与孝治天下的基本国策相适应的。被举孝廉之人在仕进前本已孝名在外,成为政府官员后自然极力推行孝治,所以宋人徐天麟说,汉代"得人之盛,则莫如孝廉,斯为后世所不能及"[②]。而行孝能够打开仕途这一事实本身,对于民众所产生的导向作用,更不是一般性的宣传所能起到的。

在汉代,推崇儒家经学已经成了当时的时代精神,从学理上使《孝经》经典化、神圣化的过程我们上文已经谈到。需要补充说明的是,汉代孝治天下绝不是只限于政治理论、学术研讨或社会思潮等层面上,汉人的以孝治天下有着一整套的推行机制,并以此来向整个社会进行孝的教育。不仅皇帝要研读《孝经》,皇子皇孙学习《孝经》,贵族子弟诵习《孝经》,地方官吏传习《孝经》,平民启蒙也要从《孝经》开始。史载,当时各乡、聚均设"《孝经》师"[③] 一人,这说明孝的教育已普及到了乡村。据《后汉书·郑范陈贾张列传》,经师范升"九岁通《论语》《孝经》"[④],可见《孝经》又是汉代学童启蒙的教科书。于是,儒家孝道通过《孝经》立为经典而成为统治者推行的主流思想,通过各级各类学校等途径,向社会各个阶层进行系统传播,在当时和后世都产生了非常广泛的影响。我们说孝道是中国的国粹,孝文化早已融入国民的血液中,那么,这种文化就是在汉代定型的。

历史地看,两汉孝道已经超出家庭血缘的范围,完全社会化了。汉代所确立的以孝为中心的新型社会秩序大体上适合于当时小农经济的发展,使两汉政权延续了四百年之久。

---

① 《汉书》卷六,中华书局,1962 年,第 166-167 页。
② 《东汉会要·选举上》,《东汉会要》,上海古籍出版社,2006 年。
③ 《汉书·平帝纪》:"乡曰庠,聚曰序,序、庠置《孝经》师一人。"《汉书》卷一二,中华书局,1962 年,第 355 页。
④ 《后汉书》卷三六,中华书局,1965 年,第 1226 页。

二、魏晋南北朝：孝道家族本位的回归

魏晋南北朝时期政权不断更迭变换，社会思潮变化比较大，没有哪一种思想能够长期占据统治地位。在意识形态未能长期定于一尊的情况下，在分合聚散、治乱兴亡之间，孝道所受到的待遇却比较奇特，并未因为战乱而遭到太多冷遇。往往是政权危急时不大有人讲，而一旦建立了新的政权，社会相对稳定一点后，其地位便有所上升，逐渐成为当时社会的主导思想，甚至进而成为各个大小王朝的治国纲领。

本期孝道思想的重要特点和表现，便是特别看重家庭和家族的利益，与两汉时期不同，孝亲意识逐步发展超越了忠君的意识，显示了孝道向家族本位的回归倾向。唐长孺先生有《魏晋南朝的君父先后论》一文，[①] 对当时士人关于君父先后的言论进行了考核论述，由一个侧面反映了当时与孝道有关的社会思潮。君、父孰轻孰重，忠孝能否两全，这在先秦时期就是一个难解的命题，所以才有孟子与其弟子探讨瞽瞍杀人舜帝如何面对的记载。这是一个假设的命题，但现实中绝不缺乏真实的案例。一般说来，先秦时代孝的地位要高于忠，所以人们对于忠孝的矛盾能够采取比较达观的态度。比如《韩诗外传》卷七记载：

> 齐宣王谓田过曰："吾闻儒者亲丧三年、君丧三年，君与父孰重？"过对曰："殆不如父重。"王忿然曰："曷为士去亲而事君？"对曰："非君之土地，无以处吾亲；非君之禄，无以养吾亲；非君之爵，无以尊显吾亲。受之于君，致之于亲，凡事君，以为亲也。"宣王悒然，无以应之。[②]

君臣二人的对话很能说明问题，田过说的是真心话，颇可代表士阶层的普遍心理。汉代由于君主集权的政治需要，强调忠孝一体，忠是最大的孝，孝道逐渐成为忠道的附庸，这些我们在上文已经说过了。而到了魏晋南北朝时

[①] 《魏晋南北朝史论拾遗》，中华书局，1983年，第187页。

[②] 《汉魏丛书》，吉林大学出版社，1992年，第53页。

期，由于社会动荡、政局纷乱以及门阀士族兴起、儒释道三家思想开始糅合等因素的综合作用，忠与孝的关系又颠倒了过来。繁复的史料表明，当时的孝道地位明显高于忠道，孝亲重于忠君，已经成为主流的社会思潮。大名士嵇康的被杀，原因当然是对司马氏的不忠，但杀人理由却是因为他的朋友吕安不孝，连及嵇康，被戴上一顶"名教罪人"的帽子。大家熟知的李密《陈情表》，其背后即讲述一个孝亲重于忠君的伦理故事，而李密本人也因此得列《晋书·孝友传》，孝名播于千古。鲁迅先生在谈到魏晋时期统治者言必称孝的特点时曾说："为什么要以孝治天下呢？因为天位从禅位即巧取豪夺而来，若主张以忠治天下，他们的立脚点便不稳，办事便棘手，立论也难了，所以一定要以孝治天下。"①

此外还有两点应引起我们注意。

一是孝道思想的广泛化和平民化，当时出现了很多的孝子，列入《二十四孝》中的三国两晋南北朝时期孝子达八人之多："怀橘遗亲"的陆绩、"埋儿奉母"的郭巨、"闻雷泣墓"的王裒、"卧冰求鲤"的王祥、"恣蚊饱血"的吴猛、"扼虎救父"的杨香、"哭竹生笋"的孟宗、"尝粪忧心"的黔娄，都是当时孝子的典范，各种史书上记载的孝子更是数不胜数。大量史料表明，这一时期的民众都以行孝为荣，形成了一种社会风气，不仅尽心尽力侍奉父母，甚至古老流传的大复仇思想、厚葬久丧习俗和依时祭奠礼节等等，都得到延续和加倍的重视。

二是执政者和社会各界对孝道与《孝经》的普遍重视。魏晋南北朝时期的基本社会风尚是"纵诞"与"节行"并存，"玄言"与"清议"同在，儒学并不受到特殊的厚待。但说来奇怪，皇帝和各级统治者却都提倡孝道，《孝经》学空前繁荣。比如晋孝武帝、梁武帝、梁简文帝等皇帝都带头研究《孝经》，讲解和注释《孝经》；设立《孝经》博士，使《孝经》传授制度化；一些目录书将《孝经》列于《易》《诗》之前，成为"经部"之首；多有僧人、道士和玄学之士注解《孝经》，使《孝经》之学更加哲理化；北朝出现《孝经》的少数民族语言译本和著作，标志着《孝经》传播得更加广泛和影响更为深远。所有这些，都是前所未有的，值得我们特别注意和认真研究。

---

① 《而已集·魏晋风度及文章与药及酒之关系》，人民文学出版社，1973年，第93页。

三、隋唐五代：孝道的法律化和孝道与佛教的融合

隋唐五代时期传统孝道的内容更加丰富，既实现了对前代的继承和延伸，又展现了其独特的时代特征。总体看来，孝道在社会生活中的地位并没有汉代那么至高无上，对孝道的推崇程度也不如魏晋南北朝时期，但仍然在社会意识形态中占有不可替代的统治地位，在各种社会思潮的交融渗透中处于上风。具体有以下几个方面的情况值得分析。

一是不同历史时期的统治者都坚持汉代孝道的基本精神，以"孝治天下"作为立国理政的基本原则。其具体表现是国家的上层建筑引入了孝道精神：诸如礼乐典章制度、法律法规、文化教育等各个方面莫不如此，尤其是各项政治制度，如科举考试、官员选拔和奖惩升黜、丁忧致仕制度等，都体现了与孝道相关的考量。可以说，孝道已经浸透了整个社会生活。

二是《孝经》学的深入研究和广泛流传。太宗李世民时便开始整理《孝经》，高宗时期更把通晓《孝经》作为考核官员的一项标准，玄宗李隆基继位后亲自注释《孝经》，使《孝经》成了《十三经注疏》中唯一一部由皇帝御注的儒家经典，并"诏天下民间家藏《孝经》一本"①。唐太宗、玄宗、肃宗等都留下了关于孝道的理论阐述，很多名臣也留下了阐发孝道的宏论。论者认为，这与唐代皇族弑君逼父、杀兄屠弟的反忠孝行为有关，主要讲的是所谓"天子之孝"，在孝道理论方面为新皇帝继位提供依据，以掩人耳目。但无论如何，最高统治者张扬孝道，赋予《孝经》丰富的政治含义，还是推动了《孝经》和孝文化的研究。政府还要求各级学校把《孝经》作为必修课，在学习成绩和操守方面严格考查学生。这对于孝文化在社会上的普及和孝道风气的形成，无疑具有巨大的推动作用。

三是孝道对当时的法律产生了深刻影响。有人称这种现象为孝思想的法律化或传统法律的儒家化，总之是指孝道已经超出道德的范畴，其精神被写进了法典之中，以国家法律的形式予以强制推行。以《唐律疏议》为例，这

---

① 见《旧唐书·玄宗本纪下》天宝三年、《旧唐书》卷九，中华书局，1975年，第218页。另《新唐书·玄宗本纪》亦载："天宝三载……诏天下家藏《孝经》。"

经史求识录

是唐朝刑律及其疏注的合编，也是中国乃至东亚最早的成文法典之一。在首篇《名例律第一》（相当于总则）中即规定了十项不得宽免（十恶不赦）的罪名：谋反、谋大逆、谋叛、恶逆、不道、大不敬、不孝、不睦、不义、内乱，将"不孝"作为十恶重罪之一。据研究者统计，其具体法律条文和疏议中涉及孝道的条款有58条之多，占全部条款的十分之一以上。其中详尽规定了子女尽孝行为的种种正面要求和反面约束，以保障父祖前辈的权益。唐律在中国法制史上占有重要地位，其完备的内容被后世各朝代奉为楷模，其中所体现的孝伦理思想和孝治精神，影响十分深远。

四是佛教与中国孝道的结合，不但使中国式的教义更适合中国社会，而且促进了孝道的进一步传播。佛教自汉代东传中国，到南北朝以后发展迅速，势力日趋隆盛，寺院林立，遍布全国名山大川。晚唐杜牧有"南朝四百八十寺，多少楼台烟雨中"的诗句，即说明了佛教文化的兴盛。在唐代，外来的佛教与本土的儒学及道教长期冲突，统治阶级内部"排佛"与"佞佛"的争论也长期不休，大家熟知的韩愈因谏迎佛骨而"夕贬潮州路八千"的故事就是一个生动的实例。佛教为了传播，不得不对其本身的教义和实践形式做不断的修改，以适应外部的社会环境和文化压力。汉传佛教对中国孝道的受容和高度重视，就是一个极其说明问题的例子。佛教与中国传统的伦理文化相结合，形成了独具中国特色的佛教。以"诸恶莫作、众善奉行"为行为指导的佛教教义，与孝道文化有着天然的契合度，自然乐于以此来教化信众。而佛教对孝道的弘扬，更巩固了孝道的地位，并使得本来处于伦理范畴的孝道，又涂抹上了一层宗教赋予的超自然的神秘光彩。

五是当时的民间孝道已经形成风气。比如数代同居的大家庭成了唐代社会推崇和流行的行孝方式，高宗时郓州张公艺一家竟然九世同堂，合家九百人同居共财，事载《旧唐书·孝友传》，最为后人称道。唐代还盛行女教书，比如《女论语》《女孝经》，专门教育女性如何奉行孝道，这两本书一直流传到今天。此外还有史不绝书的孝子孝妇故事，以及唐诗中保留的大量歌咏孝道亲情的诗篇，都从不同侧面反映了真实的社会生活画卷。至于"割股疗亲"一类的民间行为，则属于孝道践行中的极端现象，而白居易、韩愈、柳宗元等文人对于割股疗亲问题所持的不同看法和议论，恰恰可以有助于我们认知当时民间孝道盛行的一般状况。

四、宋辽金元：孝道的理学化及其在域内少数民族政权的传播和影响

宋辽金元时期是专制帝国由鼎盛开始走向衰亡的时期，中央集权的君主专制制度开始进一步强化，统治者要求整个社会建立起以"三纲五常"为基础的统治秩序。与此相应，孝道进一步演化，演化的总体趋势分为两途：一方面是孝道的理学化，孝道即天理，统治者大力推行，士大夫积极鼓吹，在政治上沦为强化君主独裁和父权专制的工具，成为统治者行政的理论基础和社会正统思想。另一方面是孝道的民间化与通俗化，在民间的孝道实践中，对父母无条件服从成为孝道的基本要求，"天下无不是的父母"成为世人的普遍信念，乃至族权膨胀、愚孝泛滥，孝文化下人格严重不平等。而这两方面的特点，又直接对域内辽、金、西夏、元几个少数民族政权产生了深刻影响。

从孝道发展历史的角度看，两宋是一个很特别的时代，也可说是孝道发展的第二个黄金时代。孝道不但得到继续提倡，而且进一步成了普世伦理，自天子至于庶民都必须遵守的天道。这一基本特征即便与最早提出"孝治天下"国策的汉朝比起来，也毫不逊色。

统治者对孝道的热衷和大力提倡超过了其他朝代。史载宋太祖赵匡胤天性孝友，为得母亲欢心，改变了自周朝即已实行的传子制度，将帝位传于同母弟赵光义。为了弘扬孝道，太祖曾多次下诏，褒奖孝慈、孝悌，严禁父子异居，鼓励事亲尽孝，敦促地方察孝举廉。开宝二年（969年），群臣上其尊号为"应天广运、圣文神武、明道至德仁孝皇帝"；死后群臣又上谥号为"启运立极、英武睿文、神德圣功、至明大孝皇帝"。生号"仁孝"，死谥"大孝"，都突出这个"孝"字。以后的历代皇帝，也无不以"孝"自勉，尤其以孝宗最为出名。元人写的《宋史》赞叹仁宗之仁，孝宗之孝名副其实："宋之庙号，若仁宗之谓仁，孝宗之谓孝，其无愧焉，其无愧焉！"[①]

两宋时期将孝道的维护集权专制及稳定社会家庭作用发挥到了极致。朝廷不仅正面弘扬孝道，而且和唐朝一样，将"不孝"行为列入刑法，量刑很重。宋太祖建隆四年（963年），时任工部尚书判大理寺窦仪主持立法，制定

[①] 《宋史·孝宗本纪》，《宋史》卷三十五，中华书局，1985年，第692页。

经史求识录

完成了《宋建隆重详定刑统》,简称《宋刑统》,① 由宋太祖诏令颁行全国。《宋刑统》与前面提到的《唐律疏议》结构相同,也是十二篇,二者内容竟然基本一致。其中对"不孝"行为的界定和量刑的规定非常具体明确:凡詈骂、殴打或告发祖父母、父母者,处以绞、斩等极刑;凡儿子(包括养子)不供养父母、与父母别居异财者,处以一至三年徒刑;凡在父母丧葬和服丧期间有不孝行为,诸如忘哀作乐、服中生子、匿不举哀等等,皆处以徒刑、流放或杖刑;此外,对不听父母教诲、冒犯父祖名讳、僭越家族等级名分等一般不孝行为,也都制定了惩处的明文。

当时社会的正统思想是程朱理学,理学家认为孝道是人与生俱来的,孝顺父母是天经地义,进而在理论上和实践上出现了论证哲学化、教化普遍化、推广极端化、践行愚昧化等种种倾向。朱熹就讲:"三纲五常,终变不得,君臣依旧是君臣,父子依旧是父子","纲常千万年磨灭不得"。② 宋代的孝道已远远超出一般的家庭伦理范围,具有了极其广泛的社会性。"冠冕百行莫大于孝,范防百为莫大于义",③ 由于统治者的大力倡导,理学家的极力阐扬,孝道的种种表现在宋代发展到登峰造极的地步,一时孝子辈出,孝行花样翻新,甚至达到违反人性的程度。如同苏轼所总结:"上以孝取人,则勇者割股,怯者庐墓。"④

与两宋同时的辽、金、西夏三个少数民族政权,纵然崇尚弓马,习于弯弓射雕,却也不废孔教。三朝都曾效法中原,以科举取士,提倡尊孔读经。亦皆尝以本民族语言翻译儒家经典,其中尤以《孝经》为重。

契丹族建立的辽王朝在广泛吸纳传播中原王朝儒学思想时,实行孝道教育,以"在家尽孝,在国尽忠"的思想观念教育影响其子民,并把它作为治国治家的根本原则。检索史料,这方面的记载非常繁富。辽帝多因本身能尽孝道而被史家称颂,如辽太祖耶律阿保机侍母至孝,史载:神册四年九月,太祖"征乌古部,道闻皇太后不豫,一日驰六百里还,侍太后。病间,复还军中"⑤。另据《辽史》

---

① 《宋刑统(上/下)》,台湾文海出版社出版,1963年。
② 《朱子语类·论语六》,《朱子语类》卷二十四,中华书局,1981年,第597页。
③ 《宋史·孝义传》,《宋史》卷四五六,中华书局,1985年,第13386页。
④ 《宋史·选举志一》,《宋史》卷一五五,中华书局,1985年,第3617页。
⑤ 《辽史·太祖纪》,《辽史》卷二,中华书局,1974年,第15页。

儒家孝道的历史命运——两汉至晚清中国传统孝道的演变

和《契丹国志》，太宗、圣宗、兴宗等皆有率先垂范力行孝道的事迹。所以，同汉代一样，在辽代九帝中，除太祖和末代天祚帝外，其余诸帝谥号均冠以"孝"字。辽统治者重视中原儒家的伦理道德，为使辽代社会普遍接受"孝悌"等伦理观念，还以下达诏令、行养老礼、以儒家经典开科取士等多种方式大力倡导和广为宣传。史料表明，"孝悌"观念在辽国已深入人心，孝敬父母和忠君报国已成为完善个人道德和实现人生价值的官方标准，为辽代社会秩序的稳定和统治基础的牢固起到了重要作用。大辽立国二百余年，绝非荒蛮落后之邦。

由女真人建立的金国，虽崛起于白山黑水之间，但亦深知"人之行，莫大于孝，亦由教而后能"①的儒家孝道精髓。统治者在行政中大力倡导孝道，用以教化官员与百姓。大定二十三年，金世宗诏令以女真文字翻译"五经"和《孝经》，并以《孝经》赐护卫亲军及每百户各一部。世宗曾对臣下说："朕所以令译'五经'者，正欲女直人知仁义道德所在耳。"②据《金史》《章宗本纪》和《选举志》记载，章宗令科举会试于《孝经》等儒家经典中出题，更令近卫亲军必习《孝经》与《论语》。由于统治者的重视和推行，金国贵胄、士人及其夫人子女往往都是自幼习读《孝经》。以儒家忠孝之道化民，甚至以法律的手段强制性地推广和维护孝道，使得金朝渐成礼仪之邦，文化和文明的程度虽与南宋不能相比，但却远胜辽国和西夏。

西夏是党项拓跋氏后人李元昊建立的西北少数民族政权，以兴庆府为中心，其主体民族以原居青藏高原的党项羌族为主，素以游牧为业，以能征善战著称。迁移、割据西北建国之后，因为善于学习中原文化，使其文明程度提高很快。夏主李元昊设立"蕃学"，自制"蕃书"，即创制、总结和统一西夏文字。史载元昊"教国人纪事用蕃书，而译《孝经》《尔雅》《四言杂字》为蕃语"③。后又广建学堂，兴科举，翻译儒家其他典籍，使得儒家的伦理观念和道德标准逐渐进入西夏社会主流，对整个民族产生了广泛深远的影响。就孝道而言，西夏人本来就有孝祖敬宗的传统，受中原儒家文化的熏陶浸染之后，更加重视伦理，形成了忠孝为先、敬老尊贤的风气。西夏统治者利用

---

① 《金史·梁肃传》，《金史》卷八十九，中华书局，1975年，第1984页。
② 《金史·世宗本纪下》，《金史》卷八，中华书局，1975年，第184页。
③ 《宋史·外国一·夏国传上》，《宋史》卷四八五，中华书局，1985年，第13995页。

儒家思想教化民众，对社会的稳定和政权的巩固起到了很大的作用。

要而言之，宋、辽、金、西夏皆归本儒术，但以两宋为中心。三个少数民族政权都以游牧为主，其社会结构与宋朝不同，虽力追汉化，孝道在其意识形态中的作用仍与宋朝不可同日而语。

元朝建立后，尽管政权是蒙古族入主中原所建，但中国的孝文化并未中断，仍在继续发展。元代尚武轻文，以戎马征天下，元初学制不立，科举不兴，一度斯文暗淡。至元年间，元世祖忽必烈始"依前代立国学，选蒙古人诸职官子孙百人，专命师儒教习经书，俟其艺成，然后试用"[1]。后又定国子学制，规定凡读书必先读《孝经》。元武宗时，中书左丞孛罗铁木儿进献所译蒙古文《孝经》，武宗诏令天下："此乃孔子之微言，自王公达于庶民，皆当由是而行。其命中书省刻板模印，诸王而下皆赐之。"[2] 元人科举，首重儒经，仁宗皇庆二年（1313年）诏曰："举人宜以德行为首，试艺则以经术为先，词章次之。"[3] 于此可见元朝统治者还是极力推崇儒学维护孝道伦理的，虽然对孝道的重视程度不如宋代。随着统治者对汉民族传统和儒家思想文化的深入了解与逐步认同，元代在思想学术上终于归宗于儒学，儒家以孝为核心的伦理道德也逐渐在社会生活中占据了主导地位。从学术史看，理学是元代的正统学术，元学可视为宋学的组成部分。

至于民间对孝道的坚守，则更是毫无疑问，孝子孝行史不绝书。正如《元史·孝友传叙》所感叹的："元有天下，其教化未必古若也，而民以孝义闻者，盖不乏焉。岂非天理民彝之存于人心者，终不可泯欤！上之人，苟能因其所不泯者，复加劝奖而兴起之，则三代之治，亦可以渐复矣。"[4]

五、明清：孝道的哲学本原化和"天理""人欲"之战

明清时期是中国古代历史的最后阶段，本期在政治上的特征是中央集权

---

[1] 《元史·选举志一》，《元史》卷八十一，中华书局，1976年，第2017页。
[2] 《元史·武宗本纪一》，《元史》卷二十二，中华书局，1976年，第486页。
[3] 《元史·选举志》，《元史》卷八十一，中华书局，1976年，第2018页。
[4] 《元史》卷一九七，中华书局，1976年，第4439页。

儒家孝道的历史命运——两汉至晚清中国传统孝道的演变

的专制主义制度进一步加强，经济上出现资本主义萌芽并得到缓慢发展，但自然经济仍占压倒地位。从思想文化上来看，"程朱理学"占据了文化宗主地位，成为社会的统治思想。宋明理学作为宋、元、明、清四代儒学，其显著特征是，较先秦、汉唐儒学更富于思辨色彩，力图将专制帝国的政治原则和伦理道德本原化，从不同的本体论角度，论证君臣父子上下秩序的永恒性，将纲常名教归结为宇宙的本原。宋明理学受到统治者青睐，成为专制社会晚期文化正宗的原因即在于此。与此相应，反映在伦理观念尤其是孝道文化方面，也是百变形态，表现多样。简单归纳，则是既重视提倡孝道，从哲学本体论的角度把孝道推崇到无以复加的高度，同时又向人性宣战，将"天理"和"人欲"对立起来，歪曲和愚化人心。至此，孝道渐失其自我更新不断完善的功能，走向了愚忠愚孝的深渊。本来，孔子及儒家所提倡的孝道，最讲究的是发自内心，出乎本性，纯真无伪。到了此时，则越来越违背人性，传统孝道终于走到了末路。

明朝和宋朝情况略近，为保万世一统的政治目的，统治者毫不犹豫地选择儒家"孝道"来作为维系社会稳定、促进家族和谐的治国良方。草莽起家的太祖朱元璋认定孝是"风化之本""古今之通义""帝王之先务"。查《明史·太祖本纪》《明太祖文集》及相关史料，朱元璋曾亲作《圣谕六言》《教民榜文》《大诰》等道德教条颁布天下，以忠孝之道教化下民。其诏书每每强调"孝亲忠君"，为树立"忠孝"为先的社会风气不遗余力。为加强忠孝教育，他还下令纂辑历代孝子忠臣事迹，编成《相鉴贤臣传》，并亲为作序。据《明通鉴》记载，朱元璋曾说"垂训立教，大要有三：曰敬天，曰忠君，曰孝亲。君能敬天，臣能忠君，子能孝亲，则人道立矣"[1]，可见他推崇孝道的实质是以孝隆君。后世的历代明朝皇帝对此家法心领神会，也不断以政府政令和皇帝敕旨等形式来倡导孝道，整个明代都相当重视孝道，提倡养老之政，教民以孝。明朝十二代皇帝中，皇帝的庙号、谥号或陵名，多用孝字。如"孝陵""孝宗""孝康"，尊谥中的"至孝""达孝""纯孝""广孝"等。甚至对皇后的德行也以孝行来评价，死后立谥号往往追赠一个"孝"字。如太祖高皇后曰"孝慈"，成祖徐皇后曰"仁孝"，仁宗张皇后曰"诚孝"，宣

---

[1] 夏燮：《明通鉴》卷八，沈仲九标点，中华书局，1959年，第413页。

经史求识录

宗孙皇后曰"孝恭",英宗钱皇后曰"孝庄"、周太后曰"孝肃",等等。

皇家极力倡导孝道,社会上当然上行下效,众臣工揣摩上意,广泛宣讲,学者们著书立说,大肆吹捧。当时科举以《孝经》为重,大有超越"四书""五经"之势。明代社会无论是正风俗、明人伦的道德教育还是幼儿启蒙,都将《孝经》放在首位。前所未有的一个现象是明代的女子《孝经》教育,大概与后宫的提倡孝道有关吧,上层社会和士大夫家庭的女子,往往由其父母或特聘的家庭教师来传授《孝经》,讲解孝道,一时蔚为风气。这些粗通经义的女子,相信忠孝节义是天地正道,虽不能移孝作忠建功立业,但亦可安于相夫教子,忠孝传家。《明史·列女传》记载烈女、节妇、孝女数百人事迹,皆关乎人性所存,伦常所系,读来令人叹惋。

明代的思想学术,乃是以统治者推崇的"程朱理学"为正统。为了维护君主专制的绝对权威,理学教义将忠君置于孝亲之上,甚至以忠君代替孝亲,将人性、理智、自然的传统孝道逐渐推向了"君要臣死臣不得不死,父要子亡子不得不亡"的极端境地。程朱理学以"天理"灭"人欲","以理杀人",在当时社会产生了巨大影响。有关"二十四孝"的故事,就是在这一背景下广泛流传以愚弄下民的。中国老百姓耳熟能详的"二十四孝",是在民间长期流传逐渐定型的二十四位孝子典型,其群体形象在北宋时即已形成。但"二十四孝"的图像只是较多地出现于宋元时期的墓葬之中,并没有登上大雅之堂。到了元末和明代,"二十四孝"才结集成书,刊印发行。有的还配有图绘,甚至被图画到一些公廨、庙宇的墙壁上,便于传诵和普及。到了清代,凡学校、书院、孔庙和几乎所有文化会所都有宣传二十四孝的壁画,配以颂诗或孝行本事。二十四孝的盛行,目的虽然是劝化孝道,但其愚昧诞妄的内容严重歪曲了传统孝道的精神实质,从一个侧面反映了当时孝道极端化愚昧化的现实。

到了明清相交之际,在社会的大震荡中涌现出了一批早期启蒙学者,他们意识到这是一个"天崩地解"的时代,是一个不得不变的时代,他们的共同思想倾向是反对专制主义和蒙昧主义,提倡"经世致用"的学风。李贽、方以智、黄宗羲、顾炎武、王夫之等人便是其中的杰出代表。启蒙,是借用西学的一个概念,指在批判专制主义和蒙昧主义的基础上,提倡人的平等和自由。明清之际的思想家强烈冲击了君主专制统治,带动了后世的民主思潮,所以后人往往称之为启蒙学者。在这一社会思潮盛行的过程中,宋明理学遭到了严厉的批判。

满洲入主中原建立清政权,为巩固其统治地位,除了以高压政策、满蒙铁骑对付汉人的反抗外,还自觉地接受儒教,迅速汉化,用忠孝伦理来规范人们的行为举止。顺治皇帝曾经亲自撰写《孝经衍义》;康熙皇帝颁布《圣谕十六条》,明确将"敦孝弟""重人伦""笃宗族""和乡党"列于"十六条"的前几条,提倡孝悌伦理,敕令在全社会广为宣讲;康熙和乾隆皇帝还多次在宫内开设"千叟宴",倡尊老养老之风。清朝亦把孝道引入法律规定,对于不孝父母之行为予以严惩,而对必须赡养父母的独生子罪犯则予以宽刑。在选官制度上,清人把汉代的"孝廉"和"贤良方正"两个科目合并,特设孝廉方正科,由地方荐举,赴礼部验看考试,授予知县等官职。总之,清朝并没有因为是少数民族政权而中辍孝道,反而千方百计,将国策和民俗引入中华正统的"孝治天下"轨道之中。

统治者尊崇孝道、以孝治国是一方面,随着集权专制的加强,传统孝道以"亲亲"为基石的内核却被换掉了,这是事物的另一方面。在这一过程中,宋明理学确实对人们造成了现实的严重危害,清代中叶学者戴震揭露得非常深刻:

> 尊者以理责卑,长者以理责幼,贵者以理责贱,虽失,谓之顺;卑者、幼者、贱者以理争之,虽得,谓之逆。……上以理责其下,而在下之罪,人人不胜指数。人死于法,犹有怜之者,死于理,其谁怜之?①
> 其所谓理者,同于酷吏之所谓法。酷吏以法杀人,后儒以理杀人,浸浸然舍法而论理,死矣,更无可救矣。②

在理学思想的统治下,上下等级十分严格。只能上以理责备下,下虽有理也只能忍耐,不能抗争。如果抗争,那就是叛逆。在这样的氛围里,人人都有数不清的罪,而且这种罪和刑事犯罪还不一样。人们死于法律的惩罚,

---

① 《孟子字义疏注》,《戴震集》,上海古籍出版社,1980年,第323页。
② 《与某书》,《戴震集》,上海古籍出版社,1980年,第188页。

也许还有人可怜他；人死在理的名目下，连可怜他的人都不会有。这样，其实质便是酷吏在以法杀人，后儒在以理杀人。戴震认为"理存于欲"，合理欲望的本身就是理，而不是欲之外还有什么理。程朱理学鼓吹"存天理灭人欲"，主张舍欲求理，看起来似乎很高尚，实际上却是灭绝人性，与传统儒家孝道的原教旨是完全背道而驰的。到了晚清，传统孝道已被扭曲和异化得面目全非，面临着整个系统的死寂和解体，即将退出历史舞台了。

辛亥革命前后，启蒙思想才重现光芒。传统的儒家孝道思想遭到了反传统人士的猛烈批判，学者们批判传统孝道的虚伪和保守，从而认为传统儒家孝道的愚孝行为有悖于人道。从反封建礼教、反集权专制、提倡民主与科学的角度看，这些批判当然是必要的，对推翻帝制、建立民国的伟大斗争产生了重要影响。

六、余　论

综上可知，孝道是儒家文化的精髓，也是专制政权用以维系社会、家庭稳定的理论基础和践行原则。自汉代开始直到清朝灭亡，历代统治者皆大力倡行孝道，儒家孝道对中华文明总体走向的影响是巨大而深刻的。它不仅成为中华民族虽历经劫难仍薪传不息的道德传统，而且内化为一种民族精神。尊崇孝道，以尊显父母、孝祖敬宗、光宗耀祖为荣，成为历代读书人乃至平民百姓共同之价值观。可以说，孝道在一定程度上决定了中国政治文化和民族心理的特点。

从孝观念的产生到孝道的形成，从西周贵族改造孝道并使之成为礼乐文化所表达的重要内容到春秋时代的礼坏乐崩，从孔子儒家对西周孝道的继承阐发到秦汉之变后孝道的重焕生机，从历代王朝治国之本到辛亥革命后对理学背景下愚忠愚孝的清算，中国的孝道伴随着我们走过了长达五千年的历史程途。从孝文化发展历史的角度来考察，我们可以说，中华五千年文化是一脉相承的伦理文化，伦理文化是我们民族的文化基因。这种伦理文化作用到政治上，就表现为人们常说的"伦理政治""家国同构"。政治是伦理型的政治，伦理是政治型的伦理。所谓"家国同构"，就是把国家看作家庭的一种特殊形式，把国家中君臣之间、上下之间的政治关系比附为家庭中父子和夫

儒家孝道的历史命运——两汉至晚清中国传统孝道的演变

妇之间的伦理关系，进而把处理父子夫妇关系的伦理原则和处理君臣上下关系的政治原则完全画等号。关于这一点，好多研究中国文化的学者都已反复指出过了。那么，为什么中国会老早就形成这种伦理观念并延续数千年不变？任何类型的文化都有一个产生的背景。伦理文化是在一个什么样的背景下产生的呢？

中国是大陆国家，中华民族一直生活在广阔的大陆上，所以是以农业为主的。在农业的条件下，土地是财富的根本和基础。在古代的氏族社会，氏族团体——公社是以血缘关系为纽带的，人们自然看重血缘亲情，这很好理解。即使到了阶级社会，经济有了较大发展，也还是脱离不了血缘的纽带。在中国这样的农业国家里，农业是生产的主要形式，农民依靠土地生存，而土地又是不能随着人搬迁移动的。所以，人们一般都生活在他们祖祖辈辈生活的地方。这样，由于同处于一个经济共同体，一家数代人往往要生活在一起，自然就发展起了中国的家族制度。家族制度是古代中国基本的社会关系制度，中国社会是以血缘宗法制为特征的社会，最重视的当然就是人与人之间的和睦关系。进入阶级社会之后，传统的人际关系有父子、兄弟、夫妇、君臣、朋友五种，其中前三种是家族血缘关系，后两种虽然不是家族关系了，但可以按家族来理解。君臣关系按照父子关系对待，朋友关系则按照兄弟关系对待。前些年学者们热衷于探讨中国封建社会超稳定结构（延续几千年，历次革命都是换汤不换药，新的朝代照旧是独裁帝国）的原因，人们找出来很多，每一条都有一定的道理。在我看来，其终极原因还在于农业社会和建立于其上的家族宗法制度。而世袭、家天下，也正是农业社会下家族宗法制度的产物。

二十世纪更是重新审视传统的时代，孝道当然又受到了严格的审查和质疑。"文化大革命"更是把文化传统几乎连根抛掉，"孝子贤孙"成了和"牛鬼蛇神"画等号的贬义词。那么，在二十一世纪的今天，我们应该如何看待传统孝道？我以为有两个前提必须明确。

第一，农业经济条件下父子相承的宗法血亲制度是传统孝道的唯一基础，"孝"是维系宗法世袭制度的核心思想纽带。我们早已经走出了农业社会，推翻了宗法世袭的封建等级制度，建立了中华人民共和国，并和世界一起跨入了后工业时代，"以孝治天下"失去了基础，再也不会粉墨登场了。

经史求识录

那种认为大力推行孝道，重新以儒教立国便可人心复古、道德回归、国以大治的想法是迂腐可笑的，绝对行不通的。

第二，孝观念本是伴随着人类自身再生产而自然产生的"亲亲"之情，是子女对父母之爱的报答，是纯真无伪的情感，并不具有阶级性。只是到了阶级社会，它才与宗法制度相结合，成了统治者的工具。所以，阶级社会中带有一副帮凶嘴脸的"孝道"，实是原始孝观念的异化形态。我们应该反对的是人为地强加给它的那些东西，而不能把"亲亲"这个内核也扔掉了。其实，这个内核是无法消灭的，只要人类继续繁衍生存，这种"亲亲"之情就会存在，未来的社会亦然如此。有鉴于此，我们应该认真研究这种万古长存的自然情感，将其升华为爱父母亲人、爱他人、爱人类的普世之爱，以提高我们民族乃至全人类的道德水准。从这个角度看，孝道这一中华民族的"国粹"，在新世纪完全可以重新焕发生机！

（原载《孔学堂》2019 年第三期）

中华民族养老传统的
历史内涵及现实意义

忠、孝道德是中华民族两大基本传统道德行为准则，而养老则是由孝道推衍而来的与孝道密不可分的重要传统德目之一，它已经超出了家庭血缘关系伦理的范畴，是任何社会都不能忽略的重要问题。中华民族的养老观念起源于上古，并于西周时纳入"礼"制；儒家继承并重构养老理论，成为后世专制社会的意识形态；历代王朝不同程度地推行社会和家庭养老机制，以保障社会的平安和谐。重视传统养老文化并从中吸取智慧，对目前老龄化日益严重的中国社会具有重要的理论和现实意义。

一、养老理念的起源与养老礼的形成

我国重老尚齿的传统起源十分古远，它本是原始社会的一种美德。物质资料的再生产，使人们逐渐重视文化的代代传递，对具有丰富生产生活经验的前辈产生敬重与爱戴之情；而人类自身的再生产，又使人们从血缘上崇敬长者，产生"报本反始"的意向。所以，敬老养老本是生产力发展到一定程度后自然产生的社会习俗，它在母系氏族公社时即已形成，《礼记·礼运》中所谓"人不独亲其亲"是也。据史料记载，上古虞、夏、商、周各代都已具有了重老尚齿的观念和习俗：

> 昔有虞氏贵德而尚齿，夏后氏贵爵而尚齿，殷人贵富而尚齿，周人贵亲而尚齿。虞、夏、殷、周，天下之盛王也，未有遗年者，年之贵乎天下久矣，次乎事亲也。是故，朝廷同爵则尚齿。七十杖于朝，君问则

席。八十不俟朝，君问则就之，而悌达乎朝廷矣。(《礼记·祭义》)

尽管四代的道德观和评价事物的价值标准不尽相同，但重老尚齿的习俗却一脉相传。看来，养老理念的起源确乎是十分久远的。

关于养老礼的形成，文献中把它上推到了尧舜禹时代：

> 有虞氏养国老于上庠，养庶老于下庠。夏后氏养国老于东序，养庶老于西序。……有虞氏皇而祭，深衣而养老，夏后氏收而祭，燕衣而养老。(《礼记·王制》，并见《礼记·内则》)

在这里，养老已成了一种礼仪形式和教化手段，远远超出了自然习俗的范围，它不是要求对于传统美德的简单恢复，而是具有了新的深刻含义。这种养老之礼的目的何在？在以一夫一妻制家庭为主要生产单位的父系氏族公社时代，它的目的当然在于劝化人们敬养老人，以此协和家庭和社会关系，使部落稳定和生产发展。

不过，尧舜禹时代太过久远，当时的文献材料没有流传下来，或许当时根本就没有文献也未可知。目前我们能看到的《礼记》和其他文献中关于尧舜禹时代已行养老之礼的记载，很可能是后人根据周代的情况加以推测而描述出来的，不一定完全符合事实。但从现存可靠的文献材料来分析，至少在西周之时养老礼的定型是没有问题的。

据说，周人自西伯文王时即以善养老而闻于天下，《孟子·尽心上》说：

> 伯夷辟纣，居北海之滨，闻文王作，兴曰："盍归乎来，吾闻西伯善养老者。"太公辟纣，居东海之滨，闻文王作，兴曰："盍归乎来，吾闻西伯善养老者。"天下有善养老，则仁人以为己归矣……所谓西伯善养老者，制其田里，教之树畜，导其妻子，使其养老……文王之民，无冻馁之老者，此之谓也。

此盛赞文王善养老，以孝化民，国因以治。《礼记·王制》说周代的敬老礼仪是"五十养于乡，六十养于国，七十养于学，达于诸侯"。西周初年，周公制礼作乐，形成许多制度，其中多与别尊卑、序长幼有关。对古老的养老礼仪加以改造并纳入礼乐文化的范畴，当是周公制礼的内容之一。

　　记载周代养老之礼的文献，以《礼记》的相关篇章为主，如《王制》《内则》《文王世子》《曲礼》《祭义》《乡饮酒义》等等，经《白虎通义》、蔡邕《月令章句》等书的考索，其仪典大体可以明确了。简单说来，养老之礼每年春二月举行，行礼于东序。先立三老五更各一人以为宾介，群老并无定数，皆为天下有德之老人，群集于此。天子亲莅太学，迎三老五更群老于门外，拟三老为父，五更为兄，对之执子弟之礼。在万人环视之中，天子屈尊折节，亲为劝酒佐肴。《礼记·祭义》记曰："食三老五更于大学，天子袒而割牲，执酱而馈，执爵而酳，冕而总干。"同书《文王世子》篇又记曰："天子视学……始之养也，适东序，释奠于先老，遂设三老五更群老之席位焉。适馔省醴养老之珍具，遂发咏焉。退，修之以孝养也。反，登歌清庙，既歌而语以成之也。言父子君臣长幼之道，合德音之致，礼之大者也。"看来，养老礼的内容不外是以饮食礼仪来表现尊老敬老的精神而已。作为周代礼乐文化的一个组成部分，养老礼对调节人际关系，维护社会公德，安定政治秩序都起着一定的作用。《礼记·祭义》中的一段话，对养老礼的意义有深刻的阐发：

　　　　先王之所以治天下者五：贵有德，贵贵，贵老，敬长，慈幼。此五者，先王之所以定天下也。贵有德，何为也？为其近于道也；贵贵，为其近于君也；贵老，为其近于亲也；敬长，为其近于兄也；慈幼，为其近于子也。是故至孝近乎王，至弟近乎霸。至孝近乎王，虽天子必有父；至弟近乎霸，虽诸侯必有兄。先王之教，因而弗改，所以领天下国家也。

　　明代丘濬《大学衍义补》（卷七十九）论养老礼之目的说：

　　　　王者之养老，所以教天下之孝也。必于学者，学所以明人伦也，人伦莫先于孝弟……人君致孝弟于其亲长，下之人无由以见也，故于学校之中，行养老之礼，使得于听闻观感者曰：上之人于夫人之老者，尚致其敬如此,矧其亲属乎!万乘之尊且如此,吾侪小人,所宜兴起感发也。

很明确,养老礼之形成和推行,其目的自是为了劝化世人养老敬老,恪尽孝道。而天子亲行养老之礼,其实质是为了"陈孝悌之德以示天下"(《白虎通义》),进而达到稳定社会秩序的目的。

不仅天子行养老之礼,西周时广泛行于各诸侯国的乡饮酒礼实际就是在地方举行的养老礼仪。《仪礼·乡饮酒礼》和《礼记·乡饮酒义》互为补充,分别讲了由乡大夫主持的乡饮酒礼的礼制和在乡学、州学举行乡饮酒礼的礼仪。乡饮酒礼有一套完整的仪式,通过仪式来培养和贯彻别贵贱、序长幼的尊老敬老精神,据《乡饮酒义》记载,乡饮酒礼的礼仪是按照年龄的长幼来规范的:

乡饮酒之礼,六十者坐,五十者立侍,以听政役,所以明尊长也。六十者三豆,七十者四豆,八十者五豆,九十者六豆,所以明养老也。

《盐铁论·未通》解释说:"乡饮酒之礼,耆老异馔,所以优耆耄而明养老也。"《礼记·经解》阐发乡饮酒礼的意义说:

乡饮酒之礼,所以明长幼之序也……乡饮酒之礼废,则长幼之序失而争斗之狱繁矣。

很明确,乡饮酒礼的重要功能之一,就是培养尊老尚齿的社会风气,以厚朴风俗、劝孝励悌,稳定社会、发展生产。养老是安邦之本,所以孔子说:"吾观于乡而知王道之易易也。"(《礼记·乡饮酒义》)

二、儒家对养老传统的理论继承与重构

春秋时代,礼坏乐崩,礼乐文明开始走向解体。周礼的主要内容是"亲亲"和"尊尊",即强调父子之亲和君臣之义,等级制是周礼最本质的东西。

而周礼的崩坏，其核心恰是等级制的破坏。因此，以别贵贱、序长幼为实质内容的养老礼也自然受到强烈冲击，进而不再为社会所重了。

由孔子所开创的儒家学派为了拯时救世，致力于挽救西周传统思想和制度的崩溃趋势，而儒家提出的挽狂澜于既倒的方法，就是"复礼"，亦即恢复西周的礼乐文化。儒家学派的大师们完全继承了西周传统的伦理道德观念，并在理论上进行了系统的重新构筑。其他方面暂置不论，在养老传统上确实可说是承先启后，上集古代之大成，下开后世两千数百年之风气，为后人留下了十分丰富的养老理论，影响甚为深远。

（一）儒家为养老传统的合理性找到了人性的根基，解决了养老传统合理存在的哲学前提

周公制礼作乐，尊老养老成了礼乐文化所表现的重要内容之一，养老传统的内在精神支柱不外两个，一是宗法血缘的亲亲之情（表现为孝敬血亲长辈），二是奴隶制社会的等级观念（表现为尊敬所有年长于己者）。但当春秋末叶礼坏乐崩之后，传统礼制的内在精神已经失去，孔子要恢复养老传统以正世道人心，实为难为之事。他的高明之处在于，他不再致力于由王室和诸侯的小圈子中去重建宗法的亲和力，而是转向了广大人群所共有的人心之仁，为养老传统的合理存在找到了更普遍更坚实的根基。他说："仁远乎哉？我欲仁，斯仁至矣……人而不仁，如礼何？人而不仁，如乐何？"（《论语·述而》）认为仁爱之心是人类所共有的，而礼乐的内在根源就是人心之仁。这样，他就将处理血缘关系的孝的道德扩大了，尊老养老由适应宗法制度需要的贵族风范扩大为每个青年人所必备的起码行为，也由一种家庭和社会的行为约束力转而为每一个人内心的天性之爱。可见，孔子"仁"的命题的提出，由人性的哲学高度为养老传统找到了根基，将上下等级之礼转而为人人内在平等的人性之仁的显发。这就冲淡了西周传统养老之礼的贵族色彩，使之士民化，使得行于上层社会具有政治效用的养老礼转为全民普遍自觉的行为规范。

孟子则提出"性善论"，进一步完善儒家养老理论的哲学基础，这是孟子对于养老观念的发展所做出的杰出理论贡献。"性善论"认为，人性是天赋的，"无有不善"（《孟子·告子上》），人性善的表现是人心有"四端"："恻隐之心，仁之端也；羞恶之心，义之端也；辞让之心，礼之端也；是非之心，智之端也。人之有是四端也，犹其有四体也"（《孟子·公孙丑上》）。人人有此四种善端，故可引发为仁、义、礼、智四德。此四德是天赋的"良知良能"，"人之所不学而能者，其良能也，所不虑而知者，其良知也。孩提之童，无不知爱其亲也；及其长也，无不知敬其兄也。亲亲，仁也；敬长，义也。无他，达之天下也"（《孟子·尽心上》）。正因为人性是善的，天生就有亲亲之情，所以，敬老爱长的道德当然也是天赋的、人人都生而具备的，这也是人与禽兽的根本区别之所在，是人性的必然发展。孔子以人类所共有的人心之仁作为养老的根基，孟子则进一步以性善解释仁的来源，这就使得养老理论的哲学基础更为牢固了。

（二）儒家对传统养老观的内容也多所总结和发挥，概括其核心要点有二

一是要在衣食住等物质生活方面给老人以优待，使之安享晚年。《礼记·祭义》记载："曾子曰：孝有三，大孝尊亲，其次弗辱，其下能养。"对家庭而言，赡养老人是最基本的行孝层次，是每个人都应该而且能够做到的。社会对待老人呢？更应该特殊关注这一群体，这一思想在《孟子》一书中有充分的阐释。孟子"仁政"主张的核心就是"制民恒产"，当政者再"省刑罚，薄税敛"，以使人民能够奉养父母，抚养妻儿。《孟子·梁惠王上》说：

> 是故明君制民之产，必使仰足以事父母，俯足以蓄妻子，乐岁终身饱，凶年免于死亡……五亩之宅，树之以桑，五十者可以衣帛矣。鸡豚狗彘之畜，无失其时，七十者可以食肉矣。百亩之田，勿夺其时，八口之家可以无饥矣。谨庠序之教，申之以孝悌之义，颁白者不负戴于道路矣。七十者衣帛食肉，黎民不饥不寒，然而不王者，未之有也。

这里强调老者应该优先享有"衣帛食肉"的待遇，而不该承担"负戴于道路"的重体力劳动，整个社会都要大行孝悌之风，使养老敬老观念深入人心，真正做到老有所养。

二是要在情感上尊敬老人，使之得到人格的尊重和精神的慰藉。《论语·为政》记载：子游问孝。子曰："今之孝者，是谓能养。至于犬马，皆

能有养，不敬，何以别乎？"这里的"敬"，就是要求对长者要保持敬畏之情和恭顺之态。孔子本人在敬老方面可说是个表率，他在乡里参加宴饮聚会时，总是"杖者出，斯出矣"（《论语·为政》），对长者的礼让正是传统敬老文化的体现。孟子后来把孔子"杖者"先行的敬老精神推崇到无以复加的高度，《孟子·告子下》说：

徐行后长者谓之弟，疾行先长者谓之不弟。夫徐行者，岂人所不能哉？所不为也。尧舜之道，孝弟而已矣。

孟子认为，礼让"杖者"先行就是做到了"悌"。所谓"悌"就是敬长，敬长决不限于具有血缘关系的兄长，而是由此推衍而得的一般对待长上的原则。因此，"悌"字所包含的真正意义，实际指的是处理社会关系的一般准则，孟子称之为"义"，即所谓"亲亲，仁也；敬长，义也"（《孟子·尽心上》）。义的本质是"尊尊"，是社会等级原则，只要人人都能做到悌，各自安于本分，社会秩序就不会紊乱，实行仁政也就易如反掌了。所以说，尧舜之道也不外孝悌二字而已。看来，人人都尊敬老人，才可能建成安定和谐的社会。

（三）儒家从理论上提出并论证了养老的社会和历史意义，其立意之高远，认识之深刻令人叹服

第一，善养老人体现了社会的文明和进步。人类文明是逐步发展而来的，拿丧葬习俗来说，人类早期并不知掩埋和安葬死者，即便父母死了，也是丢弃到沟里就完事。孟子说："盖上世尝有不葬其亲者，其亲死，则举而委之于壑……狐狸食之，蝇蚋姑嘬之。"只有当生产力发展到一定水平，并产生了与之相应的一些观念意识之后，才有可能出现墓葬。所以，丧葬是文化与社会的基因之一，是人类渐趋文明之后才晓得的礼敬长者的行为。人类是从动物界走出来的，经过尧、舜、禹、汤、文、武、周公等圣人的长期不断教化，才逐渐走进文明。《尚书·尧典》记载："帝曰：契！百姓不亲，五品不逊，汝作司徒，敬敷五教，在宽。"《左传》文公十八年解释"五教"为"父义、母慈、兄友、弟恭、子孝"。孟子把"五教"说成"五伦"："后稷教民稼穑，树艺五谷，五谷熟而民人育。人之有道也，饱食、暖衣、逸居而无教，则近于禽兽。圣人有忧之，使契为司徒，教以人伦：父子有亲，君臣有义，夫妇有别，长幼有序，朋友有信"（《孟子·滕文公上》）。人类有了人伦和长幼之序，才知道了尊老，也才会有上文所引的周文王等圣人的养老传说。儒家对人类历史的进化认识充分说明，敬养老人是人类文明发展进步的结果。

第二，善养老人是理想社会的必备因素。在孔子所描述的"大同"世界中，老人是有所养有所终受到特殊关爱的人群：

> 大道之行也，天下为公。选贤与能，讲信修睦。故人不独亲其亲，不独子其子，使老有所终，壮有所用，矜寡孤独废疾者，皆有所养。（《礼记·礼运》）

孟子所描述的周文王善养老者的情况也是使老人衣食无忧，得享天年：

> 所谓西伯善养老者，制其田里，教之树畜，导其妻子，使其养老。五十非帛不暖，七十非肉不饱，不暖不饱，谓之冻馁。文王之民无冻馁之老者，此之谓也。（《孟子·尽心上》）

第三，善养老人是国家政权组织应尽的责任和义务。儒家认为，人类社会产生了国家政权之后，保护人民、增进人民福祉便是政府的责任，是统治者的天职；而重视和特殊关照鳏寡孤独等弱势群体，更是题中应有之义。孟子对这一问题有较详的阐发，据《孟子·梁惠王下》记载，梁惠王问古代"王政"的实施情形，孟子告诉他：

> 昔者文王之治岐也……老而无妻曰鳏，老而无夫曰寡，老而无子曰独，幼而无父曰孤，此四者，天下之穷民而无告者。文王发政施仁，必先斯四者。

照顾生活中不幸的老人，是施行王政要首先考虑的内容。如果老百姓日子过得不好，那就是统治者的责任："禹思天下有溺者，由己溺之也。稷思天下有饥者，由己饥之也。是以如是其急也"（《孟子·离娄下》）。"思天下之民，匹夫匹妇有不被尧舜之泽者，若己推而内之沟中，其自任以天下之重如此"（《孟子·万章上》）。这是一种强烈的责任意识，仁政的要求不外是使人民丰衣足食和知荣知辱，如果达不到，那就是失职。相反，假若统治者只知"独乐"，不问人民疾苦，致使百姓饥寒交迫，"使老稚转乎沟壑"（《孟子·滕文公上》），那就等于"率兽而食人"（《孟子·梁惠王上》），没有资格"为民父母"（同上）了。那么，其统治政权的合法性也就不复存在，民众可以起来推翻它。就像周武王诛杀商纣王，"闻诛一夫纣矣，未闻弑君也"（《孟子·梁惠王下》），武王革命杀的是独夫民贼，取代殷商政权也是应天顺人的正义之举了。

儒家将善养老人与国家政治、统治安危联系在一起，正说明兹事重大，不可不提到国家政治方略的高度来认识和对待。

三、封建社会历代王朝的养老推行机制

儒家的养老学说是成体系的，虽然在当时仅限于理论的研究和探讨，但对后世仍然产生了久远而深刻的影响。后世历代封建王朝都不同程度地奉行一定的优老养老政策，虽然各自的做法差异很大，但其旨归却是一致的，逐渐形成了中华民族敬养老人的传统美德。概括历代敬老养老的办法，有以下几个方面：

一是物质赏赐。这是最常见的养老措施，各个朝代都有。如汉高祖刘邦，遴选五十岁以上老人为各县、乡的"三老"，作为地方军政官员的顾问，"以事相教"，每年赐以粮食、酒肉。汉文帝刘恒在即位时就颁布养老令，规定对八十岁以上老人每月赐米一石、肉二十斤、酒五斗，九十岁以上又每年加赐帛一匹、絮三斤。这是见诸史籍赐物最为丰富的了。又如明代，太祖朱元璋将临时性的赐物措施定格为终身养老制度："今特命有司，存问高年，优恤无告鳏寡孤独、废疾残病者，收入孤老，岁给所用，使得天年。所有合行事理条列于后：凡民八十、九十而乡党称善者，有司以时存问。若贫无产业，年八十以上，月给米五斗、肉五斤、酒三斗。九十以上者，岁加帛一匹、絮一斤。其有田产能自赡者，止岁给酒肉絮帛。其鳏寡孤独不能自给

者，悉蠲其徭役。"(《续文献通考·学校三》)这种制度后成明代惯例，且为清代所借鉴和继承。

二是蠲免租税、徭役。汉代规定，年高者可以种田免租，为市免赋，并允许经营一般人所不许经营的卖酒生意。减免赋税的办法可给老年人以实惠，几乎历朝历代都有。唐朝规定，对"男人七十、妇人七十五以上者"准予"子侍"，就是特许一个儿子免役奉养老人。明代永乐时也规定，准许七十以上老人家中可有一丁免役侍养。

三是赐予官爵。赐年高德劭的老人以官爵是常见不鲜的办法，一般都是尊荣性质的虚衔和待遇。汉代保留西周制度，在乡、县、郡设"三老"之位，地位非常尊崇。后来的历代帝王也多设"三老五更"之位，这都是突出的例证。梁武帝多次为"三老"和"孝悌力田"者赐爵，北魏孝文帝从太和十七年（493年）起连续五年十次赐爵给老人。北魏孝明帝的做法更有意思，在授官的板上书写姓名，京师地区百岁老人授予大郡板（相当于大郡太守），九十以上授予小郡板，八十以上授予大县板（相当于大县县令），七十以上授予小县板，地方上的老人则减等授板。这虽然是虚衔，但却表示一种地位和待遇。后来隋炀帝跟着学样，于大业七年（611年）下诏："河北诸郡及山西、山东年龄九十岁以上老人版授太守，八十以上老人版授县令。"(《隋书·炀帝纪》)唐代也沿袭这种办法，据《册府元龟·帝王部·养老》记载，唐玄宗曾下诏赐京师父老七十以上者县令爵位，其妻则授以县君称号。而对全国百岁以上老人授下郡太守，九十岁以上授上郡司马，八十岁以上授县令爵，并对其妻均有相应的赐号。

四是刑律宽免。据《周礼·秋官·司寇》，周代断狱对八十岁以上的耄耋老人和智障、幼童可以宽赦。这种规矩几乎为历代刑法所沿袭，如汉宣帝刘询下诏："朕念夫耆老之人，发齿堕落，血气既衰，亦无暴逆之心。今或罗于文法，执于囹圄，不得终其年命，朕甚怜之。"(《汉书·刑法志》)于是规定，此后年满八十的老人，只要不是为首杀人或诬告，都可以免于治罪。此外，法律上还有一些为照顾老人而宽免儿子的规定，举一个极端的例子：金代天德三年（1151年），沂州一男子因罪获死刑，但家中唯有一老母，老病无人侍奉，海陵王特准免死，命在家奉养老母。这就是所谓"独子留养"制度的起源，后来定为法令，历代多沿用其例。

五是礼遇和旌表。此类办法历代都有，用以养成社会的敬老风气。如西汉诏书明确规定："高年赐王杖，上有鸠，使百姓望见之，比于节。""年七十以上杖王杖，比六百石，入官府不趋。"六百石是县令的待遇，老人可以受到和官员同样的礼遇。汉成帝时每年都由地方政府普查人口，对高龄老人授以几杖："仲秋之月，县、道皆案户比民，年始七十者，授之以玉杖，哺之糜粥。八十、九十，礼有加赐。玉杖长尺，端以鸠饰。鸠者，不噎之鸟也，欲老人不噎。"（《后汉书·礼仪志》）明代规定，九十以上老人每年由官府设宴款待一次，百岁老人由官府供给棺具。清康熙时规定，给百岁老人"升平人瑞"匾额，并赐银建牌坊；节妇百岁给"贞寿之门"匾额，也赐银建牌坊。

六是官员退养。古代对老年人才在政治上是高度倚重的，阁老大员一般不退休，常常都有几朝元老，史载最高的退休年龄是110岁（见《魏书·罗结传》）。古人认为老即是贤，长寿的都是仁者。至于地方官员，一般情况都是七十以后才退休，而且退休后往往待遇优渥。如北魏孝明帝下诏，对年满七十的退休官员予以优惠照顾，不愿意退休的也可以不退。对才能不足而愿意退休的，发给一半的俸禄。隋代对七品以上的退休官员，每年都有一定数量的米谷供应。

此外，古代民间还有很多敬养老人的风俗习惯，是孝文化对民俗的渗透而形成的，这里不再细说。

总之，中国传统社会的价值取向是对老年人有利，整个社会的风气是尊敬老人，统治者推行的任何养老机制都容易为全体人群所认可和接受。敬老养老，是农耕社会家庭融洽和睦、家族团结和谐、社会稳定、经济发展的基础，是适合于农业社会经济基础的意识形态。

四、中华民族养老传统的现实意义

历史悠久、源远流长的中国养老传统文化，是一个充满人道主义精神和政治智慧的精神宝库，值得深入研究和认真总结。尤其是在我国目前所面临的人口老龄化形势严峻的现实面前，发掘传统养老文化的精华以为现实服务就更具实际意义。

经史求识录

　　按国际通行标准，60岁以上老年人口在总人口中的比例超过10%，或65岁以上的比例超过7%，即可看作达到了人口老龄化。据国家统计局最新发布的数据，2016年末中国总人口（包括31个省、自治区、直辖市和中国人民解放军现役军人，不包括香港、澳门特别行政区和台湾地区以及海外华侨人数）138271万人，其中60周岁及以上人口23086万人，占总人口的16.7%；65周岁及以上人口15003万人，占总人口的10.8%。可见中国人口的老龄化程度已经相当高了。

　　另据全国老龄办于2014年2月23日发布的《中国人口老龄化发展趋势预测研究报告》的研究成果，认为21世纪的中国将是一个不可逆转的老龄社会。从2001年到2100年，中国的人口老龄化可以分为三个阶段：

　　第一阶段，从2001年到2020年是快速老龄化阶段。这一阶段，中国将平均每年新增596万老年人口，年均增长速度达到3.28%，到2020年，老年人口将达到2.48亿，老龄化水平将达到17.17%，其中，80岁及以上老年人口将达到3067万人，占老年人口的12.37%。第二阶段，从2021年到2050年是加速老龄化阶段。伴随着20世纪60年代到70年代中期第二次生育高峰人群进入老年，中国老年人口数量开始加速增长，平均每年增加620万人。到2023年，老年人口数量将增加到2.7亿，与0—14岁少儿人口数量相等。到2050年，老年人口总量将超过4亿，老龄化水平推进到30%以上，其中，80岁及以上老年人口将达到9448万，占老年人口的21.78%。第三阶段，从2051年到2100年是稳定的重度老龄化阶段。2051年，中国老年人口规模将达到峰值4.37亿，约为少儿人口数量的2倍。这一阶段，老年人口规模将稳定在3亿—4亿，老龄化水平基本稳定在31%左右，80岁及以上高龄老人占老年总人口的比重将保持在25%—30%，进入一个高度老龄化的平台期。

　　与发达国家不同，我国人口老龄化是在经济不发达情况下到来的，发达国家进入老龄社会时人均GDP一般在一万美元以上，而我国步入老年社会时尚不足一千美元，至2016年也才八千多美元，世界排名69位。一方面依靠子女养老的传统观念正在不断改变，一方面全社会的养老和医疗保障制度还远远没有完善，不言而喻，超前于工业化和现代化到来的老龄社会，必将给我国经济和社会发展带来十分严峻的挑战。

这里无意于全面探讨我国人口老龄化问题的对策，只想就与传统养老文化有直接关系的问题谈三点看法，以揭示中华民族养老传统的现实意义。

（一）建立中国特色的老年保障体系必须重视传统养老文化

什么是中国特色的老年保障体系？其核心就是重视家庭养老。《中华人民共和国老年人权益保障法》"总则"之后的第一章是"家庭赡养与抚养"，其第一句话就是"老年人养老主要依靠家庭"。这确是中国特色，与众不同，其原因绝不仅在于我国养老敬老的传统最悠久，像《老年法》第一条所说的，重视家庭养老是"弘扬中华民族敬老、养老的美德"，更在于它是从我国的实际国情出发的。我国是老年人口最多的国家，而且增长迅速，持续时间相当长。作为发展中国家，我国在短时间内做不到发达国家那样主要靠社会保障来承担养老的重负，还必须把家庭作为养老的主体。尤其在广大农村，"养儿防老"仍将是符合实际的并不过时的观念。而人口的老龄化高龄化，又势必影响家庭结构和赡养功能。家庭对于老年人不仅是主要物质生活保障场所，也是重要的精神支柱。在这种情况下，如何从传统养老文化中寻求智慧和理性，稳定和保护家庭，提高家庭赡养老人的功能，将是我们面临的一项重要任务。

（二）构筑符合老年人生存的社会伦理环境必须重视传统养老文化

为了使老年人不受到伤害，能够受到公正的对待和应有的尊重，急需建立适合老年人生存的社会伦理准则。这需要大力弘扬传统的敬老养老美德，发展和谐文化，加强伦理道德建设，使整个社会的道德水准有个全面的提高。在社会成员权益得到兼顾的前提下，把尊敬老年人、照顾老年人作为社会的首善事业。要让全社会的成员达成共识：老年人过去为社会和家庭做出了贡献，我们应该予以公正的回报；老年人作为弱势群体，应该得到社会更多的帮助；老年人不应受年龄歧视，有参与社会发展的权利。总之，要从人文角度创造一个适合老年人生存的理性环境。

（三）由家庭养老向社会养老过渡必须重视传统养老文化

如同本文第三部分所述，封建社会历代王朝都不同程度地重视养老，并不规避政府的养老责任。所谓政府的养老责任，就是由政府主导，确立家庭养老和社会养老制度。我国目前以家庭养老为主，但发展趋势是以社会养老为主，政府要积极引导由家庭式的养老向社会式养老过渡。因此，要尽早建立和健全养老保险制度，尤其是农村养老制度，建立全覆盖的老年医疗健康保险制度。必须明确，我们积极主张重视家庭养老，但绝不是推卸养老的社会责任，而把养老完全推给子女。一厢情愿地指望仅仅凭借个人道德就能解决养老问题，肯定是行不通的。

（原载《吉林师范大学学报》2018年第三期）

中华礼乐文化的历史渊源
和礼乐制度的建立

中华传统文化属于礼乐文化范式，这个范式定型于西周初年。但是，礼乐制度又并非周公等思想家政治家的凭空制作，而是源于对传统伦理文化的改造。伦理文化植根于氏族社会看重血缘的悠久传统，是自然而然地产生于先民社会结构中的风俗习惯，之后才被纳入文明社会政治生活的轨道。即是说，礼乐文化在西周之前很久就已经萌芽了，跨越了十分悠久的历史年代。

西周礼乐文化的繁荣和礼乐制度的确立，奠定了中国文化的基础，规定了中国文化的发展方向，影响中国历史达三千年之久。

一、人伦关系的产生和尧舜禹时代伦理文化的积淀

作为世界四大文明古国之一，中国有着全人类最早的文明史。过去说书的开场白常常讲"自从盘古开天地，三皇五帝到如今"，中华文明确实源远流长，中国传统文化的源头非常早。

有典籍记载中华文明始祖为三皇。汉朝的纬书中称三皇为天皇、地皇、人皇，奉为三位天神。天皇为人首龙身的伏羲、地皇为人首蛇身的女娲、人皇为牛首人身的神农（炎帝）。

过去儒家常常说《周易》是中国传统文化的源头，这话在一定意义上是对的。《周易》始于八卦，《周易系辞传》说八卦是包犠氏即伏羲画的。相传伏羲始画八卦，一画开天，开物成务，是中华民族的人文始祖。伏羲画八卦是中国历史上的"传说时代"了不起的大事件，它使人类古文明暴发了一次大的"革命"。一卦之三爻，上爻是天，初爻是地，中爻是人。这就是说，

经史求识录

天在上，地在下，人在天地之中。同时，也说明天生人，地养人，天地人方成世界。没有人不成世界，没有天也就没有人。八卦揭示了自然大道和宇宙真理，结束了千古结绳记事的历史，使人类开始了"以卦治天下"，也就是以数治天下的新纪元。

以李学勤先生为首席专家的"夏商周三代断代工程"，结论认为中国有7000年的文明史，即是从伏羲时代算起的。

伏羲氏所处的时代还是原始社会时期，有关伏羲氏的众多传说，因为缺少直接的文献证据，在学术界还不能形成共识，只能算作传说时代的历史。

中国有传世文献可查的文化至少可以追溯到尧舜时代以前，最远可到黄帝时期。《尚书》记事"独载尧以来"（《尧典》），《史记》则上溯至黄帝（《五帝本纪》）。孔子是中国文化传承的重要环节和关键人物，古代积累的丰富的文化资料，经孔子的修起、论次、改编、注释，形成了六部大书，这就是后人所谓的六经或六艺：《易》《诗》《书》《礼》《乐》《春秋》。这六部书后人称为经，其实就是历史（六经皆史）。孔子讲历史，比如讲"小康"，举出禹、汤、文、武、成王、周公六个人物做代表；讲"大同"，则用一句"大道之行"来概括，没有具体提到黄帝、颛顼等人物。但既然"小康"自大禹起（距今约4000多年），则"大同"时代自然要上溯至少数百年，应该到颛顼甚至黄帝时期，距今约5000年以上。人们常说的所谓"五千年文明"、"炎黄子孙"，就是依据孔子和《史记》的说法。

如此说来，中华传统文化的源头保守一点可以上溯到五帝，距今约5000年，五帝以前可以谨慎对待。但疑古派3000年文明的说法割断历史，是不可信从的。

传说时代至孔子生年主要纪元

三皇，伏羲时代：约公元前50世纪初　（古史的传说时代）

五帝，黄帝时代：约公元前30世纪初　（有传世文献可证的信史）

大禹时代：约公元前2100年　　　　　（进入小康时代）

夏代始年：公元前2070年

商代始年：公元前1600年

中华礼乐文化的历史渊源和礼乐制度的建立

盘庚迁殷：公元前 1300 年　　　　　（商代后期，史称"殷"）
周代始年：公元前 1046 年
孔子生年：公元前 551 年

中华民族既然有如此悠久的历史，那么人伦关系的确立是在什么时候呢？

一夫一妻制是文明社会的细胞形态，也是人伦的起点。这是马克思主义唯物史观关于文明起源的经典观点，中国古代文献也是这么表述的：

> 有天地然后有万物，有万物然后有男女，有男女然后有夫妇，有夫妇然后有父子，有父子然后有君臣，有君臣然后有上下，有上下然后礼义有所错。（《周易·序卦》）

> 男女有别，而后夫妇有义，夫妇有义，而后父子有亲，父子有亲，而后君臣有正。故曰昏礼者，礼之本也。（同上）

> 男女有别，然后父子亲；父子亲，然后义生；义生，然后礼作；礼作，然后万物安。无别无义，禽兽之道也。（《礼记·郊特牲》）

> 夫妇之道，不可不正也，君臣父子之本也。（《荀子·大略》）

这些言论集中说明了一个道理，即都认为父权制是文明社会一切礼义法度的起点，人类所有文明都发生于个体家庭建立之后。这些言论组成了一个思想体系，代表了儒家对于历史文化的总体认识。

前面我们讲到了 7000 年前的伏羲时代，是处于母系社会向父系社会过渡的人类文明入口处。相传伏羲氏曾经"定姓氏""制嫁娶"，有人认为此时已经进入父系社会，可看作人伦关系的正式确立。但因为缺少直接的文献证据，还难以成为定论。

到了五帝时期，据《国语·晋语四》记载，黄帝、炎帝同出于少典氏，后来由少典氏族分出，分别迁徙到姬水与姜水之滨定居，逐渐强大起来，过渡到父系氏族公社，又发展到部落以致部落联盟。从黄帝时开始的不断的战争，也显然是原始部落联盟间的战争。在历史上，黄帝、炎帝之前没有称为"帝"的，所谓"帝"，实际上是中国原始社会部落联盟时期军事首长的称谓。"五帝"是一个特定的历史时代的称谓，黄帝炎帝代表这个时代的初期，

经史求识录

大概已经进入了氏族社会的部落联盟和军事民主制时期。那么，黄帝时的世系是否已由女系计算过渡到按男系计算了呢？即是否已完全进入父权制时代了呢？目前还没有直接的材料可作证据。金景芳先生在《中国古代思想的渊源》[1]一文中，通过理论上的说明和古文献材料的论证，断言"由颛顼开始，已过渡到按男系计算即已进入父系氏族公社，是没有问题了"。金先生将这个断限定于颛顼时代，是说至少颛顼之时已完全进入父系氏族公社了，而颛顼之前则无法确定。长于传说时代古史研究的徐旭生先生认为，帝颛顼时代是我国古史上第二个巨大变化的时期，他说："大约帝颛顼以前，母系制度虽然已经逐渐被父系制度所代替，但尊男卑女的风习或尚未大成。直到帝颛顼才以宗教的势力明确规定男重于女，父系制度才确实地建立。"[2] 颛顼实在是一位划时代的重要人物，《国语·楚语》说，在颛顼之时，就"使名姓之后，能知……氏姓之出而心率旧典者为之宗"，氏是男子的族系标志，只有世系按男系计算才会有族系之分。

"父子有亲"是人伦的开始，至晚在颛顼时代华夏民族就已经进入父系氏族公社了。主要由于生活在以农业为主的封闭的自然经济条件下的原因，中国古代的氏族团体——公社是以血缘关系为纽带的，人们自然看重血缘亲情，即使到了阶级社会，经济有了较大发展，也还是脱离不了血缘的纽带。与西方不同，希腊人"炸毁了血缘关系"（恩格斯语），公共财产是直接分到每一个人头上，搞的是完完全全的私有制。中国的私有制只是将财产分到家族，家族再分到家庭，财产不是个人的，只是"家"的。所以，华夏族在原始的自然崇拜、图腾崇拜之后，接着就是祖先崇拜。根据存世文献的记载，至晚在颛顼时代，就已经有了宗庙，家族的观念已经相当浓厚了。作为团结血缘亲属关系的精神中心，宗庙乃是祖先崇拜的产物，其作用不会超出有血缘亲属关系的家族范围。

家族制度是古代中国基本的社会关系制度，中国社会是以血缘宗法制为特征的社会，最重视的当然就是人与人之间的和睦关系。而人与人之间的所有关系，都是从父子血缘关系引申出来的，看重人伦，当然使得伦理文化越

---

[1] 金景芳：《中国古代思想的渊源》，《社会科学战线》1981年第四期。
[2] 徐旭生：《中国古史的传说时代》，文物出版社，1985年，第85页。

来越发达。到了尧舜时代，不仅设立了贵族学校，而且明确把"明人伦"作为学校教育的目的。今文《尚书》的《尧典》篇记载舜对契说：

　　契，百姓不亲，五品不逊，汝作司徒，敬敷五教，在宽。

　　说明舜时由司徒契负责教育，掌管"五品""五教"的事情。《尧典》并未交代什么是五品、五教，据《左传》文公18年记载太史克的解释，五品是父、母、兄、弟、子，五教是父义、母慈、兄友、弟恭、子孝，都是个体家庭成员之间的关系问题，未涉及家庭血缘关系之外，这符合氏族社会的状况。《荀子·成相篇》也说："契为司徒，民知孝弟，尊有德。"这说明，尧舜时代已将孝作为家庭之礼来推崇，用以教化百姓，使家庭和睦稳定。

　　另据《礼记》所载，尧舜禹之时已行养老之礼：

　　有虞氏养国老于上庠，养庶老于下庠。夏后氏养国老于东序，养庶老于西序。……有虞氏皇而祭，深衣而养老，夏后氏收而祭，燕衣而养老。（《礼记·王制》，并见于《礼记·内则》）

　　昔有虞氏贵德而尚齿，夏后氏贵爵而尚齿，殷人贵富而尚齿，周人贵亲而尚齿。虞、夏、殷、周，天下之盛王也，未有遗年者，年之贵乎天下久矣，次乎事亲也。（《礼记·祭义》）

　　敬老养老本是原始社会的一种美德。物质资料的再生产，使人们逐渐重视文化的代代传递，对具有丰富经验的前辈产生敬重与爱戴之情；而人类自身的再生产，又使人们从血缘上崇敬长者，产生"报本反始"的意向。所以，敬老养老本是生产力发展到一定程度后自然产生的社会习俗，它在母系氏族公社时即已形成，所谓"人不独亲其亲"（《礼记·礼运》）是也。但从上引材料中可知，尧舜禹时代的提倡养老尚齿，实已超出了自然习俗的范围，而成了一种礼仪形式和教化手段，它不是要求对于传统美德的简单恢复，而是具有了新的深刻含义。它的目的当然在于劝化人们敬养老人，以此协和家庭关系，使部落稳定和生产发展。

　　中国的父系氏族公社，当产生于五帝时代前期，而以颛顼时代为完全成熟的标志，发展于尧舜时代，至夏朝的建立开始解体。这一时期在原始社会发展史上可称为部落社会时期或原始社会衰亡期，属于部落联盟和军事民主制时期。相当于原始考古学上的新石器时代末期到铜石并用时代，亦即考古学上的大汶口文化、龙山文化及齐家文化时期。即是说，中国的父系氏族公社，在文明国家产生之前延续了大约数百年甚至上千年之久。伴随着父权制的确立，以明人伦为核心的伦理文化逐渐兴起。民族学和文化人类学有丰富的例证可以说明，这一阶段维护社会正常运转主要靠约定俗成的原始风俗和礼仪。在安土重迁的中原华夏族，伦理文化经过长期的历史积淀，已经深入人心并辐射到整个社会的方方面面。我古老的华夏族，即将带着这鲜明的印记，走进以国家政权为象征的文明社会！

二、夏商二代原始伦理文化向礼乐文明的转化

中国由母系向父系公社的过渡，各个氏族的发展是不平衡的。金景芳先生说："商周二代的祖先，从契和后稷才开始进入父系氏族公社。而虞夏则较早，虞始于颛顼……夏则也应是始于颛顼。"[①] 所以，我们说中国自颛顼时代已完全进入父系社会，当是指活动于中原的虞部落及夏人祖先崇部落，至于活动于北方的商人及西方的周人，进入父系氏族公社阶段的时间，大约要到尧舜时代。

夏后启建立夏王朝，可看作是中国父系氏族公社解体的标志。但氏族公社的解体也是不平衡的，夏王朝的建立表明了国家的部分出现，在夏王朝权力所及的范围内，还存在正向国家转化的部落，整个夏代四百多年，都具有从氏族部落联盟向国家过渡的性质。

中国的文明史是由夏商周三代开始的，但对三代又不能等量齐观。就伦理文化而论，夏、商二代还主要处于一种自发的、伦理的状态之下，礼制作为起于伦理观念之上的行为规范，在夏商时期只是初步形成。到西周则不然，它已经超越了自然之性，而成了一种社会化的、具有强烈政治色彩与阶级内容的东西。因之，我们研究文明社会的伦理文化，首先要对夏商时期进

[①] 金景芳：《中国古代思想的渊源》，《社会科学战线》1981年第四期。

行考察。

孔子说："周监于二代，郁郁乎文哉！吾从周。"(《论语·八佾》)"周监于二代"，正说明周人在制定礼仪制度时，是将吸取前两代经验作为一条基本原则来贯彻的。夏商周三代政权的基本性质本是相同的，只是处于国家形态发展的不同阶段而已，这是"周监于二代"的基础；又主要由于立国较早的政治原因，夏、殷文化当较周人建国时为高，周人就更要向人家学习了。礼乐制度确立于西周，并非周人的灵机一动或心血来潮，在很大程度上也是"监于二代"的结果。因之，夏商二代伦理文化的历史积淀一定很厚重，这是可想而知的。

兹先说夏代，古文献中关于夏代的记载过于简略，迄今为止考古学上的发现也很贫乏，孔子就曾说过，"我欲观夏道，是故之杞而不足征也"(《礼记·礼运》)，孔子之时既已难征夏礼，我们今天更无法窥其全豹了，只能由宏观上来认识其大概。既然人伦关系产生于五帝时期，夏人存在浓郁的伦理观念当是没有问题的。夏代的以宗庙祭祀为主要表现的祖先崇拜的存在，以及夏后氏养老之礼的盛行，都可以证明这一点。既然整个夏代四百多年都具有氏族部落向国家过渡的性质，这就决定了夏代的伦理观念必然带有浓重的氏族血缘团体的痕迹。即是说，此时的伦理文化主要地还表现为血缘团体中尊亲敬亲爱亲的自然情感，而较少带有政治的色彩，与后世纯阶级社会的伦理是不同的。不过，本期正处于向阶级社会礼乐文化转化的过程中，多少还是呈现出血缘关系逐步退化，政治关系日益生长的趋势。这里有一个例子，孟子在谈到三代教育时曾说："夏曰校，殷曰序，周曰庠，学则三代共之，皆所以明人伦也。"(《孟子·离娄上》)这是讲三代都设有贵族学校，虽然名称不一样，但学校教育的目的是相同的，就是所谓"明人伦"。"明人伦"的具体内容，按《孟子·滕文公上》的说法，便是"父子有亲，君臣有义，夫妇有别，长幼有序，朋友有信"，后世也称为"五伦"。这五伦之中，君臣、朋友属于社会政治关系，其余三伦是家庭关系，共同构成人与人之间及个人与社会之间的主要关系。按此说法，则夏代的伦理已经由父系社会的血缘伦理向社会伦理转化了，政治关系在伦理中开始占一定的地位了。这就是我们对夏代伦理文化的总体认识，因材料所限，无法再做更具体的说明。

再说商代，较之夏代，商的材料丰富多了，《尚书·多士》说："唯殷先

经史求识录

人，有册有典。"周初的人如此说，至少说明殷商文化确实有了高度发展，但今天所能见到的第一手材料仍较少，主要还得借助于间接的材料。首先，我们由周人的记述中，可以得知如下两件殷人行孝的事例：

其一，《周书·无逸》说："其在高宗……作其即位，乃或亮阴，三年不言。"《论语·宪问》记载："子张曰：'《书》云高宗谅阴，三年不言，何谓也？'子曰：'何必高宗，古之人皆然。君薨，百官总已，以听于冢宰三年。'"《论语集注》解释说："谅阴，天子居丧之名，未详其义。"高宗即武丁，为先王小乙之子，"亮阴"当指倚庐守制。这是说小乙死了，高宗即位，为之守孝三年，不曾理喻国事。按孔子的说法，高宗守孝并非个例，殷人确已有了三年之丧的制度。

其二，《战国策·秦策》说："孝己爱其亲，天下欲以为子。"注云："孝己，殷王高宗武丁之子。"又《战国策·燕策》曰："孝如曾参、孝己。"又《庄子·外物》曰："人亲莫不欲其子之孝，而孝未必爱，故孝己忧而曾参悲。"疏云："孝己，殷高宗之子也，遭后母之难，忧苦而死。"类似记载又见于《荀子·性恶》《荀子·大略》《汉书·古今人物表》等。传说孝己孝于父母，其父武丁误听其后母之言，把他放逐死了。甲骨卜辞中有"兄己"，王国维以为就是孝己：

  癸酉卜贞，王宾父丁，岁三牛，众兄己一牛，兄庚□□，亡□，（《后》上，一九）
  癸亥卜贞，兄庚□众兄己□。（《后》上，八）
  贞，兄庚□众兄己，其牛。（同上）

王氏认为："此条乃祖甲时所卜，父丁即武丁，兄己兄庚即孝己及祖庚也。孝己未立，故不见于《世本》及《史记》，而其祀典乃与祖庚同。"① 若王氏此说可信，则传说中的孝己是确有其人了，而以孝称其名，又似乎正为表彰他的孝行。

以上两例，不仅能够说明商代确实存在孝的事实，而且可以确认，至少

---

① 王国维：《殷卜辞中所见先公先王考》，《观堂集林》卷九，人民出版社，1982年。

在商代，孝已经不只是一种观念或传统习俗，也不只成了社会认可的行为规范，甚至还成了国家的典章制度。据此，我们说有关家庭之礼至晚正式形成于商代，应该是没有问题的。

但是，对于商代伦理文化特点的总体认识和把握，还需要我们合理运用其他文献材料来加以分析。

商代是中国国家形态的形成和发展时期，当时已经完成了由氏族社会向国家的过渡，但是，它仍不是完全的典型的国家形态，因为氏族社会的残余仍比较多。古人曾以"殷道亲亲"（《史记·梁孝王世家》褚少孙补载窦太后语）来概括殷商社会的特点，什么叫"亲亲"？就是看重血缘关系，重母统。《礼记·中庸》说，"亲亲则诸父昆弟不怨"，可知亲亲的对象是"诸父昆弟"。其实，"亲亲"的不仅是殷人，夏人也讲亲亲，不过由于年代久远，鲜有文献证据而已，而殷人的亲亲，证据却比较充分。

殷《易》的首坤次乾和殷人传弟制，是殷道亲亲的最有力证据。《周礼·春宫·大卜》说："掌三易之法，一曰《连山》，二曰《归藏》，三曰《周易》，其经卦皆八，其别皆六十有四。"据郑玄说，《连山》是夏代之《易》，《归藏》是殷代之《易》，古有三《易》之说已为先儒所公认。孔子说："我欲观夏道，是故之杞而不足征也，吾得《夏时》焉。我欲观殷道，是故之宋而不足征也，吾得《坤乾》焉。《坤乾》之义，《夏时》之等，吾以是观之。"（《礼记·礼运》）《坤乾》亦即《归藏》，据说其六十四卦的排列顺序是坤卦居首，乾卦次之，与《周易》刚好相反。金景芳先生多年潜心治《易》，对于《坤乾》与《周易》的这一区别非常重视。他认为殷《易》首坤次乾绝非偶然，它反映了"殷道亲亲"的特点，强调血缘关系，重视母统。这突出地表现在继承制上，夏代的继承制已开始传子，商代则又立传弟之法，兄终弟及，这当然不是对于夏代以前的简单恢复，而是前进中的曲折，到了周代，传子制才得以最后确立。古人将传弟制叫作"亲亲"，传子制叫作"尊尊"，因为传弟重母统，传子重父统。殷代的强调血缘关系，重母统，传弟，说明殷代还有氏族社会的残余。当此之时，夫对妻、父对子、嫡对庶、宗子对族人、有土之君对他的臣民等等的特权，还没有产生，或者产生了还未成熟。[①] 此外，殷人的祭祀制度也

---

① 参见金景芳：《易论》（上），载《古史论集》，齐鲁书社，1981年。

可证实这一点。以频繁而隆重的祭祀为主要表现的祖先崇拜，是殷人文化的重要特点之一，据董作宾先生的研究，卜辞中可考见的殷人祭祖之祀典有近二十种，依次举行，遍及祖妣。① 王国维的《殷周制度论》也说："商人祭法，见于卜辞所纪者，至为繁复。自帝喾以下，至于先公先王先妣，皆有专祭。"殷人不但对于先祖的祭祀极为重视和频繁，而且对于先妣还要举行特祭，又有所谓"生母入祀法"等规定，可知其对于母系血统的尊重程度。

综上可知，夏商二代的伦理观念还基本停留于氏族社会的亲亲阶段，它没有经过统治者的强化推行，因而较少掺杂政治的因素。

夏商二代伦理观念的历史积淀和向着礼乐文明的逐步转化，为西周礼乐制度之确立奠定了坚实的基础。那么，周人主要继承的是什么呢？应该说是祖先崇拜，殷人尊崇上帝与祖先，并逐渐使二者合一，这一精髓为同是父系血亲集团统治的周人所吸取与发挥，陈梦家先生说："祖先崇拜与天神崇拜的逐渐接近、混合，已为殷以后的中国宗教树立了规模，即祖先崇拜压倒了天神崇拜。"② 说"周监于二代"，当然有扬也有弃，弃的是什么？主要是适合于氏族社会的亲亲为大的观念，而代之以有利于阶级统治的尊尊为大的意识。这种扬弃，正是周人借鉴殷人统治失败之教训的结果。

三、西周时期礼乐制度的确立

《礼记·仲尼燕居》说"制度在礼"，这意味着周代治理社会的主要工具是礼。西周时期的中国以"礼乐"自别于世界上最早诞生的其他文明，故此人们常将当时的政治制度归结为礼治，而称西周文明为礼乐文明或礼乐文化。礼治可说是治理社会的一种很特殊的方法，其特征就是偏重伦理道德，除了中国而外，尚未发现有其他国家使用类似的办法来调整社会关系和维护社会秩序。西周确立的礼乐制度和定型的礼乐文化，确定了中国文化的走向。

礼是人类互相交往中用以表达思想感情的一种形式，从这一意义上来

---

① 董作宾：《殷历谱》上编卷一，《殷历鸟瞰》，台北"中央研究院"历史语言研究所，1982年。

② 陈梦家：《殷墟卜辞综述》，中华书局，1988年，第561-562页。

中华礼乐文化的历史渊源和礼乐制度的建立

说，它和俗是一致的。但严格说来，礼和俗本是既有密切联系，又有严格区别的两个不同的事物：自从有了人类社会，便有了人与人之间的交往，交往中需要有一定的规范或准则，这就是原始的风俗和礼仪，人类生存离不开这种习惯与习俗的制约。所以，俗（风俗、习俗）是人类在生活实践中约定俗成的流行于民间的文化，并没有阶级的内容；而礼则是到文明社会才出现的，是通过对旧风俗的政治强化和改造而产生的被仪式化制度化的东西，具有了严格的等级精神，即阶级内容。我国古代华夏族的人伦文化伴随着父权制的确立而逐渐兴起，相关的原始习俗经部落、部落联盟权力机构乃至夏商国家政权的长期不断改造，已经逐渐发展和形成了有关祭天、祀祖、朝会、婚姻、血缘内外区分尊卑上下和维护宗法制度的一整套仪节制度和行为规范。原始礼仪质变为具有阶级内容的"礼"，当是在夏代建立国家之后。统治者运用政治的杠杆，将早已粲然大备的家庭之礼变成对君主的尊敬，把形成已久的祀典之礼变成了表示社会地位差等的制度。

史传周公"制礼作乐"，主要就是对前世流传下来的礼仪制度加以因革损益而成的，还专门设置"大宗伯"一职来"掌建邦之天神人鬼地示之礼，以佐王建保邦国"（《周礼·大宗伯》）。关于周礼，西周虽未留下完整的记载，但我们从儒家的作品中亦可探出踪迹。《左传·隐公七年》说："凡诸侯同盟，于是称名，故薨则赴以名，告终称嗣也，以继好息民，谓之《礼经》。"杜注曰："此言凡例，乃周公所制《礼经》也。"《礼记·王制》说："天子祭天地，诸侯祭社稷，大夫祭五祀。天子祭天下名山大川，五岳视三公，四渎视诸侯。诸侯祭名山大川之在其地者。"同书《曲礼上》说："夫礼者，所以定亲疏，决嫌疑，别同异，明是非也。"又《曲礼下》说："天子之妃曰'后'，诸侯曰'夫人'，大夫曰'孺人'，士曰'妇人'，庶人曰'妻'……天子死曰'崩'，诸侯曰'薨'，大夫曰'卒'，士曰'不禄'，庶人曰'死'。"由此可知西周礼制是相当完备的了，几乎涉及社会生活的各个方面。《礼记·礼器》所说的"经礼三百，曲礼三千"虽非确数，但至少说明了周礼是至为繁缛的。不过究其实质，就是建立了一整套与当时的宗法社会相适应的礼乐制度，通过"礼乐"的形式把阶级社会中各等级的权利和义务制度化、固定化，使社会秩序处于相对稳定和谐的状态之中。其中最重要的属于上层建筑方面的制度，就是作为当时政治制度的封建制和作为血族制度的以嫡长子继承制为核心的宗法制。

　　封建制又称分封制，即封邦建国，周王将宗族姻亲和功臣分派到全国各地，广建封国，各诸侯国必须承认周王的权威，承担各种义务。即《左传》所谓的"封建亲戚，以藩屏周"。这是周人为巩固政权而创立的一种新制度，周初即在全国范围内大规模实行，大大加强了天子对诸侯的统属关系，向中央集权的专制国家迈进了一大步。周代的封建制有两个要点：其一，重视血缘关系。氏族血缘关系的残余影响在当时还很大，周人为巩固统治，仍像夏商二代一样利用它的感情联系作用，来号召和笼络同姓亲族。周初所封者大都是周天子的子弟、同姓及戚属，就充分说明了这一点。其二，强调血缘关系服从于政治关系。经过改造，周人的血缘关系已与原始社会的血缘关系大异其趣，古人所谓"门内之治恩掩义，门外之治义断恩"（《礼记·丧服四制》）、"公子不得祢先君"、"公孙不得祖诸侯"（《仪礼·丧服》）、"大义灭亲"（《左传》隐公四年）等等，都表明政治关系第一，血缘关系是第二位的。《谷梁传》文公二年明言"不以亲亲害尊尊"，明令不得以血缘关系代替或干扰政治关系，《丧服》规定诸侯要为天子斩衰三年。与前代相比，周天子与诸侯的关系，已从"诸侯之长"变成了"诸侯之君"。诸侯受封后成了相对独立的诸侯国的国君，又开始分封卿、大夫以采邑，各自有世袭之权。这种次第分封的结果，造成了天子、诸侯、卿、大夫等各级君主，而这些大小封君又有着严格的尊卑等级，层层向上负责，最后总归于天子。

　　周代宗法制度是以氏族社会的血缘关系为基础发展而来的。自从国家形成以后，虽然国家代替了氏族，地域团体代替了血族团体，但血族关系并没有因此而消亡，而是顽强是存在着。为了巩固国家政权的统治，周人重新利用了这一使氏族社会延续了无数世代的有力纽带，并把它改造成适于统治需要的、有完整体系与严格等级的宗法制度。血亲统治的最显著特点，就是统治权力世代血亲相传，而为了保证纯贵族血统的儿子继承统治权，就有了嫡庶制度的产生。妻分嫡庶，大约是在周代之初，周制妾所生子为庶孽，庶孽不能越过嫡子继承爵位。但只分嫡庶，还不能制止嫡子之间的争夺，又需要建立嫡长子继承制。王国维《殷周制度论》[1]说："周人制度之大异于商者，

---

[1] 《王国维全集》，浙江教育出版社，2010年。

一曰立子立嫡之制，由是而生宗法及丧服之制，并由是而有封建子弟之制，君天子臣诸侯之制。"自此以后，"立嫡以长不以贤，立子以贵不以长"（《公羊传》隐公元年）便成了王权继承法的精髓，一直使用到清末。嫡长子继承制的确立并不是一件简单的事，它鲜明地反映了周代与殷代两种制度的不同特点，即"殷道亲亲"与"周道尊尊"。"亲亲"是母权制的残余，带有一定的民主性色彩；而"尊尊"则反映父权制的绝对地位，具有专制的性质。因之，嫡长子继承制是周代宗法制的思想基础，周人创建宗法制的主要目的，即在于维护嫡长子继承制。

宗法是按照等级制度的原则创立起来的一种血缘组织，关于它的具体内容，金景芳先生在其《论宗法制度》[①]一文中已有明确的阐述，简单说来，是这样的：假定某个国君有若干个儿子，其中嫡长子继承君位，这个为君的嫡长子与其他诸子只能论君臣关系，而不讲兄弟关系，宗统要服从君统；诸子则要另立宗，以同君统相区别，这个另立的宗是从别子开始的，所以叫"别子为祖"；继别子的嫡长子称为宗子，所以叫"继别为宗"，这个宗子世代由嫡长子相袭，成为百世不迁的大宗，统率全族；别子的嫡长子（继别为宗者）之外的诸子，不能继别只能继祢（先父），叫作小宗，小宗的宗子又要尊继别的为大宗，一个庶子同时最多只能有四个小宗，一个大宗，所以小宗又叫"五世则迁之宗"。在周代，人们把大宗看成是同氏集团始祖的化身，尊奉大宗就等于是尊奉了祖先，所以《礼记·大传》说："尊祖故敬宗，敬宗，尊祖之义也。"这就使大宗处于整个同氏集团的核心地位，起到维系同氏集团所有成员的作用。《仪礼·丧服》说："大宗者，尊之统也……大宗者，收族者也。"此言大宗为尊者之中最尊的，胜于自己的父、祖，因为他是始祖的化身。这个核心百世不迁，同氏集团成员间的血缘约束关系也永世不断。而小宗的权利，主要是约束近亲中的血缘关系，在其相应的同氏亲族范围内，起着与大宗在整个同氏集团范围内相类似的作用。人们对于小宗，便也像对待大宗那样，把他当作所继承的那个父、祖的化身来尊奉。由此可知，宗法制实为家族主义盛行的产物，是实行于具有某种相互权利与义务关系的血缘亲族间的制度。

[①]《东北人民大学人文科学学报》1956年第二期。

总而言之，西周礼乐文化是封建这种政治制度和宗法这种血族制度在意识形态上的反映。周礼号称有"经礼三百，曲礼三千"（《礼记·礼器》），但其主要内容不外乎"亲亲"与"尊尊"这两个方面，前者反映社会的血缘关系，后者反映社会的政治关系，即阶级关系。《礼记·大传》说："亲亲也，尊尊也……此其不可得与民变革者也。"《礼记·中庸》说："仁者人也，亲亲为大。义者宜也，尊贤为大。亲亲之杀，尊贤之等，礼所生也。"这都说明亲亲与尊尊实为周礼的核心。在西周，血缘关系虽已退居次要地位，但与政治关系还是密切地纠缠着，在亲亲和尊尊中，贯彻着严格的等级制原则。贯穿于"亲亲"中的等级制原则，用古人的话说就是"亲亲以三为五，以五为九，上杀、下杀、旁杀而亲毕矣"（《礼记·丧服小记》）。此言以自身为起点，上则父最亲，祖次之，曾祖、高祖又次之；下则子最亲，孙次之，曾孙、玄孙又次之；横向则兄弟最亲，从兄弟、再从兄弟、同族兄弟等以次递疏。此外，在家庭中父母亦存在等级，父尊于母。贯穿于"尊尊"中的等级制原则，就是所谓"尊贤之等"，古人所说的"名位不同，礼亦异数"（《左传》庄公十八年），"自上以下，隆杀以两，礼也"（《左传》襄公二十六年），讲的都是等级制问题。由此可知，"亲亲"与"尊尊"的实质都是等级制度，这也是周礼最本质的东西。

西周礼乐文化的繁荣和礼乐制度的确立，奠定了中国文化的基础，规定了中国文化的发展方向，影响中国历史达三千年之久。前些年学者们热衷于探讨中国封建社会超稳定结构的原因（延续几千年，历次革命都是换汤不换药，独裁帝国），人们找出来很多，每一条都有一定的道理。但其终极原因还在于农业社会和建立于其上的家族宗法制度。而世袭、家天下，也正是农业社会下家族宗法制度的产物。

四、孔子揭示出礼乐制度的特质和精髓是伦理文化

西周初年，中华传统文化范式——以礼乐文化为载体和表征的特殊范式已经确立，以道德立国，以礼乐兴邦，一个繁荣昌盛领先世界的东方古国兴起了。然而曾几何时，西周统治不过二百多年，平王东迁后很快出现了"礼坏乐崩"的局面。所谓"周秦之变"，从春秋礼坏乐崩开始，到商鞅变法之

际剧烈变化，并以秦始皇建立帝制中国为终点。

由汉代以至于清代，以礼乐文化为特征的儒学经历了大大小小无数次本土或外来文化的侵袭，都能够保持历代王朝治国主导统治思想的地位，保证了中华传统文化不变的伦理基因，这是儒学强大的内在融合力的体现。

西周以礼乐制度治理社会，很快出现了"成康盛世"，达到了为后世无限向往的中国历史前所未有全盛时期。但西周统治的黄金时代也就一百五十年左右，到了夷王和厉王的时候，社会就明显出现了分化，并导致了社会变革的发生。进入春秋时代之后，礼乐文明的崩坏也发展到了一个新的阶段。周礼的主要内容是"亲亲"和"尊尊"，即强调父子之亲与君臣之义，等级制是周礼最本质的东西。而周礼的崩溃，最明显而最中要害的，恰是等级制度的破坏。春秋以来，东周的天子已无力控制各诸侯国，"以藩屏周"的许多制度都已废弛。五霸迭兴，政权下移，诸侯的等级爵位不再由周王赐予，而由强大的诸侯来自封。象征周王天下共主地位的朝聘制度早已实行不了，礼乐征伐不再自天子出，而自诸侯出，自大夫出，"尊王"成了挟天子以令诸侯的代名词。到春秋后期，大夫亦在兼并中受到削弱，陪臣势力日益强盛，造成了"陪臣执国命"的局面。在上下相克的斗争中，旧有的等级制度被破坏殆尽了。于是，各级统治者争相僭越，如蝇逐臭，僭礼行为从爵号起始，发展到宫室、车旗、丧葬、祭祀等各方面。而"臣弑其君者有之，子弑其父者有之"（《孟子？滕文公下》）的情况，更是对"亲亲""尊尊"等级制度的肆无忌惮的破坏。没有等级制度也就没有周礼，等级制度的破坏，无疑表明了礼乐文化的进一步崩坏。虽然史称鲁国"犹秉周礼"（《左传》闵公元年），"诸侯，宋、鲁于是观礼"（《左传》襄公十年），"周礼尽在鲁矣"（《左传》昭公二年），但实际上这并不是礼，而只不过是"仪"而已（《左传》昭公五年）。到了春秋后期，连这可怜的"仪"也难以维持了，鲁国亦不断发生"季氏八佾舞于庭""三家者雍彻"（《论语·八佾》）这类情况。总之，在当时的社会中，礼乐文明已不再是支配社会生活的主要力量了，司马迁所谓"孔子之时，周室微而礼乐废"（《史记·孔子世家》）的说法，正表明了当时礼乐文化已彻底崩坏的真实情况。

礼乐文明的衰败是一个渐进的过程，春秋时代虽已礼坏乐崩，但这种文化却并未从社会上完全消失。到了战国时代，旧礼乐的形式还不同程度地存在于列国之中，不过，这时的礼乐制度已经完全失去了等级的原则，再也无力担负起维系社会生活运转的任务，实际上已经沦为一种社会风俗了。道德蝉蜕，礼化为俗，人心不古，使周礼所本来蕴含的文化内容已与其形式完全脱节了。任何内容都需借助于一定的形式来表达，礼仪失却了道德内涵而独立出来，就不再成其为礼，道德失却了礼仪的形式也就难以存在。

如何挽回世道人心，春秋战国思想家们提出了种种主张。

对于巩固西周以来所形成的中国文化的伦理道德的发展方向，孔子及其所开创的儒家学派是起了相当大的作用的。

孔子生活在春秋末叶，距西周初已有五百年之久，周初形成和确立的那些道德观念与政治制度已出现了明显的颓败之势。孔子出身于贵族家庭，他所生活的鲁国又是周公旦后人的封地，保存着大量的西周文化典籍，所以，他是在周文化熏陶下成长起来的，对西周传统的思想和制度极为赞成和拥护。所谓"周监于二代，郁郁乎文哉，吾从周"（《论语·八佾》），"如有用我者，其为东周乎"（《论语·阳货》），即真切地表明了他对西周礼乐文化的向往。在孔子看来，当时社会之所以乱，其主要原因即在于周礼的崩坏。所以，他一生致力于挽救西周传统思想和制度的崩溃趋势，而他所提出的挽狂澜于既倒的方法，就是"复礼"。所谓"复礼"，实即恢复西周的礼乐文化。孔子的"复礼"，首先讲"正名"，即用礼所规定的等级名分来约束诸侯的僭越行为，如其回答弟子"卫君待子而为政，子将奚先"的问题说："必也正名乎！"（《论语·子路》）齐景公问政，他也回答"君君、臣臣、父父、子子"（《论语·颜渊》）。其次讲克己，即用礼的要求来约束自己的行为，如其提出了"克己复礼为仁，……非礼勿视，非礼勿听，非礼勿言，非礼勿动"（同上）。这表明，孔子对于西周传统的伦理道德观念是完全继承的。

由于年代久远和社会动乱保管不善，孔子能看到的上古文献已经很稀少了。所以他曾经感慨说："夏礼吾能言之，杞不足征也；殷礼吾能言之，宋不足征也。文献不足故也。足，则吾能征之矣。""周监于二代，郁郁乎文哉！吾从周。"夏商两代的文献已经不多了，只有西周的东西还比较可观。上古伦理文化究竟是怎么一种状态？西周礼制的具体规定都是什么？当时没人能够说得清。为了继承古代文化，孔子做了一件顶天立地的大事业，那就是整理六经。修起《礼》《乐》（由于礼坏乐崩，是孔子努力搜讨，把它们修复起来），论次《诗》《书》（论是去取，次是编排），作《春秋》，著《易传》（注释《周易》）这六部书后人称为经，其实就是历史（六经皆史）。有了这"六经"，后人才能够了解自尧帝以来的历史面貌。

那么，上古伦理文化和至西周而形成的礼乐文化，其实质是什么呢？孔子的研究结论是两个字：仁义。《礼记·中庸》记载孔子的话说："仁者人也，亲亲为大；义者宜也，尊贤为大。亲亲之杀，尊贤之等，礼所生也。""仁者人也，亲亲为大"，意思是仁爱就是人，要将爱父母亲放在第一位。孔子虽然也讲"仁者爱人"，但主张"爱人"必须从"亲亲"开始，由亲及疏，由己及人。儒家的爱有等差，先是爱父母，"亲亲为大"；其次是爱兄弟，"友于兄弟"；再次是爱朋友；又再次是"泛爱众"，将爱推广到整个人群。"义者宜也，尊贤为大"，是说义就是处事得宜，以尊敬贤者为大。后来孟子进一步解释说："仁之实，事亲是也；义之实，从兄是也。"（《孟子·离娄上》）事亲便是孝，从兄便是悌，所以孝悌才是五伦的核心。所谓"入则孝，出则悌，守先王之道"（《孟子·滕文公下》），讲的就是守望传统伦理，在家讲仁讲孝，在家庭之外讲义讲悌。孟子总结上古文化的实质，明确指出"尧舜之道，孝悌而已矣"（《孟子·告子下》）。源远流长的中华礼乐文明，其特质和精髓就是伦理文化，明矣！

孔子孟子对传统伦理文化的理解可图示如下：

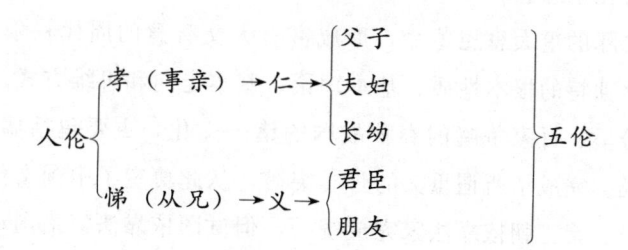

```
        ┌ 孝（事亲）→ 仁 → ┌ 父子
        │                  │ 夫妇
人伦 ┤                  │ 长幼  ┐
        │                  │        ├ 五伦
        └ 悌（从兄）→ 义 → ┌ 君臣  ┘
                            └ 朋友
```

人伦就是孝悌，孝悌就是仁义，仁义可扩展为"五伦"，礼乐文化就是从这里产生的。在此，儒家为礼乐文化存在的合理性找到了人性的根基，解决了礼乐文化合理存在的哲学问题。周公制礼作乐，孝悌成为礼乐文化所表现的核心内容，但礼坏乐崩之后，传统礼制的内在精神已经失去，即宗法等级社会的血缘亲亲之情已逐渐丧失。在这种情况下，孔子要挽救礼乐文化以

227

经史求识录

正世道人心，实为难为之事。他的高明之处在于，他不再致力于由王室和诸侯的小圈子中去重建宗法的亲和力，而是转向了广大人群所共有的人心之仁，为礼乐的合理存在找到了更普遍更坚实的根基。他说："仁远乎哉？我欲仁，斯仁至矣"，"人而不仁，如礼何？人而不仁，如乐何？"（《论语·述而》）认为仁爱之心是人类所共有的，而礼乐的内在根源就是人心之仁。这样，他就将处理血缘关系的孝悌道德扩大了，由适应宗法制度需要的贵族风范扩大为每一个青年人所必备的起码德行，《论语·学而》说，"子曰：弟子入则孝，出则悌"，即表明了这样的认识。孔子的"仁"的提出，由人性的哲学高度为传统礼乐找到了根基，将上下等级之礼转而为人人内在平等的人性之仁的显发。这就冲淡了西周传统礼乐的贵族色彩，使之士民化，使得行于上层社会具有政治效用的礼乐制度转为全民普遍自觉的行为规范，开拓了礼乐文化的作用范围。限于篇幅，这里不能全面阐述孔子及儒家学派对礼乐文化的继续存在与发展的贡献。但是必须要说，孔子所发掘和发扬的礼乐思想就其纯粹的、本质的意义来说，是符合人性且能提高人性的，它成了中国传统文化的一个精神基础。所以，孔子的礼乐观既不是奴隶主阶级也不是地主阶级的属性，而是反映了由农村公社而来的看重血缘关系的传统所生发出来的由近及远、以己推人的真诚爱心。这种爱心所反映的博大精神弥漫于整个中国文化之中，成了我们民族的宝贵精神遗产。汉代重建礼乐制度，主要依据的就是儒家的礼乐思想。

经过了殷周之际的重大思想革命，形成富有人文智慧的周代礼乐文化，它奠定了中华文化独特的根本性质、基本理论、基本走向和思维方式。之后从中衍生出异彩纷呈、百家争鸣的春秋战国的诸子文化，主要包括儒、道、法、墨等多家学说，完成了所谓重大的哲学突破，从此奠定了中国文化的坚实基础和基本格局。秦王朝依靠法家完成统一，但试图依靠法家治国却惨遭失败。汉初社会极度凋敝，治国方略上采取了无为而治、与民休养的政策，其实质是奉行道家为主的黄老文化。董仲舒掀起"罢黜百家，独尊儒术"，使三纲五常神圣化，儒家从子学中跃出上升为经学，并渗透到政治和社会生活的各个领域，完成了儒家文化的社会化过程。同时也是以这种儒学接纳了阴阳五行家、道家、法家礼法兼用的荀学、墨家"兼爱""尚同"等思想，发挥自我调节、吸收融会精神，使得儒学不仅成为当时社会的指导思想，同

中华礼乐文化的历史渊源和礼乐制度的建立

时也成为整个中国文化的中流砥柱。中国文化最终选择了极具融合性的儒学作为支撑，从而完成一次根本性的转换。

（载国家社科重大项目成果《弘扬中华传统文化与实现中国梦研究》）

经史求识录

孔子"德治"思想断论

在中国政治文明和精神文明的历史上,"德治"思想是源远流长、影响深远的,要认真清理和批判继承传统德治思想,需要做很多基础性的工作。但在德治思想的悠久传承过程中,又以孔子的思想最为重要,因为孔子承先启后,将古代零散的德治理论整理出来并多所继承,形成了自己独特的体系,后世思想家主要是在孔子思想的基础上进行丰富和发展的。换言之,搞清楚孔子德治思想的有关问题,也就抓住了传统德治思想的核心。基于这种认识,本文的论述将从以下三个方面展开:1. 孔子由古代治国理论中继承了什么;2. 孔子德治思想的主要内容和特点是什么;3. 孔子德治思想的历史地位。

一、孔子"德治"思想是对远古和三代以来传统治国方略的继承与发展

检讨孔子的德治理论,发现其中重人伦、重道德、慎刑罚、民为本等思想特点都渊源有自,可以追溯到尧舜时代和西周时期。《礼记·礼运》篇记孔子曰:"大道之行也与三代之英,丘未之逮也,而有志焉。"《中庸》说"仲尼祖述尧舜",孔子也曾盛赞尧的德行说"大哉!尧之为君也,巍巍乎!唯天为大,唯尧则之"[①]。在政治思想方面,孔子对尧舜时代的借鉴和继承起码包括以下两点。

一是重人伦教化、轻于刑罚的思想。《尚书·尧典》说"慎徽五典,五典克从",又记载"帝曰:契,百姓不亲,五品不逊,汝作司徒,敬敷五教,在宽"。所谓"五典""五品""五教",实为一事,即《左传》文公十八年"举八

[①] 《论语·泰伯》,《论语正义》,载《诸子集成》本第一册,中华书局,1954年,第166页。

孔子"德治"思想断论

元，使布五教于四方"之"父义、母慈、兄友、弟共（恭）、子孝"这五种人伦关系及其道德规范。《孟子·滕文公上》讲的"契为司徒，教以人伦：父子有亲，君臣有义，夫妇有别，长幼有序，朋友有信"即是继承《尧典》之说而来，虽然孟子以"五伦"来解释五教内涵，在血缘关系之外加入了君臣、朋友两个政治与社会关系，不符合于历史的真实情况，但仍然反映了儒家学派重人伦的特点确乎渊源极早。"五品不逊"是说当时父、母、兄、弟、子五种人之间的关系不顺，"敬敷五教"则是要求主管政教者善布五教于四方，使父义母慈兄友弟恭子孝，以厚人伦。宽指宽柔，"在宽"，意在强调礼教而不重刑罚。

二是轻刑和慎刑的思想。《尚书·尧典》中关于"象以典刑，流宥五刑，鞭作官刑，扑作教刑，金作赎刑，眚灾肆赦，怙终贼刑，钦哉钦哉，惟刑之恤哉"的说法和流放四凶的记载，以及《皋陶谟》中讲到的"五刑""象刑"和"挞以记之"等等，都是有关中国刑法史的最早文献资料。所谓"象刑"，就是给罪人穿上不同于常人的衣服鞋帽，使之感到羞辱，其实质是对犯人施加精神压力而不伤及肉体，是以教育为主的较轻的刑罚。"流宥五刑"讲的是流刑，即流放远方；"鞭作官刑"讲鞭刑的施行范围；"扑作教刑"讲学校内的体罚办法；"金作赎刑"讲用金属赎罪。凡此象刑、流刑、鞭刑、扑刑、赎刑五种，最重的只是流刑，可知当时是不用死刑的。"眚灾肆赦，怙终贼刑"，讲的是刑罚施行过程中的灵活掌握问题，郑玄注云："眚灾，为人作患害者也。过失，虽有害则赦之；怙其奸邪，终身以为残贼，则用刑之。"意为人犯了罪，造成一定的患害，但只要属于过失犯罪，能够改正，就应对其赦免；只有对怙恶不悛，屡教不改，终身做坏事的人，才可用刑。"钦哉钦哉，惟刑之恤哉"，是舜反复告诫，一定要认真又认真啊，刑罚这种事情最为重要的就是要冷静审慎啊！这里所体现的慎刑思想十分明确，西周时的"明德慎罚"和孔子强调的"刑罚中"的思想盖渊源于此。

孔子出身于贵族家庭，他所生活的鲁国又是周公旦后人的封地，保存着大量的西周文化典籍，他是在周文化熏陶下成长起来的，对西周传统的思想和制度极为赞成与拥护。所谓"周监于二代，郁郁乎文哉，吾从周"[1]，"如

---

[1] 《论语·八佾》，《论语正义》，载《诸子集成》本第一册，中华书局，1954年，第56页。

231

经史求识录

有用我者，吾其为东周乎"①，即真切表明了他对西周礼乐文化的向往。在政治思想方面，孔子对西周的继承与借鉴主要包括明德、慎罚、保民等内容。

西周初年，以周公旦为代表的一些明智的思想家在总结"汤武革命"造成两次政权更替的历史教训时，明确地认识到国家的治乱兴亡并不简单地是个天命问题，而是与统治者自身的"德"分不开的，所以强调"皇天无亲，唯德是辅"。《尚书》中多处讲到了"德"与"天"、与"民"、与"罚"的关系，《康诰》说："文王克明德慎罚，不敢侮鳏寡，庸庸，祗祗，威威，显民，用肇造我区夏。""别求闻由古先哲王，用康保民，弘于天，若德裕乃身，不废在王命。"《梓材》说："肆王惟德用，和怿先后迷民。"《召诰》说："肆惟王其疾敬德，王其德之用，祈天永命。"这里首先表现出的是统治者对于"德"的重视，"德"不但和"天"有关系，而且和"民"也有关系。"德"是上天意志的体现，只有推行"德"政，上帝才会使天子永远保持大命；同时也只有推行"德"政，才能获得"民"的拥护。文王由于有德，上天便把统治权交给了他；纣王正由于失德，才招致殷商的灭亡。正因为"德"是关系国家兴亡的大事，周统治者才郑重其事地提出了"敬德"。由于"德"和"天"密不可分，所以"敬德"也就是"敬天"；又由于"德"和"民"也密不可分，所以"敬德"也就是"保民"。这种"敬德保民"或叫"敬天保民"的思想在周代占有极其重要的地位，《尚书》中的"周书"十九篇，从不同的角度反复强调并一再予以宣扬。周公旦还以"人无于水监，当于民监"② 为信守不移的座右铭，告诫后人要把人民当作镜子，时时勿忘善待百姓。后来人们常讲的所谓"民本"思想，正是由"敬天保民"思想发展而来的。另一方面，周初统治者也并没有把"德"看成是万能的，还从法的角度提出了"罚"，把"德"和"罚"结合在一起，叫作"明德慎罚"。"慎罚"的前面冠以"明德"，说明二者并非并重，而是有主有从，以德教为主，刑罚为辅。后代的"德威兼施""宽猛相济"的政治思想，就是在"明德慎罚"的基础上发展起来的。

---

① 《论语·阳货》，《论语正义》，载《诸子集成》本第一册，中华书局，1954年，第370页。

② 《尚书·酒诰》，《尚书正义》，载《十三经注疏》本，中华书局，1980年，第207页。

看来，西周的"德"具有"揖让"、重视文治不尚暴力、慎于刑罚、保护百姓等等含义。孔子十分推崇以德治天下的文王，据《论语·泰伯》记载，孔子曾称赞"三以天下让"的古公亶父的长子和"三分天下有其二，以服事殷"的周文王有"至德"。崇德尚文，反对暴政和武力征伐，孔子"从周"的政治内涵主要即在于此。而"道之以德，齐之以礼"的治民使民办法，也正是以"民为本"的思想为前提的。

我们知道，孔子曾竭尽毕生精力学习先代的历史文化，据《史记·孔子世家》记载，孔子之时周室微而礼乐废，《诗》《书》缺焉，孔子追迹三代之礼，序《书传》，上纪唐尧之际，下至秦穆公，编次其事。那么，信而好古的孔子由尧舜和三代以来的传统治国方略中有所发明与继承，自是情理中的事。其实，到了春秋时期，也仍然有一些政治家倡导德治，传统的德治思想从来就没有间断过。比如晋无忌曾明确说"恤民为德"[1]，郑子产也提出"唯有德者能以宽服民"[2]，"为政必以德，毋忘所以立"[3]，都说明传统德治思想的内容极为丰富。

二、孔子"德治"思想已形成了较为完整的独特体系，奠定了儒家德治主义政治思想的基础

孔子一心向往西周的礼乐文明制度，极力要改造当时那种礼制遭到严重破坏的局面，把在东方复兴周道当作自己毕生追求的政治目标。为此，他提出了一整套"德治"办法。《论语·为政》说：

> 为政以德，譬如北辰，居其所而众星拱之。
> 道之以政，齐之以刑，民免而无耻；道之以德，齐之以礼，有耻且格。

---

[1] 《左传》襄公七年，《十三经注疏》下，中华书局，1980年，第1938页。
[2] 《左传》昭公二十年，《十三经注疏》下，中华书局，1980年，第2094页。
[3] 《史记·郑世家》，《史记》卷四十二，中华书局，1959年，第1774页。

经史求识录

　　这段话集中表明了孔子德治思想的基本内涵，说出了德治与法治即道德教化与刑政的关系，也讲清了德和礼即道德自觉与制度、规范的关系。孔子认为，依靠德治是为政的基本方法，德刑并举而应以德为重，刑杀只是一种必要的补充手段。德治要抓住以德导民和以礼齐民两个方面，齐之以礼要用道之以德做基础，道之以德要以齐之以礼为目的。分开说来，包含如下几个基本内容。

　　第一，强调道德教化，主张统治者以政权的力量来推行仁义礼智、孝悌忠信等道德规范，并以此作为为政的基本手段和主要内容。"道之以德，齐之以礼"是孔子德治思想的基础。礼本是外在的行为规范，只要人们都做到"非礼勿视，非礼勿听，非礼勿言，非礼勿动"，社会当然就安宁了。可是当时礼坏乐崩，人们不肯自觉遵守礼的规定。为了改变这种状况，孔子才提出了以仁为核心的道德思想体系，强调把礼的执行建立在仁的基础上，用"道之以德"，即通过道德教育来使整个社会风气归于淳厚，使人们能够自觉地形成内在的自我约束。那么如何才能做到道德自觉呢，孔子强调要把教育放在首位，通过道德教化使民有知耻之心，自觉从善。在《论语·子路》中孔子提出了"庶、富、教"的主张，强调要在富民的基础上进行教育。据《说苑·政本》，孔子在回答子贡问政时也说"富之，既富乃教之也，此治国之本也"。在教育中，孔子特别重视孝悌的人伦教育，当哀公问及"四代之政刑"时，他回答说："是以父慈、子孝、兄爱、弟敬，此昔者先王之所先施于民也。君而后此，则为国家失本矣。"[①] 把孝悌教育当成治国之本，是因为"民咸孝而安让，此以怨省而乱不作也，此国之所以长也"[②]。孔子还特别看重礼乐教育，他说："移风易俗，莫善于乐；安上治民，莫善于礼。是故圣王修礼文，设庠序，陈钟鼓，天子辟雍，诸侯泮宫，所以行德化。"[③] 看来，看重道德教化确是孔子德治思想的首要特点。

　　第二，要求各级统治者能首先正己，以身作则，以修身为起点达到齐家治国。《论语·颜渊》说："季康子问政于孔子。孔子对曰：'政者，正也。

[①] 《大戴礼记·四代》，《汉魏丛书》本，吉林大学出版社，1992年，第92页。
[②] 《大戴礼记·千乘》，《汉魏丛书》本，吉林大学出版社，1992年，第91页。
[③] 《说苑·修文》，《汉魏丛书》本，吉林大学出版社，1992年，第456页。

子帅以正，孰敢不正？""子欲善而民善矣。君子之德风，小人之德草。草上之风必偃。"《子路》篇进一步说："苟正其身矣，于从政乎何有；不能正其身，如正人何？""其身正，不令而行；其身不正，虽令不行。"只要当政者尤其是最高统治者自己能正其身，起到表率作用，就会自然地上行下效，令行禁止，甚至不令而行。这里把道德的作用提到相当的高度。《大戴礼记·主言》中"上敬老则下益孝，上顺齿则下益悌，上乐施则下益谅，上亲贤则下择友，上好德则下不隐，上恶贪则下耻争，上强果则下廉耻"的说法，更明确地把正己作为为政的前提。反过来，如果为上的无德无行，百姓就会弃善从恶。"季康子患盗，问于孔子。孔子对曰：'苟子之不欲，虽赏之不窃'。"孔子毫不客气地将鲁国的多盗现象归结于季康子的贪欲。

重视对当政者道德上的要求，还包括行政要身体力行，勤于政事。子路问政，孔子答之以"先之劳之"和"无倦"。① 对子张问政，则答之曰"居之无倦，行之以忠"②。

但仅仅最高统治者一人"帅以正"还不够，孔子还多次表述过为政要用贤的思想。《子路》篇记载，孔子弟子仲弓为季氏宰，问政于孔子，孔子说："先有司，赦小过，举贤才。"朱熹注曰："贤，有德者。才，有能者。"明确提出治理国家要举用有德有才的人。他还说："举直错诸枉，则民服；举枉错诸直，则民不服。"③"举直错诸枉，能使枉者直。"④ 任用正直的贤才可以使民众服从，甚至可以使邪恶之徒改邪归正。在孔子看来，真正任用贤才不仅可以治国，还可以王天下。刘向《说苑·尊贤》记载："齐景公问于孔子曰：'秦穆公其国小，处僻而霸，何也？'对曰：'其国小而志大，虽国小而其政中。其举果，其谋和，其令不偷。亲举五羖大夫于系缧之中，与之语三

---

① 《论语·子路》，《论语正义》，载《诸子集成》本第一册，中华书局，1954年，第279页。

② 《论语·颜渊》，《论语正义》，载《诸子集成》本第一册，中华书局，1954年，第274页。

③ 《论语·为政》，《论语正义》，载《诸子集成》本第一册，中华书局，1954年，第35页。

④ 《论语·颜渊》，《论语正义》，载《诸子集成》本第一册，中华书局，1954年，第278页。

经史求识录

日而授之政。以此取之，虽王可也，霸则小矣。'"孔子还说："舜有臣五人，而天下治。"① 这些观点，开创了中国政治中任人唯贤的传统。

第三，重德轻刑，提倡仁政。孔子的德治理论主张的是一种与暴政相对立的宽缓温和的政治，与崇尚严刑峻法的体现专制的刑治主义完全不同。用道德教化来代替刑杀，用自我约束来代替诉讼，建立一个秩序稳定的社会，正是孔子的理想目标，这在《论语》中反映得十分明显。如："季康子问政于孔子曰：'如杀无道以就有道，何如？'孔子对曰：'子为政，焉用杀？子欲善而民善矣。'"（《颜渊》）"善人为邦百年，亦可以胜残去杀矣。"（《子路》）"听讼，吾犹人也，必也使无讼乎！"（《颜渊》）《大戴礼记·小辨》也记载孔子说："治政之乐皇于四海，夫政善则民说（悦），民说（悦）则归之如流水。"在孔子看来，只要真正实行了德政，就会得到人民的支持，就可以进而一统天下。

当然，孔子并非完全不讲刑治，《左传》昭公二十年有如下记载：

郑子产有疾，谓子大叔曰："我死，子必为政。唯有德者能以宽服民，其次莫如猛。夫火烈，民望而畏之，故鲜死焉。水懦弱，民狎而玩之，则多死焉。故宽难。"疾数月而卒。大叔为政，不忍猛而宽。郑国多盗，取人于萑苻之泽。大叔悔之曰："吾早从夫子，不及此。"兴徒兵以攻萑苻之盗，尽杀之。盗少止。

仲尼曰："善哉！政宽则民慢，慢则纠之以猛；猛则民残，残则施之以宽。宽以济猛，猛以济宽，政是以和。"

孔子肯定了郑国执政大叔尽杀萑苻之盗的做法，并很有感慨地提出了宽猛相济的主张。不过，由下文"及子产卒，仲尼闻之出涕曰：'古人遗爱也'"的记载中，我们还是可以知道，孔子赞成和称道的还是子产的仁爱之德，他不过是把宽猛相济作为理想社会实现前的一种过渡办法而已。在孔子的政治思想中，德治始终是基本的和主导的，刑治只是在不得已的情况下采取的补充手段。

---

① 《论语·泰伯》，《论语正义》，载《诸子集成》本第一册，中华书局，1954年，第167页。

总括以上三点不难看出，孔子的德治思想确已在传统德治理论的基础上有了较大的发展并形成了独特的体系，儒家德治思想的基本内涵几乎都包括在内了。分析这些内容，则其核心无疑是爱民、利民的民本主义思想。"古之为政，爱人为大"① 孔子把"爱人"放在为政之首。当子张问"何如斯可以从政矣"时，孔子答以"尊五美，屏四恶，斯可以从政矣"，而在具体解释时，则将"因民之所利而利之"的"惠民"放在"五美"之首，将暴政、苛政列为"四恶"的内容，指出"不教而杀谓之虐，不戒视成谓之暴，慢令致期谓之贼"②。至于孔子提倡德治所要达到的目的，《韩诗外传》卷七所记其与弟子的一段谈话反映得较为清楚："孔子游于景山之上，子路、子贡、颜渊从。孔子曰：'君子登高必赋，小子愿言者，何其愿，丘将启汝。'"当孔子对子路、子贡所谈的理想进行评点之后，颜渊谈自己的理想说："愿得小国而相之。主以道制，臣以德化，君臣同心，外内相应，列国诸侯，莫不从义向风。壮者趋而进，老者扶而至。教行乎百姓，德施乎四蛮，莫不释兵，辐辏乎四门，天下咸获永宁。蝡飞蠕动，各乐其性；进贤使能，各任其事。于是君绥于上，臣和于下，垂拱无为，动作中道，从容得礼。言仁义者赏，言战斗者死。……"孔子称赞说："圣士哉！大人出，小人匿，圣者起，贤者伏。回（颜渊）与执政，则由（子路）、赐（子贡）焉施其能哉！"颜渊描绘了一幅君臣和乐，上下同心，四方归化，天下太平，百姓安宁乐业，人人自由愉悦的美好蓝图，这正是孔子的德治主张所要达到的理想境界，所以才受到他的夸奖与赞叹。

三、孔子"德治"思想经历代思想家的丰富发展，已成为法治、德治并用的完整理论，对推动历史前进产生了一定的积极作用

继承孔子"德治"思想并进一步予以发展和完善的，当首推孟子。孟子以平治天下为己任，以中国的统一为理想目标，把治国之道概括为"王道"

---

① 《礼记·哀公问政》，《礼记正义》，载《十三经注疏》本，中华书局，1980年，下册，第383页。

② 《论语·尧曰》，《论语正义》，《诸子集成》本第一册，中华书局，1954年，第418页。

和"霸道"两种。他说:"以力假仁者霸,……以德行仁者王,……以力服人者,非心服也,力不赡也;以德服人者,中心悦而诚服也。"① "天下不心服而王者,未之有也。"② 所谓"王道",就是要以德服人,施行仁政,所以后人把孟子的政治思想称为仁政学说。仁政学说的主要内容可以概括为三点。一是把"保民而王"③ 当作最重要的政治原则,要求在政治上要以民为本,与民同忧同乐;经济上要"制民之产",省刑罚,薄税敛,使黎民不饥不寒;军事上要兴仁义之师,反对嗜好杀人的不义战争。二是把"正君心"作为实施德治的前提,主张"民贵君轻",君臣要各行其君臣之道:国家治理不善应追究国君的责任,臣下"事君无义"则应予以惩治。三是把自觉修养德性看作实行仁政的必要条件,君主和臣下都要心存仁义并不断培养自己的善心,最终使道德修养达到相当高的境界,方可使仁政得以推行,天下归于至善。分析孟子的德治思想,无疑是以"性善论"作为其理论基础的,他是本着对人伦负责的态度来要求对人民负责的政治,所以才提倡仁政的。但是,仁政思想虽然和民主政治相通,却要在彻底的民主政治中才能实现,在当时是无法行得通的。

与孟子有所不同,儒家的另一位大师荀子虽然基本上继承了孔子的德治思想,主张隆礼重教,以礼教为主,但同时又吸取了法家以法为教、实行法治的思想,提倡礼法并施、王霸兼用。他说:"君人者,隆礼尊贤而王,重法爱民而霸,好利多诈而危。"④ 对王和霸都持肯定态度,因而主张两手兼用:"治之经,礼与刑,君子以修百姓宁。明德慎罚,国家既治四海平。"⑤ 把礼与刑、明德和慎罚当作可以并举的治国手段,创立了"隆礼重法"的治国思想。隆礼重法思想的含义有两个方面。一方面,荀子把礼看作治国的根本,认为"礼岂不至矣哉!……天下从之者治,不从者乱;从之者安,不从者危;从之者存,

---

① 《孟子·公孙丑上》,《孟子正义》,载《诸子集成》本第二册,中华书局,1954年,第131页。

② 《孟子·离娄下》,《孟子正义》,载《诸子集成》本第二册,中华书局,1954年,第330页。

③ 《孟子·梁惠王上》,《孟子正义》,载《诸子集成》本第二册,中华书局,1954年,第47页。

④ 《荀子·大略》,《诸子集成》本第二册,中华书局,1954年,第321页。

⑤ 《荀子·成相》,《诸子集成》本第二册,中华书局,1954年,第307页。

孔子"德治"思想断论

不从者亡","礼者,人道之极也"①,"人之命在天,国之命在礼"②。另一方面,荀子又认为单纯依靠道德还不足以教化百姓,他举例说:"尧、舜,至天下之善教化者也,南面而听,天下生民之属莫不振动从服以化顺之,然而朱、象独不化。是非尧、舜之过,朱、象之罪也。"③ 对朱、象这类"嵬琐"之徒,必须绳之以法。他指出:"征暴诛悍,治之盛也。杀人者死,伤人者刑,是百王之所同也。"④ "法者,治之端也。"⑤ 总括这两个方面,荀子的结论是:"隆礼至法则国有常。"⑥ 考察荀子的政治理论,其哲学基础还是性恶论,所以他在强调德治时并不像孔、孟那样注重人们的内心之仁,而是竭力提倡偏于道德他律的"礼"。在强调法的时候,他也不同于法家所提倡的严刑峻法,而是力主慎刑,要罚当其罪。总之,荀子以礼为立国之本,以教化为为政之基,同时又主张合理运用法律,他吸取各家之长,达到了比较全面的认识。

荀子认为法治和德治都是治理国家的手段,二者不可偏废,这种认识无疑是正确的。继荀子之后,有很多思想家和政治家都曾提出过治国要德治与法治相结合的思想,认为二者并用才是治国之大道。法家的韩非虽然贬斥儒家的治国之道,但他仍然承认道德教化在政治中的作用,《韩非子·忠孝》说:"臣之所闻曰:臣事君,子事父,妻事夫,三者顺则天下治,三者逆则天下乱,此天下之常道也。"在汉代开国之初,陆贾就劝谏刘邦说:"居马上得之,宁可以马上治之乎?""文武并用,长久之术也。"⑦ 董仲舒则强烈反对和抨击与王道、仁政相对立的暴政,提出"圣人之政,不能独以威势成政,必有教化"⑧。三国时诸葛亮善于治国,并对此多有精辟论述,他说:"非法不言,非道不行,上之所为,下之所瞻也。""故为君之道,以教令为先,诛罚为后。"⑨ 魏国的

---

① 《荀子·礼论》,《诸子集成》本第二册,中华书局,1954年,第236-237页。
② 《荀子·强国》,《诸子集成》本第二册,中华书局,1954年,第194页。
③ 《荀子·正论》,《诸子集成》本第二册,中华书局,1954年,第224页。
④ 《荀子·正论》,《诸子集成》本第二册,中华书局,1954年,第219页。
⑤ 《荀子·君道》,《诸子集成》本第二册,中华书局,1954年,第151页。
⑥ 《荀子·君道》,《诸子集成》本第二册,中华书局,1954年,第157页。
⑦ 《史记·陆贾列传》,《史记》卷九十七,中华书局,1959年,第2699页。
⑧ 《春秋繁露·为人者天》,《汉魏丛书》本,吉林大学出版社,1992年,第131页。
⑨ 《诸葛亮集》,中华书局,1965年。

经史求识录

袁涣也提出:"文武并用,长久之道也。"① 到了唐代,则以唐太宗李世民的认识最为明确,他说:"德礼为政教之本,刑罚为政教之用,犹昏晓阳秋相须而成者也。"② 宋代大儒朱熹更直接继承了孔子的德治思想,将德礼与政刑并举而以前者为重。朱子《论语集解》解释孔子"道之以政,齐之以刑,民免而无耻;道之以德,齐之以礼,有耻且格"一段话说:"政者,为政之具;刑者,辅政之法。德礼则所以出治之本,而德又礼之本也。"他还进一步探讨德治与法治的关系说:"这德字只是适来说底德,以身率人。人之气质有浅深厚薄之不同,故感者不能齐一,必有礼以齐之……齐之不从,则刑不可废。""有德礼而无刑政,又做不得。"③ 朱子认为德礼为主,刑政为辅,德治与法治兼施并用才是治国之要道。明太祖朱元璋则指出:"为国之治道,非礼则无法,若专法而无礼则又非法也。所以礼之为用,表也;法之为用,里也。"④

由上段简要考察可知,历代思想家发展孔子的德治思想,已经形成了比较丰富的法治、德治并用的思想。其中朱元璋的说法已经不仅仅是理论了,可以看作是对中国传统政治的基本运作模式的总结,和所谓"阳儒阴法""王霸道杂用"完全是一个意思。在中国传统政治的实际运作中,多数情况下都是把王道与霸道即德教与刑法并用的,二者已成了进行统治的必不可少的两个方面。比如汉宣帝在教训其太子即后来的汉元帝时说:"汉家自有制度,本以霸王道杂之,奈何纯任德教,用周政乎!且俗儒不达时宜,好是古非今,使人眩于名实,不知所守,何足委任!"⑤ 汉宣帝的话,点出了汉代政治统治的实际内涵,在德与法之间抛弃哪一方面都是不明智的。事实上,随着时代的演进,德刑并举、王霸杂用、礼法结合、德力相辅的统治方式已愈来愈圆熟,成了中国封建政治的一个特点。人们常说中国政治是伦理型的政治,主要指的就是这种明德暗法,以德为主以法为辅的特点。

(原载《松辽学刊》2001 年第五期)

---

① 《三国志·魏书·袁涣传》,《三国志》卷十一,中华书局,1959 年,第 335 页。
② 《贞观政要·择官》,明成化九年内府刊本。
③ 《朱子语类》卷二三,中华书书,1981 年,第 594 页。
④ 《明太祖文集·刑部尚书诏》,有四库全书本。
⑤ 《汉书·元帝纪》,《汉书》卷九,中华书局,1962 年,第 277 页。

论"墨学复兴"对中国近代社会的影响

近代以来，由于西方文化传入的影响，在诸子考证热的基础上，在资产阶级改良派的宣传鼓动下，产生了所谓的"墨学复兴"这一历史现象。这里我们且不去讨论其复兴的实质，仅就这一现象对近代历史的意义或影响试加以论述，不当之处，请方家指正。

一、"墨学复兴"在辛亥革命时期的历史作用

（一）孙中山广泛吸收了中国传统优秀伦理思想，其中更富含了墨家价值观的精华，所有这些均构成了资产阶级革命指导思想的一部分

孙中山的革命思想中西方的民主、平等、博爱等固然占有重要部分，但其中也包含许多本民族优秀的传统思想，他说："余之谋中国革命，其所持主义，有因袭吾国固有之思想者，有规抚欧洲之学说事迹者，有吾独见而创获者。"① 那么孙中山的革命思想中，"因袭吾国固有之思想者"是什么呢？笔者认为应该主要是中华民族优秀的传统价值观，其中富含了墨家的某些优秀思想。为什么呢？因为孙中山先生在其一整套革命思想中虽以西方自由、平等、博爱精神为要义，但他认为："我们民族的道德高尚……所以穷本极源，我们要恢复民族的地位……就要把固有的旧道德先恢复起来，有了固有的道德，然后固有的民族地位才可图恢复。"② 这种固有的旧道德当然是中华民族优秀的传统道德，孙中山以历史主义与进化史观来诠释这些固有的旧道德，并加以去粗取精的扬弃，把它总结为"忠孝、仁爱、信义、和平"这八

---

① 孙中山：《建国方略》，《孙中山全集》第六卷，中华书局，1985年。
② 孙中山：《建国方略》，《孙中山全集》第六卷，中华书局，1985年。

经史求识录

个德目，把"忠"理解为"还是要尽忠，不忠于君，要忠于国，要忠于民，要为四万万人民去效忠"，而墨家的"先万民之身，然后其身"① 的自我牺牲精神与这种诠释应该是一致的，都具有人民性。对仁爱则以"博爱"释之，他认为："古时最讲爱字的莫过于墨子，墨子所讲的'兼爱'与耶稣所讲'博爱'是一样的"，肯定了博爱近似于孔子的仁、墨子的"兼爱"："我国古代若尧舜之博施济众。孔丘尚仁，墨翟兼爱，有近似博爱也者。"② 对于"信义"与"和平"，他认为"讲到义字，中国在很强盛的时代，也没有完全去灭人国家"③。可见孙中山在肯定它们的同时，坚决反对帝国主义列强的"兵力胁迫"与侵略，由此得出，"八德"条目中的"仁爱、信义、和平"三条实质上与墨家的"兼爱、贵义、非攻"较为接近，当然这不可能完全是墨子的原意，但它至少注意到了墨子"兼爱"是一种平等意义上的爱，是包括广大人民在内的爱，是合乎博爱精神的。另外，墨学强调"非禹之道也，不足谓墨"，这种"法夏"思想试图以原始文化中"天下为公"的精神在现实生活中再造一种新的文化价值体系，并由此抽象出两个对立的文化概念"兼"与"别"，"兼"即为"天下为公"，"别"是"以天下为家"，要实现"天下为公"，须有"兴天下之利，除去天下之害"④ 的平等博爱革命精神，这固然是小生产者的一种理想，但孙中山的"天下为公"思想中无疑吸取了墨家"天下为公"思想中的精华，其尖锐的反封建思想正是反对"家"天下的清朝君主的"别"。这样，墨家的"天下为公"思想与自由平等博爱一起成了孙中山的革命思想中的重要组成部分。同盟会宣言说："前代为英雄革命，今日为国民革命，所谓国民革命者，一国之人皆有自由平等博爱之精神……"这便是"天下为公"的境界观，是孙中山"天下为公"在政治思想方面的含义。由上可见，以孙中山为首的资产阶级革命派在呼吁革命的思想论战中，大力吸收了优秀传统道德，尤其是充分吸收了墨学的优秀价值观及其革命性，把它糅入自己的革命思想之中，加以近代化的诠释，从而形成了他的三

---

① 王焕镳：《墨子校注》，浙江文艺出版社，第123页。
② 孙中山：《三民主义》，《孙中山全集》第三卷，中华书局，1986年版。
③ 孙中山：《三民主义》，《孙中山全集》第三卷，中华书局，1986年版。
④ 《墨子·兼爱中》，《墨子间诂》，载《诸子集成》本第四册，中华书局，1954年，第64页。

民主义。从这个意义上讲,墨家精神中的优秀价值观在一定程度上成了资产阶级民主革命的指导思想的组成部分是不牵强的,至少它是受了墨家思想的影响。

(二)革命的小资产阶级身上的那种"墨家精神"不时再现于革命初期的武装斗争中,为革命的成功做出了不可磨灭的功绩

以孙中山为首的资产阶级革命派在早期的革命斗争中,由于受到阶级的局限,认为小资产阶级具有革命要求,且已形成会党团体,易于发动,只要导之以革命思想,他们一定会成为革命的依靠力量,于是在革命初期也真正把他们作为革命的依靠力量,充分利用会党组织中的"墨者行为方式与精神力量"并对他们加以革命的引导。

这样在资产阶级革命派的领导下,以小资产阶级为主的会党组织最终成为革命前期的主要力量,在战斗中浴血奋战,极富牺牲精神,可谓"赴火蹈刃,死不旋踵"①。其中固然有资产阶级革命者的带动之功,但也不乏内化于小资产阶级身上的那种"墨者精神"。这种精神在革命处于低潮时尤为突出,如墨家的无畏献身信条"杀己利天下"(行刺暗杀行为)也一度成了一些革命志士的一种手段,虽然行刺暗杀不可取,但其革命精神十分可贵。据统计,辛亥革命前十余年的武装起义基本上均是资产阶级革命党依靠会党组织发动的,"由于会党参加武装起义和会党成员的勇敢精神,增强了革命派斗争的决心与信心"②。笔者认为这种"勇敢精神"应该就是存在于小资产阶级身上的那种"墨者精神"所释放出的巨大的人格力量,它与革命派所鼓吹的"偕为革命之人,纵令瘏其口,焦其唇,破碎其齿颊……不必甚深言之,但使之确固坚厉,重然诺,轻死生"③的革命精神何其相似!所以在某种意义上讲是"墨家的革命精神"武装了会党组织中的小资产阶级,在辛亥革命时期极大地启迪民众,对武昌起义的胜利以及对推翻封建专制主义起到了重要历史作用,其功绩不可没,其节义垂千秋。

---

① 《淮南子·泰族训》,《二十二子》,上海古籍出版社,1986年,第130页。
② 陈旭麓:《中国近代史》,高等教育出版社,1993年,第292页。
③ 张枬、王忍之:《辛亥革命前十年间时论选集》第二卷,三联书店,1960年,第511页。

二、"墨学复兴"在近代科技文化传播发展中的历史作用

（一）"墨学复兴"初期，以"墨学比附西学"冲击了以旧文化观念为代表的封建儒学，并为近代西方科技文化的传播找到了来自传统的中介

"墨学复兴"的初期，大约相当于鸦片战争到洋务运动时期。国人以西学为镜子，在与西学的比较中，进行着幼稚的心理补偿，但从另一方面讲，由于"墨学复兴"过程中墨家思想不断凸现于世人当中，人们便认为西方先进的科技文化就是墨学发展的结果，而只有科技发展了，中国近代以来的积贫积弱、被动挨打的严酷现实才会改观。这些观念促使人们以近代科学精神为鉴去反思儒学，逐渐认识到儒家的经世之学难以救世，对儒学的信念产生动摇。虽然当时没有出现要求铲除儒学否定经学的主张，但"墨学复兴"本身却促进了许多有识之士另辟蹊径，从传统文化中重新寻找可以取代儒学的东西。这在当时无疑是一种异端举动，但却势不可挡："《墨子》书自汉以来，已不甚显于世。宋元而后，益弗见称于学人之口，独至晚近二十年中，家传户诵，几如往日之读经，而其抑儒扬墨之谈，亦尽破除圣门道统之见。"[①] 就连一些封建士大夫也认为"西学"源于墨学。黄遵宪在其著作《日本国志》中说"余考泰西之学，其学盖出于墨子"，薛福成、郭嵩焘、王闿运等人则将基督教精神归本于墨学："泰西耶稣之教，其源盖出于墨子。"[②] 他们还把西方近代启蒙思想与墨家"兼爱""尚同"等重要主张等同起来："夫平等之说，导源于墨子，泰西人人有自主权利，爱汝邻如己，亦出于墨子之兼爱、尚同。"[③] 这些思想一出笼，便对森严壁垒的正统儒学直接、间接造成了激烈的冲击，从而使诸子之学方兴未艾。而流行于世的以儒学精神为本位的"中体西用"论，已经没有什么说服力了，封建官吏张之洞也哀叹道："儒术危矣！……光绪以来，学人尤喜治周秦诸子，其流弊恐有非好学

---

① 孙中山：《孙中山全集》，中华书局，1981年。
② 薛福成：《出使英法意比四国日记》，岳麓书社，1985年，第252页。
③ 《湘报类纂》甲集上，上海中华编译印书馆，1902年，第7页。

论"墨学复兴"对中国近代社会的影响

诸君子所及料者。"① 这样，在逐渐汇集着的思想解放潮流中，儒学开始失去对整个思想文化领域的牢固控制。

以墨学比附西学对儒学的强烈冲击在西方近代科技文化开始传播中的意义是重大的，它使铜墙铁壁似的儒学禁锢透出一线松动，使套着墨学外衣的近代思想文化开始能够在国人中间传播。尤其是一些先进的知识分子的推波助澜，为人们进一步认识西学与近代科学文化开辟了广阔的空间。要在中国这个闭关锁国的大国中贯穿一种近似"异端"的思想文化，如果没有合于传统的东西作为"外套"，恐怕要费不少周折。墨学的复兴，使人们通过它的中介作用得以主动接触西方近代科技文化，这对它的进一步传播来说不能不说是首功一件。

（二）"墨学复兴"发展到中期，在人们寻求墨学与西学相通的过程中，近代西方科技文化的传播和发展渐趋"中国化"与"实践化"

戊戌和辛亥革命时期，"墨学复兴"进入了中期。随着西学的进一步流入，人们逐渐放弃了以自我为中心，不再用那种"西学源于墨学"的神话及狭隘心理去补偿现实的缺陷，开始认同西学，但他们还对于来自传统的墨学寄予很大希望，所以转而极力寻求西学与墨学的相通性，并把结果应用于改良与革命的实践中。这样就等于承认了于传统之外，还有与我们传统文化"相匹敌"的科学文化，尽管这一时期仍未脱离所谓"墨学优越论"，但这对于西方近代科技文化的传播及在中国的发展无疑又迈出了一大步，比初期可以说是一种质的飞跃。

这一时期的探索以梁启超为代表，他认为："在吾国古经中，欲求与今世所谓科学精神相悬契者，《墨经》而已矣！……与西方学者所发明，往往相印，旁及数学、形学、光学、力学，亦间启其扃秘焉。"② 从这里我们可以较为清楚地看出，这一时期的思想界已走出了那种对西学一知半解似的独断，开始寻求与墨学相联系的东西，借以接受他们并不愿意以外来文化命名的近代西方科技文化。即便是这样，通过他们的鼓动与宣传，也间接地向国人介绍、传播着西方科技文化。这一点是重要的，因为《墨经》虽记载了古

---

① 张之洞：《劝学篇·宗经第五》，岳麓书社，1999年。
② 梁启超：《墨经校释》自序，商务印书馆，1920年，第1页。

经史求识录

代一些科学知识，但至多是包含少数近代科技原理的雏形，是极为有限的。可一经这些倡导者们的鼓动宣传，在他们的理论中，无论是主观上的看法与客观上的描述，均包括了大量的近代西方科技文化的内容，久而久之，这些内容便无法完全包容在墨学的范围之内，在这种状况下，人们又用西学来解释《墨经》，这样便促进了西学传播的"中国化。"

所谓西学传播的"中国化"，实际上是西方科技文化受中国传统文化影响的过程，就是中国人从传统观念和现实需要来理解、阐释西学的过程。墨学成为一个很好的媒介，无论是近代西方自然科学还是社会科学的传播，都包含有墨学在内的传统文化的影响，这种渗透与影响是无形的，但对西学传播的"中国化"是极为重要的。

"实践化"主要是指戊戌和辛亥时期，无论改良派还是革命派都以渗入墨家思想的西方民主革命精神作为自己变革社会、拯救民族的信念源泉与人生目标。如梁启超认为："墨子之政术，民约论派之政术也，泰西民约主义，起于霍布士，盛于洛克，大成于卢梭……"[1] 革命派也认为："墨子之学说在我国今日"乃是"起死回生之妙药"[2]。正是在这些带有近代科学、民主、平等的思想影响下，改良派与革命派参与到了西方科技文化中国化的实践之中，实践着渗透墨学精神的西方民主精神文化，在他们前赴后继，舍生忘死的努力与奋斗中，西方民主、平等、博爱的观念随着辛亥革命的隆隆炮声深入到了每个中国人的心里，这对西学的传播与发展，尤其是对西方民主思想的传播，起着不可磨灭的历史作用。

（三）"墨学复兴"的最终结果是使近代科技文化的传播与发展走向理性化与成熟化

进入"五四"时期，"墨学复兴"发展到了极盛时期，它的主张和观念与这一时期的时代精神不谋而合。五四精神素以倡导民主、科学和反传统著称，而经过思想家们诠释过的、革命家们实践过的，深深渗入西方民主、科学精神的墨学正是在这种时代的召唤下达到发展的巅峰，这无疑是"墨学复兴"倡导者们所衷心期望的，他们希望以墨学为新文化的生长点，构筑新文

---

[1] 梁启超：《子墨子学说》，《饮冰室合集》第十册，中华书局，1989年，第37页。
[2] 觉佛：《墨翟之学说》，《觉民》1904年第6期。

论"墨学复兴"对中国近代社会的影响

化的殿堂。虽然现在看来这是一种舍近求远，抱残守缺（因为更重要的是要注重现实），但从另一方面看，我们不应忽视在这一时期它在近代西方科技文化传播中的影响与作用。

我们知道，中国传统文化的一个根本缺陷就在于科学精神的缺乏，这一时期的人们已开始认识到了这一点，所以反映在"墨学复兴"中，人们对墨学的研究与探索已经进入一种自觉的、理性的阶段，以西方科学价值观念为尺度，在思维方式上也普遍采用西方逻辑学，而这一时期"墨学复兴"的一个突出特点是"墨辩"成为墨学讨论的焦点与核心。不论是新派人物梁启超、胡适，还是旧派人物章士钊、章太炎，都先后发表阐释"墨辩"的专著与专论，梁启超的《墨子学案》《墨经校释》，胡适的《墨子与别墨》《墨辩新估》，章士钊的《墨辩新注》，章太炎的《释名》等都曾名噪一时。梁启超在其著作中把墨学纳入西方近代社会科学、自然科学的框架之内，分门别类地从政治、经济、宗教、逻辑等部门来分析、阐述墨学的学说。胡适则用西方的价值观念来改写中国的历史，以西学为范式来整合墨学，代表了这一时期墨学研究的方向。他按西学传统，将墨学分为论算学、论形学、论光学、论力学、论心理学、论人生哲学、论政治学、论经济学几大类。同时，他认为要创建一个新文化系统，既不能专靠输入外部文化，也不能只是古代文化之复活，而应该是在旧文化中找到"有机联系现代欧美思想体系的合适的基础，使我们能在新旧文化内在调和的基础上建立我们自己的科学与哲学"[①]。他认为借助于墨学，既可以挣脱儒学的枷锁，又能从其中"可望找到移植西方哲学和科学最佳成果的土壤"[②]。很明显，这一时期以胡适等人为代表的墨学倡导者是以近代科学方法来研究墨学的，即以实证主义哲学为指导，注重哲学方法的研究，运用系统、发展及比较的研究方法，在研究中注入了理性与平等的因素。所有这些都表明，墨学研究进入了一种理性化与成熟化的境地。尽管胡适的分类没有顾及墨经及墨经自身固有的整体性，尽管墨学在后来再度被他们忘却，但他们这一时期的探索对西方科技文化在中国的传播与发展产生了较大的影响。人们通过这些理论与实践，已经能够初步认识到应

---

① 胡适：《先秦名学史》，《胡适学术文集》下，中华书局，1991年。
② 同上。

该如何处理新旧文化与外来科技文化的关系，找到了一种可供参考的东西，即以科学为指南，把反映西方价值的科学精神植入中国的历史文化之中，从这个意义上说，也等于把近代西方科技文化在中国的传播与发展纳入了一个理性化、成熟化的境地，这与"寻找与墨学相通"阶段来比，无疑又是一种质的飞跃，这种飞跃是更高意义上的思想进步。

三、"墨学复兴"与近代世风伦理的转变

(一) 近代以来，民间世风伦理在社会转型中也发生了较大的转变，在积极意义方面，体现了反传统、尚富强、求平等诸特征，与墨家伦理价值观中的相应部分不谋而合

民间世风伦理是中国民间文化的一部分，是几千年来民众在日常生活、生产过程中自发产生、长期积淀而形成的风气、行为方式及价值观等，它根植于人民大众的生活之中，引导规范着大众的普遍行为模式，因而能更真实地反映一个民族的整体精神面貌。由于它与广大人民的最基本的生存需求紧密相连，因而在社会转型期间，在上层教化伦理风气失效的情况下，它便成为支配人们谋求更适于社会结构的主要依据，所以民间世风伦理是社会行为、文化等方面最有活力的部分，即在所谓的社会转型时期，它在整个社会的政治、经济、文化出现全面性变革之时，在适应新的生存环境的过程中，通过人们生存方式的变化，形成一些新的趋向，并为新的社会主导伦理的出现提供参考。

近代以来，由于西方列强入侵，开口通商，带来了"西学"，它引发了华夏大地思想解放的潮流。居于正统地位、受到统治阶级倡导的儒家伦理道德观在这次社会转型中受到了严重冲击，而适应新的社会结构的主导伦理系统并未完全形成，在这种历史条件下，近代民间世风伦理也发生了较大的转变，并凸现于社会主导伦理、风气的表层结构。在此时期，以通商地区为中心的人们的生存环境发生了变化，原有的正统教化伦理风气与人们的实际需要已不再适应，已经失去了规范、指导社会的功能，因而被人们所抛弃，出现了新的行为选择。如与"重义轻利"相对立的趋利之风，与"等级观念"相对的僭越之风，与"男尊女卑"相对的男女平等观念等等。秦汉以来的轻

商、贱商观念在近代经济发展的推动下已大为改观，许多人弃儒、弃农经商，形成了一股经商潮。甲午战争以前，民族工业中商办工业已有77家，工人已达37150人。①所有这些，构成了与此相适应的社会风气及行为模式。虽然这些东西被封建正统舆论指斥为"道德沦亡""世风日下""舍本逐末"，但它还是以不可阻挡之势在民间蔓延开来，逐渐向内地发展。

民间世风伦理中这些新的变化虽然是受西学传入及近代工商业化的影响而致，但在中国从16、17世纪始，这些风气已有了萌芽，这在很多学者及文献中均有述及，如："山西汾州府，民多商贾，罔事本业"（万历《山西通志》卷七《物产》），蒲州、介休"挟轻资，牵车牛走四方者十而九"（张四维：《条麓堂集》卷二一），陕西三原"十七服贾"（温纯：《温恭毅文集》卷十一），泾阳"民遂于外者八九"（雍正《陕西通志》卷四五《风俗》），福建海澄"农贾参半，走洋如适市"（张燮《东西洋考序》）等等。所以西学及西方文化的影响及作用只是一种"助推"的力量，毕竟明末以来中国早期资本主义工商业有了较大发展，小农经济受到了较大冲击，更重要的是在思想文化及伦理的层面上，民间伦理本身存在着与新风习可相容的伦理基础。如趋利之风与民间义利兼顾相连；从商热与传统的"平等交换"观念相连，要求平等与民间的爱无差等相通等等。如果没有这些伦理积习的基础，近代以来的民间世风伦理不一定会转变得如此之快。

考察近代民间世风伦理的一些变化，我们认为它与沉寂了许久的墨家伦理价值观及行为方式有很深的渊源，有许多地方与墨家的主张竟不谋而合。笔者是这样看这个问题的，墨学及其价值观因不为当时的封建正统思想所容，在秦汉以后便中绝了，但由于墨学毕竟代表着平民小生产者的利益，具有革命性与人民性，其价值观念及行为规范也代表了我国几千年来小农及小生产劳动者实用、平等、尚富的愿望，所以虽然墨学中绝了，但墨家思想及伦理价值却以不同方式、不同载体深深潜在于草莽民间，烙印于需要它的大多数平民小生产者的脑海中，世代延绵不绝。所以近代民间世风伦理所浮现的趋利之风与墨家的"交相利"是一致的，要求平等与墨家主张的"爱无差等"相一致，而尚富强、反侵略与墨家的"强力""非攻"是一致的等等，

---

① 引自陈真等编：《中国近代工业史资料》第1辑，三联书店，1958年，第54页。

经史求识录

也就是说，近代民间世风伦理的转变有来自墨家传统价值观的底蕴。

（二）近代墨学的复兴使墨家伦理价值观的一些内容首先浮现于民间世风伦理层面，并与一些新的风习、观念结合在一起，构成了近代民间世风伦理转变的基本内涵

墨家传统的伦理价值观与民间世风伦理的不谋而合，通过人们的适应并与某些新的东西相结合，逐渐析离出了这一时期民间世风伦理的特征与内涵，简要分析如下：

1. 近代世风伦理中的趋利之风、"从商热"其实与民间义利兼顾观念联系在一起，即与墨家的"兼相爱、交相利"的著名观点是一致的。

墨家主张把道德要求、伦理规范放在与物质生活的直接联系中，也就是把他们建筑在现实生活的功利基础之上，即所谓的"兼相爱，交相利"。这实际上是"投我以桃，报之以李"的相互之间交互式的爱与利，而这便构成了小生产劳动者的平等交换及在艰难的小生产劳动中的相互合作和互利愿望的伦理选择："虽有贤君，不爱无功之臣；虽有慈父，不爱无益之子。"[①]

这种伦理观念是很适合于近代民间世风伦理层面求得生存的起码要求的。从明中叶以来，由于商品经济的发展促使资本主义萌芽和市民阶层大量产生，长期以来的自给自足的小农自然经济再也不能维持整个社会体系，靠出卖劳动力和经商谋生的破产农民占了中国市民阶层的大多数。另外，随着社会的激烈变革，在民间基层社会管理上，"官"与"民"的二元组织系统逐渐清晰，其中"民"即"民间"，它还包含了家族、乡族、会社、帮会、会馆等子系统，并且这些组织内部多建立在互相需要的基础上。在这么一个庞大的民间系统里面，处于近代复杂的政治、经济条件下，处于统治阶级、列强侵略的夹缝之中，求得维系他们的生活方式与发展是至关重要的，因为他们中的绝大多数为平民小生产者，这种经济基础上，"兼相爱，交相利"是他们唯一可选择的伦理范式。所以民间出现的趋利之风与墨家伦理价值观是密不可分的，在这个基础上，"从商热"促使传统的"重本抑末"观念首先在民间世风伦理中瓦解，代之而产生的是与近代工商业化相一致的重商、

---

① 《墨子·亲士》，《墨子间诂》，载《诸子集成》本第四册，中华书局，1954年，第3页。

兴商观念。而这一时期的商人大部分是靠吃苦耐劳、诚实守信而发家致富的，又与墨家融"利"于"义"的观点是一致的。墨家主张以"义"来处理各种利益关系和社会关系，要获取利，必须以义正人，即所谓："不义不富，不义不贵，不义不亲，不义不近。"① 倘若有人"不与其劳，获其实，已非其有所取之故"②，那是不义的行为，这样就把"义"与"利"沟通起来，为民间商人所吸纳。

2. 近代民间世风伦理中的"尚富强"倾向其实正是墨家思想中"强""力"与"非命"观念的体现。

墨家思想的基础与出发点，可以说是强调劳动特别是物质生产的劳动在社会生活中的重要地位，亦即所谓"强""力"的观念："赖其力而生，不赖其力者不生"③，"强必富，不强必贫；强必暖，不强必寒，故不敢怠倦"④。这是一个简单的真理，在以小手工业及小农生产为主的人群之中再真实和严峻不过了。何况当时我们民族在西方列强的侵略下积弱已久，所以无论从大的方面——国家，还是从小的方面——自身，"尚富强"都是他们发自内心的愿望，而"从商""趋利"的最终目的也是为了富、强，这在一些地主阶级知识分子的思想中也有体现。所以墨家思想中的"强力"观念不可能不首先为民间伦理层面所选择，只不过是没有人具体落实在文字上罢了，其实质就是"强""力"观念的精神内核。这种精神与近代以来要求富强的呼声融会在一起，形成了民间人们生存方式的终极目标，既实际又可行。

而长期以来流传于民间的"命富则富、命贫则贫"的信条这时也发生了动摇，人们在新的经济环境和社会状况的影响下，在努力寻求自己的生存发展空间的同时，相信通过自己的努力可以改善不利的境遇。这种求得生存与

---

① 《墨子·尚贤上》，《墨子间诂》，载《诸子集成》本第四册，中华书局，1954年，第25-26页。

② 《墨子·天志下》，《墨子间诂》，载《诸子集成》本第四册，中华书局，1954年，第四册，第135页。

③ 《墨子·非命上》，《墨子间诂》，载《诸子集成》本第四册，中华书局，1954年，第159页。

④ 《墨子·非命下》，《墨子间诂》，载《诸子集成》本第四册，中华书局，1954年，第176页。

经史求识录

发展的信念与墨家的"赖力而生"和"非命"观念是相同的,墨家认为自己是其命运的主宰者,即"非命"。认为在贫困的情况下,倘若人"不知曰我罢不肖,从事不疾,必曰我命固且贫",① 则是极为错误的。它从小生产者的立场把"命"与"强""力"对立起来,认为饱饥、寒暖、治乱、荣辱、贵贱、安危等,一切均系于人的努力,而不在于命运:"必使饥者得食,寒者得衣,劳者得息,乱者得治,遂得光誉令问(通'闻')于天下,夫岂可以为命哉?故以为其力也!"②

3. 近代世风伦理中的与等级身份相悖的僭越之风,与"男主女从"、男女不平等观念相对的女子参与社会生活、男女平等、婚恋自由、个性解放等等风气观念其实与墨家伦理价值观中"兼爱""平等""尚贤"等观点是有相通之处的。

墨家伦理价值观的"兼爱"思想体现的是"爱无差等",提倡"强者不劫弱,贵者不傲贱,多诈者不欺愚"③ 的平等价值观,认为"人无幼长贵贱,皆天之臣也"④,要求人们"视人之国若视其国,视人之家若视其家,视人之身若视其身"⑤。而且这里的"人"是不分亲疏贵贱的,一律平等:"获,人也,爱获,爱人也;臧,人也,爱臧,爱人也。"⑥("获""臧"意为奴婢、奴隶)而墨家的"尚贤"思想也说明了这种爱无差等的平等互助观:"今也天下之士君子,皆欲富贵而恶贫贱,曰然女何为而得富贵而辟贫贱?莫若为

---

① 《墨子·非命上》,《墨子间诂》,载《诸子集成》本第四册,中华书局,1954年,第167页。

② 《墨子·非命下》,《墨子间诂》,载《诸子集成》本第四册,中华书局,1954年,第173页。

③ 《墨子·天志上》,《墨子间诂》,载《诸子集成》本第四册,中华书局,1954年,第121页。

④ 《墨子·法仪》,《墨子间诂》,载《诸子集成》本第四册,中华书局,1954年,第12页。

⑤ 《墨子·兼爱中》,《墨子间诂》,载《诸子集成》本第四册,中华书局,1954年,第65页。

⑥ 《墨子·小取》,《墨子间诂》,载《诸子集成》本第四册,中华书局,1954年,第252页。

贤。为贤之道奈何？曰有力者疾以助人，有财者勉以分人，有道者劝以教人。"①

　　这与近代民间世风伦理中的表象是相通的，即都把物质现实的功利作为根本，同时又强调平等互助。这也是中国小生产劳动者本身的矛盾性格的典型反映，这种平等意义的价值观在封建专制行将就木之时，一旦被近代民间伦理层面所发挥，必然会产生所谓"僭越""目无王法"等民间人们的活动表象之一。而近代的太平天国运动中出现的"有饭同食，有衣同穿，有钱同使，无处不均匀，无人不饱暖"的政治纲领及"天下多男子，尽是兄弟之辈；天下多女子，尽是姊妹之群"的伦常博爱原则，与墨家思想中的兼爱、平等观的惊人相似之处，正说明了墨家思想对近代民间伦理层面的巨大影响。

　　当然，以上论述是从民间世风伦理中具有进步意义的一些方面展开的，其落后的一面也有，比如过度的崇奢风、民间的帮会斗殴等等，有些东西不能说它与"墨学复兴"带来的伦理价值观没有联系，毕竟这些东西也是中国小生产者身上几千年的积习。

　　总之，我们认为，虽然墨学精神凝聚着小生产者的理想，反映的是小生产者在承认等级的前提下要求均平的心理取向，不是社会化大生产的主导力量。但是从近代"墨学复兴"这一引人注目、发人深思的文化现象来看，墨学的人文意义具有恒常价值，在构建我们今天的新文化大厦中不容忽视。进一步研究与梳理墨学精神中的普遍性，找出其中与我们今天的道德建设相契合的东西，无疑具有极为重要的理论意义与现实意义。

（原载《清史研究》2003年第一期，与薛柏成合作）

---

① 《墨子·尚贤下》，《墨子间诂》载《诸子集成》本第四册，中华书局，1954年，第42页。